新型生态城镇化背景下的农村电子商务创新研究

李　敏　著

中国农业出版社

前　言

新型生态城镇化是在城镇化进程中，以城镇总体生态环境、空间布局、产业结构的优化转型为出发点，坚持以人为本的可持续发展理念，统筹城镇建设与人口、环境、资源、社会等关系，促进产城融合、自然与人文融合，走集约、智能、绿色、环保的新型城镇化建设的新路子。农村电子商务是通过网络平台嫁接各种服务于农村的资源，拓展农村信息服务业务、服务领域，使之兼而成为遍布县、镇、村的“三农”信息服务。新型生态城镇化背景下的农村电子商务，拥有广阔的发展潜力和未来前景，不仅可以促进农村生活方式的跨越发展，而且可以促进我国农村经济的跨越式发展。随着“互联网＋农村”概念的提出和2017年中央1号文件对农村电商的部署，新型生态城镇化背景下的农村电子商务创新研究有着举足轻重的研究意义和应用价值。

本书在对国内外相关研究进行归纳总结的基础上，重点研究了如下六大方面：①新型生态城镇化的内涵、我国新型生态城镇化的发展现状、我国新型生态城镇化模式分析和新型生态城镇化理论研究；②农村电子商务的内涵、我国农村电子商务的发展现状、国内外农村电子商务模式及相关案例研究；③分析新型生态城镇化与农村电子商务协动机理，农村电子商务推动新型生态城镇化发展，新型生态城镇化促进农村电子商务创新；④在应用研究方面，以浙江省遂昌县为例，分析新型生态城镇化规划思路，剖析农村电子商务特色发展之路，提出新型生态城镇化背景下的农村电子商务创新模式；⑤从要素保障、标准化建设和市场开拓三大方面，分析新型生态城镇化背景下的农村电子商务存在的问题；⑥从资源整合化、平台协作化、供应链一体化角度提出新型生态城镇化背景下的农村电子商务可持续发展的对策建议。最后在对全书工作总结的基础上，提出下一步的研究展望。

由于时间及能力问题，本书存在一些缺点及不足之处，敬请广大读者批评指正。

李　敏

2017年11月

目录

第一章 绪 论

第一节 研究背景及意义

随电子商务的深入发展，农村电商市场越来越具潜力，成为未来电商发展的主力市场。农村电商创新传统农业发展模式，拥有广阔的市场潜力和未来前景，同时促进农村生活方式的跨越发展，促进农村经济的发展，随着“互联网+农村”概念的提出，农村电子商务已正式进入国家政策规划道路。农村地区的电子商务的发展，促进和完善了网络应用服务平台的建设，解决农产品物流问题，解决农村地区信息不通畅和信息不对称，是融通城乡经济的捷径，带动农民创收、农村产业结构调整和加速农业产业化集聚。因此，农村电子商务的研究有极大的需求性，成为电子商务领域研究的重点和热点。

随着农村电子商务的相关政策的出台，农村电商进入模式制度化的发展，进入政府的行政管理范围。2015 年出台的《中共中央国务院关于打赢脱贫攻坚战的决定》在发展农村电子商务方面，就加大“互联网+扶贫”力度做了突出说明，电商扶贫进入一个新纪元，国家关注农村电商发展，帮助农村脱贫致富，这已成为中央又一项重点项目。同年中共中央国务院发布的“关于加大改革创新力度加快农业现代化建设的若干意见”，关于转变农产品流通方式以及就开展农村电子商务综合示范点进行说明，加快形成示范效应，推动农村电商的发展。2017 年，国务院发布的中央 1 号文件中，农村电子商务被单独列出，成为关注的重点，主要针对农村电商中的电商产业园、农村电商物流、农村电商生态体系和线上线下融合这四个方面的问题。党的十九大报告中提出，要实施乡村振兴战略，促进农村一、二、三产业融合发展，拓宽增收渠道。随着“互联网+”的兴起，农村电子商务正逐渐成为农民增收的重要手段。随着农村电商相关政策的逐渐出台，农村电商发展越来越制度化和规范化，逐渐步入正轨。

2015年始，农村电商市场风起云涌，电商大佬纷纷看中农村广阔的市场潜力，开始往农村发展。到2016年，全国已有1 311个淘宝村、135个淘宝镇，给农村地区带来了84万个就业岗位，这个发展速度真是超乎所有人的想象。2016年农村的网购市值达4 650亿，中西部农村网络零售3 284.6亿元，东部地区5 660.8亿元，占全国的63.3%。农村电子商务服务网点估计有35万个，全国行政村数量不到70万个，出现重复覆盖的现象。三大电商平台深入农村，农产品电商市值达1 500亿元，农资电商市值达15 500亿元。在这种状态下，农村电商发展主要有四种主要方式，第一种是由电商龙头带领的农村电商，阿里、京东和苏宁电商三巨头，引导电子商务与农村对接，形成村淘和家电下乡模式。第二种则是农村自发形成的电商模式，主要以遂昌赶街、山西乐村淘和深圳淘实惠最为出名，受到各界的广泛关注。第三种则是以国家为主导地位，国家管理的电力系统、中国邮政、供销总社和中国电信进入农村。第四种则是农资企业代表的电商企业，典型代表则是联想投资云农场，辉丰股份、正大、诺谱信也紧随其后。

央视财经频道联合中国社科院财经战略研究院对外发布了2017中国电商年度报告，内容显示，我国电商占了全球市场份额的40%；2016年中国网购规模（不含服务）达到7 500亿美元，比排名第二的美国（3 121亿美元）、第三的英国（1 500亿美元）第四的日本（900亿美元）加起来还要多得多；截至2017年6月，中国网民数量达7.51亿，互联网普及率达54.3%，同期我国网购用户人数达到了5.14亿，半年增长率达到10.2%，网购渗透率达到68.5%。2017年我国农村电子商务发展得如火如荼，也成了2017年我国电商发展中最突出的亮点。最近5年，我国农村网民规模逐步扩大，网络普及率逐年上升。截至2017年6月，我国农村网民占比为26.7%，规模为2.01亿。截至2016年底，农村网店达832万家，带动就业人数超过2 000万人。2017年1月至9月，农村实现网络零售额8 361.4亿元，约占全国网络零售额的17.14%。同比增长38.3%，高出城市5.6个百分点。农村电商大发展，扶贫效果显著。2017年1月至9月，全国832个国家级贫困县实现网络零售额818.1亿元，在总额中占比虽然还不到10%，但同比增速高达53.1%，高出整体增速14.8个百分点。截至2016年底，阿里巴巴“千县万村计划”已覆盖约500个县2.2万个村，京东在1 700余个县建立了县级服务中心和京东帮扶店，苏宁在1 000余个县建设了1 770家直营店和超过1万家授权服务点。此外，快递企业也加快向乡镇地区延伸，目前快递乡镇网点覆盖率超过80%，基本能够满足5.9亿农村人口的快递服务需求。广阔的农村电商前景吸引外出务工青年纷纷返乡创业。从全国来看，农村网商发展减少外出务工人口约1 200万人，据统计，有网商的农村地区，外出务工人口占比为11.1%，而无网商的地区达到20.4%。有网商村庄外出务工人数平均比无网商村庄少133人。

在城镇化方面，根据国家统计局的数据，2016年，中国城镇化率为57.35%。党的十九大报告指出，过去5年，我国城镇化率年均提高1.2个百分点，8 000多万农业转移人口成为城镇居民。我国“十三五”规划纲要提出，到2020年，中国内地常住人口城镇化率要达到60%，国家卫生和计划生育委员会、联合国开发计划署和中国社科院均预测，到2030年，中国的城镇化率将达到70%。国家发改委城市和小城镇改革发展中心学术委员会秘书长、研究员冯奎在参加2017年10月28日上海交通大学等举办的“都市圈、城市群与湾区建设”研讨会时说，十九大报告仍然强调工业化、信息化、城镇化、农业现代化四化同步，这意味着城镇化各项工作已经得到了很好的启动。“城镇化的重点已经由之前的数量增长问题，变成了如何不断提高城市基础设施、公共产品供给能力的问题，城镇化所面临的问题已经渗透到国家各个方面的工作中，城镇化的状态已经发生了重要的变化。”我们需要继续结合具体国情走有中国特色的四化同步的现代化道路。四化同步重点强调的是加强信息化和工业化、工业化和城镇化、城镇化与农业现代化的融合互动，以促使其协调发展。农业现代化的快速发展可以加快城镇化发展的速度，而城镇化的发展又可以为农业现代化创造更有利的条件。农业现代化的发展离不开信息化的辅助，这其中，农村电子商务作为一个非常重要的手段，既可以通过降低农业交易成本提高交易效率，加快农业现代化的进程，又可以通过提供交互平台来加强生产者和需求者的联系，保证农户的利益。总的来说，农村电子商务可以加快农业现代化的发展速度，减少农业劳动岗位所需人数，增加农村剩余劳动力，同时又为这些劳动力转移到城市创造条件，推动人口不断向城市集中，从而加快了城镇化发展速度。而城镇化的快速发展又可以为农村电子商务的进步提供发展基础。

新一轮的农业现代化建设的改革正在我国农村全面展开，2016 年、2017 年的中央 1 号文件都明确指出了“三农”问题的重要性，与此同时电子商务的浪潮已在我国达到了新的高度。相关学者对城镇化和农村电子商务两方面已分别进行了深入研究，且有研究表明，城镇化与农村电子商务的发展之间存在着一定的相互作用关系，这种关系也越来越明显，但对于城镇化与农村电子商务发展关系的研究还相对较少，本书对城镇化与农村电子商务协调发展进行研究，具有一定理论意义。在实践层面，由于不同地区受到各种不同因素的影响，致使其城镇化速度和农村电子商务发展水平存在差异，部分地区在城镇化与农村电子商务的协调发展历程中已经取得了一些成绩，本书试着剖析这些成功案例从而总结出一些有益的经验与成果，成功的模式可以有效整合农业资源，极大催生农业经济产生新的生命力，催生新型农业经济，还可以规范化农产品生产，使得农产品安全问题进一步降低，提高全民健康生活水平。这对于城镇化与农业现代化的融合互动发展具有重要的现实意义。

第二节 国内外研究现状

一、农村电子商务国内外研究现状

（一）国外农村电商发展及研究现状

国外农业信息化起源于20世纪60年代，经过半个世纪的发展，一些发达国家的农业信息化已达到较高的水平。得益于良好的农业信息化环境，发达国家农村电子商务发展也非常迅速。

美国的农业信息化水平目前在世界居于领先地位，美国以农场为基本单元，主要靠市场推动，政府以税收优惠、政府担保等一系列优惠政策刺激资本市场的运作，同时，建立适合美国市场经济特色的人才培养和创新激励机制，共同推进信息化建设。特别值得注意的是，美国政府对农业的财政补贴，大部分不是直接支付给农户或补贴到农产品的生产环节，而是通过提高农业信息化水平，从根本上提高农业生产水平，实现农业良性发展。美国拥有世界上最大的农业中心网络系统，该系统覆盖了美国各州，加拿大各省和美、加以外的多个国家，连通美国农业部、各州的农业署和大学以及大量的农业企业。美国建立了国家农业数据库、国家海洋与大气管理局数据库、地质调查等涉农数据库，这些数据库完全对外开放，供人免费浏览访问。美国还建立了各种基于不同地区、不同产业、不同产品门类的农业电子商务市场，提供从信息流、物流、资金流全面配套的农业电子商务体系，如棉花电子市场（www.theseam.com）、牛类交易市场（www.cattlesale.com）、在线销售易腐农产品市场（www.itradenetwork.com）等农业电子交易市场。

法国是欧洲第一大农业生产国，世界第二大食品出口国，农业信息化程度也很高。法国在大型批发市场都设置了信息中心，建立了发达的市场信息网络，形成了一个由国家、大区、省的三级组织运行体系来保障信息采集、汇总的组织。法国还定期发布市场即时信息和分析预测报告，为农业从业者提供决策依据。法国的计算机普及率及互联网覆盖率较高，农产品市场信息分析报告主要通过互联网进行发布，农场主、生产合作社普遍使用计算机介入生产经营管理，并利用互联网获取市场信息，开展电子商务。法国对农产品的质量非常重视，有一套认证合格的农产品食品标签体系，制定了一系列的规章制度，覆盖科研、风险分析和评估、食品安全监控及食品的全程跟踪等多方面，以确保食品的安全，消除消费者的顾虑。他们在农产品的生产、收获、忙藏和加工等各个环节实现了计算机全程实时监控，以保障农产品安全。

日本以个体农户为基本单元，建立以政府为主体的农业技术信息服务全国联机网络，发展地域农业服务信息系统，重点发展农产品电子商务，以有线电视、计算机为主要途径，推动农产品流通方式的变革。日本农产品电子商务的模式多种多样，有农产品批发市场模式、含有农产品销售的网上交易市场、含有农产品销售的网上超市、农产品电子交易所。农产品批发市场模式主要是通过网络构建大型综合虚拟交易市场，利用现代化电子设备进行拍卖交易，买卖双方将结算业务委托第三方处理，商、物分离，较之传统的批发市场更有效率。同时通过网络，买卖者可以看到全国各拍卖市场的行情，并可以采办其他市场上的产物，形成了全国统一交易市场，进一步节约买卖时间和买卖费用。含有农产品销售的网上交易市场模式，是利用运用电子商务技术构建的农产品交易市场，实现农产品信息发布、交易撮合、在线洽谈等服务，服务对象范围分布广，支持多种交易形式。含有农产品销售的网上超市近几年发展很快，网上超市分为有实店铺型和无实店铺型，有实体店铺型借助超市的规模、品牌优势，提供送货上门服务，销售农产品更有优势。农产品电子交易所通过交易所促进信息公开，价格透明，保持了交易的公平公正，同时交易双方通过联网，在家即可实现面对面的实时交易，削减了中间流通费用，降低了交易成本。

在农村电商研究方面。Poole（2001）认为，发展农业电子商务，一方面可以促进信息流通、协调产业发展，另一方面可以提高市场透明度和价格发现能力。Wen（2007）基于知识经济，构想了一个农产品智能电子销售系统，提出了一个全新的发展农产品电子商务的模式，即基于知识管理的农产品电子商务。Banker R. D. 等（2010）详细分析了印度咖啡在线拍卖这一典型案例，提出了建立农业供应链采购模型的建议。Norbert（2008）等研究了一个基于互联网的咖啡信息系统在咖啡生产与销售中的应用，并认为这将是获得咖啡差异增值的关键因素之一。Ruiz Garcia（2010）等详细分析了农产品运输过程中的跟踪与查询问题，提出建立一个基于互联网的集数据处理、储存和传输为一体的管理系统，这一系统将大大提升农产品物流的查询与跟踪速度。Maribel P.（2016）以农村电商模式进行了探讨。他认为由于“三农”的分散性，无法产生规模效应，因此要以一个区域为核心形成一个集团，统一面对销售商、供应商、客户，以期获得较好的收益。建设区域销售网络的主要节点是信息站，一个信息站代表一个小区域（乡村），由信息站互联汇聚形成一个较大的区域，再逐级汇聚构成一个庞大的销售网络。信息员则是农民与网络的桥梁，承担经纪人的角色；信息则是物流的节点，起着聚合与发散的作用。以这一区域为代表可以形成三种主要商务模式，即 A2A、A2B、B2A 与由此构成一个综合的、庞大的农村电子商务体系。

（二）国内农村电商发展及研究现状

1. 中华人民共和国成立初期至 20 世纪 70 年代末期

这一时期，我国农村早期的商业模式以统购统销和市场调节为主，我国生产力水平比较低，粮食出现供不应求的局面。为了打击在粮食供给不足情况下出现的投机倒把行为，国家统一收购，统一安排销路。这一时期，供销社成为对生产资料垄断经营、实现资源统一配置的重要职能部门。统购统销制度使国家掌握了全部的粮源，人们不用再排队抢购粮食，在一定程度上稳定了当时的物价，帮助国民经济恢复。但随后统购统销政策变得僵化，限制了农民的生产积极性，也妨碍了农业经济的发展，最终被新的制度所取代。

2. 20 世纪 80 年代初期至 90 年代末期

家庭联产承包责任制实行以后，几次大幅度的提价提高了农民收入，农民种粮的积极性得到大幅提振。另外，国家改变了统购统销的单一经营和销售渠道，通过多种经济成分共存、多种经营方式共存和多种流通渠道共存的方式，逐步将农产品买卖推向市场，陆续涌现出多种农产品批发市场、农贸市场等。

3. 21世纪初期至今

21世纪以来，随着科技水平不断进步和互联网的广泛普及，涌现出大量的农产品营销模式，包括农产品直销模式、连锁经营模式、农超对接模式等。各级政府十分重视农村电子商务的发展，已陆续出台多种政策支持农村电子商务的发展。

农村电子商务是农村农业信息化建设的重要内容，在国家政策的大力扶持下，国内各研究中心、企业和高校纷纷展开了相关的研究，领域涉及农村信息化、物流体系建设、电子商务发展对策、电子商务平台建设、电子商务模式选择、电子商务应用开发等各方面。国务院发展研究中心技术经济研究部李广乾研究员（2008）在《社会主义新农村信息化的总体架构研究》中指出，信息化是新农村建设的重要内容，要通过农村经济信息化带动其他领域信息化发展，并提出一个“六纵两横”的新农村信息化理论分析框架。孟晓明（2009）结合我国农业发展现状和特点，描述了我国农业电子商务的发展现状，分析了其存在的问题，并提出了我国建设农业电子商务平台的四种方案，即企业自建电子商务平台、入驻第三方电子商务平台、合作建立协同电子商务平台以及引进国际化电子商务平台，并提出我国创建农业电子商务平台的对策。徐隐（2009）认为，农业电子商务涵盖了农业的信息化生产、农产品的网上交易与物流配送、电子支付的实现等全过程，其学位论文论述了湖北省发展农业电子商务的现状、有利因素、不利因素及存在的问题，在此基础上提出了湖北省发展农业电子商务的对策。汪冰（2009）从湖北农业电子商务发展的特点和现状入手，分析了当前湖北省在农业电子商务平台建设方面存在的不足，提出湖北省要搭建独具特色的农业电子商务平台，以加强农产品生产、运输和销售各环节的密切联系，实现高效有序的农业生产与经营。李佳妮（2010）详细分析了湖南省农产品电子商务发展的现状、重要性、面临的机遇和不利因素，并分别从政府和农产品生产销售企业（市场）两个方面提出了湖南省发展农产品电子商务的政策建议。李家华（2011）认为，我国农产品物流发展严重滞后，阻碍了农村经济的发展，并针对物流短板这一突出问题，提出了相应的解决措施，但对农产品物流的发展现状和存在问题分析不足。陈洋、练茜（2013）描述了我国农村电子商务发展现状，分析了农村电子商务发展存在的问题，并提出相应的对策建议。康春鹏（2014）对有关我国农村电子商务发展方面的文献进行了总结和评论，重点研究了“沙集模式”、农村电子商务发展模式、发展对策和案例分析四个方面的内容，指出了当前研究的不足之处，并对未来的研究方向进行了展望。欧阳泽宇、史健、余泉（2014）对湖北省仙桃农村地区“网购”市场进行了实地调研，并运用经济学相关理论，描述了该市“网购”消费市场十分狭小的现状，分析了影响该市农村“网购”发展缓慢的主要原因，提出了推动湖北省农村地区发展“网购”的建议。田鹏（2014）详细分析了蕲春县发展农村电子商务的有利条件，并对该县发展农村电子商务的可行性进行了分析，并提出了该县发展农村电商的策略。张喜才（2015）从四个方面梳理了农村电子商务的发展现状，认为农村电子商务具有一定的基础设施，但仍需要大力发展，也面临知识约束、物流配送不到位、市场失序等方面的问题。因此，农村电子商务的发展需要国家政策支持，政府应当加强农村物流基础设施建设，引导农村销售模式的新业态。魏珩（2015）指出由于农业不同于其他行业，农产品季节性和地域性较强，农业生产者分散且文化程度较低，农产品对物流系统的效率性和经济性要求较高，众多原因导致农产品的生产和销售不仅依靠大自然，又依靠市场，具有双重风险。电子商务能有效解决农民信息获取与传递的困难，加快产销节奏，促进农村经济发展。魏敏（2016）指出“互联网＋农业”的发展正在重新布局整个农业产业链，在促进农业发展的同时也为农民增收、农村发展、农民健康的高品质生活带来新的希望。郑舒（2017）结合总结出的电商发展瓶颈，提出一个“三位一体”式新农村电子商务发展模型。模型的特点在于使政府、电商、农户三者多维度地紧密结合，并结合创新理念如环保等，带动整个农村电商生态系统的繁荣发展。

二、新型生态城镇化的相关研究

对于新型生态城镇化的研究，诸多专家学者主要从以下几个方面开展：一是研究新型生态城镇化发展与资源环境的关系，黄志启（2014）对城镇化进程对生态系统的影响以及对生态系统预防和治理进行了研究，指出城镇化发展应与生态发展相协调；余壮雄（2015）等研究中国城镇化发展是否通过资源配置的“跷跷板”来推动的；韩正龙（2014）等研究了城镇化发展与房地产之间的关系，基于对城镇化诸多方面的研究，认为城镇化发展应基于城乡统筹的角度，走健康、生态、发展协调的道路，向智慧型发展转变；王素斋（2013）对新型城镇化科学发展的内涵、目标和路径进行研究，结果表明城镇化发展需按照科学发展观的要求，始终坚持走集约、智慧、低碳、绿色的新型城镇化道路，促进“四化”与新农村建设全面协调可持续发展，走中国特色新型城镇化道路。二是以对比的方法研究新型生态城镇化的内涵，如段进军（2013）等从多维视角解读新型城镇化内涵，研究发现新型城镇化发展主要体现在以下几个方面：城镇化发展机制应该从政府主导型向市场主导型转变，城镇化发展应该由“物的城镇化”向“人的城镇化”转变，发展模式应由外生向内生转变，发展动力由传统的“三驾马车”驱动向以消费和创新为重点的驱动模式转变，发展目标应该由“一维”经济向经济、社会、生态等“多维”目标转变；彭红碧等（2010）研究表明我国的城镇化发展必须走一条符合中国特色新型城镇化道路，包括以科学发展观为引导，发展集约和生态化模式，增强城镇多元化功能，构建科学的城镇体系，实现城乡一体化目标；陈祥建（2014）研究表明新型城镇化更加强调空间格局一体与城乡统筹；谢天成等（2015）从发展理念、发展模式、空间形态、市政建设、可持续发展等角度深入分析新型城镇化内涵。三是从目标角度来分析新型生态城镇化，任远（2014）认为新型城镇化需要重视迁移和流动人口与社会融合，追求人民幸福和福利的以人为本的城镇化，围绕新型城镇化的目标、动力、发展过程来发展，将人的权利、发展和幸福作为城镇化的发展核心；张文明（2014）通过研究表明，城镇化的目的就是为了人更好地发展，离开了这一目标城镇化的发展没有任何意义，新型城镇化就是“人的城镇化”。四是从具体的内容来分析新型生态城镇化内涵，宋连胜等（2016）将新型城镇化内涵与城市化、城镇化以及小城镇相比较，认为新型城镇化内涵就是集生活和就业方式、公共服务、区域空间、社会治理与人居环境的改进和提高。

三、电子商务与城镇化之间关系的国内外相关研究

电子商务对经济产生影响的相关研究对于研究城镇化与电子商务两者之间关系具有借鉴意义。虽然电子商务出现的时间比较短，但其对经济产生的影响较大，使得经济活动方式和主体间的经济关系都发生了巨大的改变，学术界关于电子商务对经济影响的研究也越来越多。从国外来看，Martin Brooks 和 Zaki Wahha（2000）通过使用 MULTIMOD 模型（多地区计量经济学模型）进行实证分析，研究了电子商务对宏观经济可能产生的具体影响，在实证分析过程中，使用了美国、日本、德国、英国及法国这五个国家的数据，将这五个国家作为研究对象进行了定量分析。其整个研究包括三部分内容：①对所选取的行业的相关研究数据进行收集，其中最主要的数据为 B2B 电子商务的使用为特定行业的参与者在采购方面所降低的成本；②在收集到的数据的基础之上，通过投入产出值来对其他行业所降低的投入价格进行计算；③使用选取的经济学模型，对电子商务为宏观经济所带来的影响进行定量分析。通过对这 5 个国家的数据进行计算，推算出 2001—2010 年这几个国家的 GDP 由于 B2B 电子商务的参与会达到每年 0.25%的年均增速。思科公司也曾针对电子商务对其国内的生产率所产生的影响进行深入研究，研究结果表明，电子商务使其生产率有明显提高。从国内来看，自电子商务的概念产生以来，学者对这一问题的研究十分活跃，但是从研究现状来看，大多研究是对营销、支付和物流等微观

层面的研究，而对于电子商务行业这一宏观层次的研究较少。张红历、王成璋（2007）将一般均衡模型与新古典经济学理论结合，对有网络效应的电子商务所具有的内生条件及其对我国经济所起到的主要作用和产生该作用的原因进行了研究，研究表明，电子商务所具有的特征意味着其迅速发展是社会进步的必然要求，因为电子商务可以大幅降低交易成本，减少交易时间，从而对经济的增长起到重要作用。段钊（2007）则从跨学科的角度，使用交易成本经济学的理论与方法，深入分析了电子商务的模式及其内涵，并对电子商务商业模式的特征和其设计的原则进行了系统的研究，为以后电子商务商业模式的创新提供了理论依据。卢姗、胡萍（2007）将相关分析和回归分析结合在一起，分析了我国电子商务的迅速发展对经济产生的影响，并在此基础上提出有利于电子商务发展的具体建议。杨坚争、周涛和李庆子（2011）等人对电子商务和经济增长之间的相互影响关系进行了实证研究，研究的过程中所使用的模型是在道格拉斯函数基础上的延伸，研究表明，一方面，电子商务的发展可以明显促进经济增长，另一方面，我国的电子商务的环境安全程度直接影响着电子商务发展水平，某些地区相对较低的电子商务安全程度直接导致了当地的电子商务发展水平比较低。

在电子商务与城镇化两者关系的研究中，葛殊（2013）从消费能力提升的视角出发，探讨了电子商务与城镇化的关系，认为电子商务可以提供更多就业，进而提升农民收入水平，提供平台改变居民消费观念，增加消费便利性从而使整体的消费能力得到提升，推进城镇化进程。李全喜（2014）以电子商务作为促进城镇化的重要手段，归纳并总结城镇化发展中的问题，并根据城镇化发展的三个不同阶段提出发展电子商务的不同侧重点。陈倩等（2014）分析电子商务对新型城镇化的推动作用，主要从统筹协调、转型升级、生态文明以及集聚紧凑等四个方面来分析。虞昌亮（2014）提到了就地城镇化的概念，并认为现阶段推进农村就地城镇化是城镇化发展的重要途径，并指出农村电子商务可以通过促进农村经济、改变农村生活方式以及促进资金、人才的回流等来推动城镇化的发展。路妍妍（2015）以城镇化与电子商务协调发展状况的测度作为研究主题，在分析城镇化与电子商务协调发展的作用机制基础上，建立了衡量城镇化进程的指标体系和电子商务发展状况的指标体系，通过因子分析确定了各指标的权重，并分别计算了各个省份的电子商务发展系数和城镇化发展水平系数，用来测度各省份的电子商务发展状况和城镇化发展状况。建立了测度城镇化与电子商务协调发展度指数的计算方法，并对实证计算结果进行了聚类分析，将 30 个省份分为 3 类，分别探究了各类省份的城镇化速度和电子商务发展状况之间的协调水平、发展状态以及可能存在的问题，并提出了一些合理的政策建议。赵旖旎（2015）在分析了电子商务对产业集群、产业集群对城镇化以及电子商务对城镇化的促进作用，对电子商务、产业集群、城镇化中的各要素进行了有效识别的基础上，运用 AMOS18.0以及 SPSS17.0 软件，结合结构方程模型的分析方法，对电子商务与城镇化的关系进行了实证分析，包括设计量表、检验信度及效度、分析数据质量、处理数据等，从而对模型以及假设进行分析论证，并根据数据与研究模型的分析结果，得出电子商务对城镇化的促进作用机理，并提出电子商务促进城镇化发展的建议。于婧、林孔团（2016）分析了电子商务与新型城镇化的作用机制，并以全国 31 个省市为例，运用耦合协调发展模型和熵值法对二者的双向互动关系进行研究，结果表明二者互动强劲，但各个地区的协调度存在着明显的差异，东部协调水平高而西部相对较低，并根据各地发展的实际提出对策建议，以加快电子商务与新型城镇化的耦合协调发展进程。

综上所述，学术界对电子商务、新型城镇化已有较多研究，而对电子商务与新型城镇化的关系研究相对较少，且鲜有人以耦合协调发展为角度进行研究，因此在“互联网+”时代和新型城镇化建设时期，对电子商务与新型城镇化的双向互动发展研究具有重要的意义。

第三节 本书主要研究内容

本书在对国内外相关研究进行归纳总结的基础上，重点研究了：

一、新型生态城镇化的内涵

我国新型生态城镇化的发展现状、我国新型生态城镇化模式分析和新型生态城镇化理论研究，指出新型生态城镇化是指在城镇化进程中，以城镇总体生态环境、空间布局、产业结构的优化转型为出发点，坚持以人为本的可持续发展理念，统筹城镇建设与人口、环境、资源、社会等关系，促进产城融合、自然与人文融合，走集约、智能、绿色、环保的新型城镇化建设新路子。其特征为聚集性、结节性、独特性、动态性、生态性和人本性。

二、国内外相关案例研究

农村电子商务运用现代信息技术，利用农村庞大的资源，通过电商专业平台，进行农产品的商务活动。广义的农村电子商务是指利用互联网、计算机、多媒体等现代信息技术，为从事涉农领域的生产经营主体提供在网上完成产品或服务的销售、购买和电子支付等业务交易的过程；狭义的农村电子商务则仅指从事涉农领域的生产经营主体在网上销售产品或服务的过程。农村电子商务具有成本低、效率高、产业优化、无时间和空间的限制、市场规模庞大等特点。具体分析了英国 B2C＋O2O 模式、美国生鲜电商网站模式、中国惠农网农村移动电子商务模式、“实体＋网络”模式——网上供销社、中国淘宝村发展模式、甘肃成县模式、陕西武功模式。在农村电子商务案例研究方面，以浙江丽水梧桐工程培育的部分优秀农村电商企业案例进行分析。具体分析了浙江山山网络科技股份公司的 B2B2C 战略案例，浙江博士园生物技术有限公司的农产品标准化案例，浙江景宁畲乡物流有限公司综合物流战略案例，浙江讯唯电子商务有限公司农村电商培训案例，丽水市绿盒电子商务有限公司农产品品牌战略案例。

三、新型生态城镇化与农村电子商务协动机理

农村电子商务推动新型生态城镇化发展，新型生态城镇化促进

农村电子商务创新。引入推拉理论说明城镇化与电子商务的相互作用关系，而这种相互作用受到四个力量的影响，分别是电子商务的发展使得农村对城镇化进程表现出的推力；电子商务的发展使得城镇对城镇化进程表现出的拉力；城镇化的发展使得农村对电子商务发展表现出的推力；城镇化的发展使得城镇对电子商务表现出的拉力。城镇化与电子商务的同步协调发展是这四个力量相互作用，相互博弈的结果。

四、应用研究

以浙江省遂昌县为例，分析新型生态城镇化规划思路，剖析农村电子商务特色发展之路，提出新型生态城镇化背景下的农村电子商务创新模式。在物质层面，电子商务向农村的延伸，对农村的介入和在农村的内生使得农村的发展越过了工业化，直接走进了信息化，给农村带来了跨越式发展的动力和新型生态城镇化的契机。在精神层面，基于电子商务的农村发展新模式使得农村“空巢”的社会问题迎刃而解，培育了一代新型青年农民，提升了农民素质，改善了农村家庭的生活质量，对农村社会的稳定及和谐社会的构建意义重大。它的发展还将继续促进技术、资金等向农村延伸，加速城乡资源自由、双向流动，从而推进城乡一体化。

五、新型生态城镇化背景下的农村电子商务存在问题

在要素保障方面，提出：①畅通的物流服务体系是影响农村电子商务市场发展的关键因素；②健全金融体系是农村电子商务发展的辅助条件；③部分农村网络基础设施落后阻碍了农村电商发展；④电子商务专业人才严重缺乏导致农村电商发展程度较低；⑤相关法律法规不健全导致农村电商发展环境较差；⑥部分地方政府还缺乏发展农村电子商务意识。标准化建设方面，提出：①农产品标准化体系建设滞后问题；②农产品品牌战略还未广泛实施问题；③农产品安全问题直接影响着农村电商业务问题。在市场开拓方面，提出：①农村地区人群总体消费观念相对落后问题；②大部分地区农

村电子商务市场缺乏长远规划问题；③大多数地区农村电子商务是靠个体农业经营者单打独斗问题。

六、新型生态城镇化背景下的农村电子商务可持续发展的对策建议

在资源整合化方面，提出：①加大基础设施建设力度；②大力发展农村物流运输业；③培养电子商务人才，引导人才向农村流动；④培训部分农村带头人，发挥好示范引领作用；⑤制定和完善相关法律法规；⑥发挥地方政府协调和指导作用等对策建议。在平台协作化方面，提出：①加快农民专业合作社发展，做好市场开拓；②建立线下协作平台，开设农村电商示范试点；③客户服务是农村电商口碑的重要基础；④营销策略是竞争力的重要来源等对策建议。在供应链一体化方面，提出：①构建完善的农产品安全溯源体系；②发展特色农产品，提高农产品的知名度；③建立农产品标准体系；④构建符合农村电商的供应链管理模式等对策建议。

最后在对全书工作总结的基础上，提出下一步的研究展望。

第二章 新型生态城镇化 相关理论基础

第一节 新型生态城镇化的内涵

一、城镇化的内涵

城镇化是由农村人口和各种生产要素不断向城镇集聚而形成的经济结构、生产方式以及社会观念等向城镇性质演变的过程。它是一种社会各方面全方位发展的经济现象，这种经济现象自 18 世纪在欧洲产业革命进程中诞生，之后迅速席卷全球。“城镇化”一词是在探求城市发展路径中即“城市化”之后提出的新概念。社会学、管理学、经济学、人类学等诸多不同学科在探求城市发展问题时，都不约而同地应用了“城镇化”这一概念，并根据学科的特点加以解释，虽表述以及侧重点不尽相同，但是总体上相互补充。就诸多学科对城镇化的研究成果进行综合，通常把城镇化定义为：以居住在农村的人口占总人口的比例下降和以居住在城镇的人口占总人口比例的上升为主要表现，以产业结构从农业经济向工业经济、社会结构从农村社会构成向城镇社会构成、人类聚居场所从农村空间形态向城镇空间形态的转化为本质的多元演进过程。

在对城镇化进行研究的过程中，经常使用人口城镇化率，即城镇人口在总人口中所占的比例来代表城镇化水平。但这种方法比较片面，仅关注城镇化中的一个方面，即人口结构的变化这一问题，忽略了城镇化中的其他方面，如经济结构的变化、保障制度的完善以及由农村迁移到城市的人口生活水平的提高等，不能全面地反映城镇化的具体状态和社会的进步。在追求快速城镇化的过程中，除了要追求速度，还应保证其质量。速度是城镇化发展快慢的一个相对比较直接的体现，它一般表现为：人口城镇化水平，即城市人口占国内人口总数比例的增长、城市在数目上的增加以及城市在面积上的扩张；质量则是城镇化水平较为内在的体现，主要表现为经济增长、农村居民生活方式向城镇居民的转变以及人们生活质量的提高等方面。

城镇化一词最早是在 19 世纪 60 年代由西班牙人塞达在他的《城镇化基本理论》中提出。随着人类社会的发展，尤其是随着第三次科技革命的到来，西方一些发达国家城镇化发展迅速，因此研究城镇化内涵与发展方面也出现了许多颇具影响力的学者、观点和理论。美国学者克拉克（Clark）的观点是，城镇化是指包含农业在内的第一产业的从业人口占总人口的比重越来越小，从事工业、建筑业、服务业等二、三产业的人数占总人口比重越来越大的人类发展过程。沃斯（Wirth）认为，城镇化的过程不只是第一产业的从业人口向二、三产业的转移，政府等管理机构必须帮助农业转移人口完成市民化，帮助这部分人适应城市的生活习惯和行为表现，并最终融入城镇，形成与城镇化发展相符合的价值观。戈德伯格（Goldberg）则强调，城镇化只是从事于三大产业的人口数量的动态变化，农村区域不断演变为城市区域的过程。史塔克（Stark）认为，农业人口转移为市民的过程不是由个体决定的，而是与其家庭成员共同商议决定的，因此，人际关系网、乡缘关系和亲缘关系的转移成为一种普遍的方式。

而随着中国的高速发展，研究中国城镇化问题的学者和观点也颇多。斯伯格（See borg）认为，中国城镇化发展过程中的大部分问题是由于政府设置的诸多制度障碍造成的，例如运用经济的因素来刺激人口的迁移，并且不为这些迁移的人口提供相应的市民的保障。柯科比（Kirkby）认为，中国长期以来把大量的资源投入到工业领域，虽然促进了工业的发展，但不可避免地削弱了农业农村的进步，导致了城镇化水平的滞后，并据此创立了“工业战略学说”。霍华德则指出，应该合理规划城市，控制城市规模，注重保护环境，建立田园城市，使得市民能够充分接近自然。国外研究城镇化理论的发展，为我国进行城镇化建设提供了丰富的借鉴经验，对我国正在进行的新型城镇化建设具有参考意义。打破制度藩篱，推动农业发展，实现农业现代化与城镇化建设协调进行，实现人与自然和谐相处都是对我们进行城镇化建设的良好借鉴。

国内对于城镇化的研究要起源于对于“urbanization”的翻译，相对于翻译为城市化来说，城镇化更符合中国特色，也时常出现于一些官方文件之中，如官方第一次正式使用“城镇化”一词是在十五届四中全会上。而城镇化作为理论进行研究却较早，吴友仁在他1979年的《关于我国社会主义城市化问题》文中，第一次系统地提出“城镇化”概念；随后，城市规划设计研究院在“若干经济较发达地区城镇化途径和发展小城镇的技术经济政策”这一课题中，对于城镇化的概念进行了界定；而在这些研究的影响之下，陈亚辉、林德金和李树琼等则认为城镇化是一种城镇人口增加趋势，这种趋势表现为农村人口向城镇集中。

随着我国社会转型期的到来，城镇化研究已经成为当前学术界的一个热点。当前，国内城镇化的研究成果主要集中于城镇化的必要性、城乡关系、劳动力转移、管理与建设、发展质量等方面，并取得了丰硕成果，成为推动我国进行城镇化建设强有力的理论支撑。孙世芳认为城镇化是国家发展的体现，是实现两个百年目标的必由之路。农业转移人口市民化的过程，将会持续推动城市规模的扩大和数量的增多、促进产业结构合理转变、促使社会层级流动更加活跃。陈耀邦认为城镇化的发展将从根本上解决“三农”问题，减少农民数量是解决“三农”问题的必由之路。洪银兴研究了农业对工业、乡村对城市反哺问题，认为中国具备了一定的反哺能力，从宏观背景的角度说明了城乡协调发展、推进农村城镇化的必要性。杨培峰认为，城乡一体化建设过程中，政府必须作为推动者，改革城镇职能，合理规划布局，最终促使经济结构优化、城乡互为促进、经济组团发展等良好局面的出现。纪立军等指出，城镇与农村是有机联系的整体，但是随着社会的进步、经济的发展，城乡之间的矛盾日益突出，贫富差距不断扩大。要改变这个局面，必须从多方入手，农村不能仅依靠城市带动也不能单纯进行农业现代化，要实现城镇化与农业现代化互为促进协调发展。张建武研究了新农村建设和城镇化统筹就业问题，认为新农村建设和城镇化统筹就业的本质是一种机制，并探讨了它的制度基础、约束条件，提出了相应的政策建议。孙久文以无锡为例，分析了城镇化进程中的失地农民的境遇，并提出了一些可行的对策。关于城镇化建设与管理方面，相当一部分学者认为农村城镇化发展过程中存在着大量的体制机制性障碍，涉及就业、医疗、保险、教育等关于个体的障碍，也涵盖了空间规划、土地使用、区域合作等关于全局的问题，要推动城镇化发展，实现合理建设、高效管理，必须制定相应的公共政策和法律法规。

二、新型城镇化的内涵

新型城镇化是相对于传统城镇化而言的，了解新型城镇化之前有必要了解一下传统城镇化的内容。首先，城镇化是人类的生产、生活等行为方式从农村型向城市型转变、农村人口向城市人口转型和城市持续发展和完善的历史演变进程。该进程主要表现为两个方面，首先是提高城镇的数目，其次是大、中、小各层级城市的人口数量的增多以及城市规模的扩大。在城镇化的演进过程中，一般具有几个特定动态表现：农业人口转移为城市工业或第三产业人口；第一产业占经济总比重的比例缩小，二、三产业扩大；农村形态过渡为城市文明。城镇化的过程是一个利弊共存的人类发展阶段，它能够催生经济腾飞，推动国家各项事业发展，但同时也会带来诸多突出的社会问题。因为随着城镇化的发展，人口在一个特定区域内大规模集聚，使得这一区域内的资源、服务、保障需求激增，一旦超越了这一地区的综合承载能力，就会导致人类、资源、环境不和谐发展；一旦脱离当前社会经济状况，就会引发超越现实的、不真实性的、不完全的城镇化，导致更加严重的社会问题。因此，探寻一种新型的城镇化发展模式势在必行。

十七大报告曾结合我国的具体国情提出了中国特色的城镇化道

路，并认为，我国在发展城镇化的过程中应坚持结合我国的实际情况，要促进大中小城市和小城镇的协调发展。这一观点对于我国的城镇化进程影响意义深远，在一定程度上为我国的城镇化指明了方向。我国在追求城镇化快速发展的过程中，要切实结合我国国情，即国家的城镇化发展策略要符合我国的实际情况、各地的发展策略要符合当地的实际情况。我国的人口数量和分布决定了我们无法实现通过将绝大多数人口迁移到大城市中去的方法来提高城镇化水平，所以我们应该结合具体情况，加大力度发展大城市，同时又不忽略中小城镇的发展；另外，从我国辽阔的国土面积来看，我们应该结合分散的中小城镇拥有的优势资源，加强中小城镇之间的联系，跨越地域的限制，形成城镇群，从而实现共同发展，城镇群不仅仅是城镇之间的简单相加，而是打破城镇和地区之间的壁垒，促进他们之间的联系和各生产要素的合理流动，从而实现共同发展的目的。总的来说，就是充分结合我国国情，充分发挥我国的大城市和中小城市自身的优势，追求城镇化速度的同时更保证其质量。

在中国特色城镇化这一概念的基础之上，十八大又进一步提出新型城镇化这一概念。自此，新型城镇化成为热门词汇。所谓的新型城镇化指的是以城乡统筹、城乡一体、产城互动、节约集约、生态宜居、和谐发展为基本特征的城镇化，是大中小城市、小城镇、新型农村社区协调发展、互促共进的城镇化。深入来看，新型城镇化包括两个方面的含义。一方面，新型城镇化的关键是改革，包括户籍制度的改革和产业结构的调整。首先，在城镇化的过程中，户籍制度的改革是个必须要解决的问题，不能为迁移到城市的农村人口提供保障的户籍制度不能够适应城镇化发展的具体要求，但解决户籍问题又是一个循序渐进的过程，需要一定的时间，也要面对很大的压力；其次，从产业结构上来看，我国之前三十多年把城镇化的重心放在工业化以及产业发展两个方面，但目前工业化和产业发展对城镇化的拉动作用在逐步减弱，而消费结构升级对城镇化所产生的拉动作用有不断加强的势头，所以应充分重视城镇化过程中出现的消费需求的调整和消费模式的改变，适当调整产业结构，如增加服务业比重，改变传统的工业城镇化的发展模式。另一方面，新型城镇的核心是以人为本。城镇化并不意味着简单的农村人口向城市人口的转变，而应该是通过城镇化促进人们的进步和人们生活水平的提高，城镇化过程中，要关注服务城市化，无论是城市居民、外来务工人员或刚刚毕业的大学生，只要对社会有贡献，就应该享受相应的服务，这些服务包括：交通、住房、教育、医疗和养老等。

我国的新型城镇化内涵包括了以人为本、四化同步、优化布局、生态文明、文化传承，全面促进经济转型升级和社会和谐进步，从而为全面建成小康社会、加快推进社会主义现代化、实现中华民族伟大复兴的中国梦奠定坚实基础。因此本书主张新型城镇化建设应该以中国特色社会主义理论体系为指导思想，把人的城镇化作为建设中心，努力提升城镇化质量，改变其发展模式，使农业转移人口有序过渡为城市居民，以城市当前形态为主要建设样本，促进大中小城市、城镇、农村有序和谐发展；并依据当地实际综合承载能力，进行城镇化建设；改革现有的阻碍城镇化发展的体制机制，催生城镇发展活力，最终探索出一条以人为本、布局合理、生态文明、延续文化的新型城镇化道路。

新型城镇化，是指坚持以人为本，以新型工业化为动力，以统筹兼顾为原则，推动城市现代化、城市集群化、城市生态化、农村城镇化，全面提升城镇化质量和水平，走科学发展、集约高效、功能完善、环境友好、社会和谐、个性鲜明、城乡一体、大中小城市和小城镇协调发展的城镇化建设路子。其特色就是要由偏重城市发展向注重城乡一体化发展转变。也就是说要由原来的“重城轻乡”“城乡分治”，转变为城乡一体化发展；并且从改革角度讲，要由原来的重单项突破，改变为大力推进户籍、保障、就业等综合配套体制改革。要鼓励城市支持农村发展。积极推进城乡规划、产业布局、基础设施、生态环境、公共服务、组织建设“六个一体化”，促进城乡统筹发展。

三、新型生态城镇化的内涵

新型生态城镇化是人们对于城镇化和城市化发展过程中，不断认识的结果，是一个在城镇化发展的过程中注重经济、社会、生态协调发展的新型城镇化。对于传统城镇化来说，生态城镇化是对于传统城镇化的补充和完善。当城镇的发展在环境承载能力承受的范围之内时，谈论生态城镇化没有多大的意义，因为，在这时人类的城镇活动对环境所带来的破坏和影响，能够及时地被环境自身调节与中和；然而，当城镇规模较大时，城镇对环境所带来的影响和破坏也超过了资源环境承受能力的承受范围，这就会带来各种人与自然、人与人之间的不协调，这时生态城镇化作为协调经济、社会、环境的一种城镇化发展模式才会有意义，才会对于人类的发展更加重要。因而，可以说生态城镇化就是一种新型城镇化，是新型城镇化建设的生态面。新型城镇化是对传统城镇化发展的修正，是对城镇发展的科学指导，是一个更为全面综合的概念。而新型生态城镇化注重的是城镇发展的生态和其他因素发展的协调性，生态城镇化的过程应当是一个和谐的过程，人与自然、人与人的关系是和谐的，人应当敬畏自然、敬畏自己和他人。

新型生态城镇化是指在城镇化进程中，以城镇总体生态环境、空间布局、产业结构的优化转型为出发点，坚持以人为本的可持续发展理念，统筹城镇建设与人口、环境、资源、社会等关系，促进产城融合、自然与人文融合，走集约、智能、绿色、环保的新型城镇化建设新路子，其特征主要有 6 个。①聚集性。新型生态城镇化具有一般城镇化所具有的聚集性特征，但是新型生态城镇化的集聚性特征又不同于一般的城镇化特征。新型生态城镇化的聚集性表现为人口、资源等要素的适度集聚，而不是盲目的聚集，这种集聚是在环境的承载范围之内，从经济学角度来讲，就是环境承载能力处于“帕累托最优”状态，这种状态下的集聚表现为经济、生态、社会和谐有序，处于一种良性可持续状。②结节性。这一特性表现为整体的新型生态城镇体系是一个有机的统一体，每个城镇都是这个生态体系中的一个节点。从全球角度来看，每个国家的城镇在这个生态体系中扮演不同的节点角色；而在每个国家内部又可以细化为不同的城镇节点。即每个城镇的生态系统和城镇功能并不是绝对的独立的，它是融合到大的生态城镇体系中的，各个城镇节点之间相互配合，实现资源在空间配置上的高效。③独特性。独特性体现在新型生态城镇体系内部各个城镇之间的错位发展和相互合作。在生态城镇化中，每个城镇既要有各自的发展目标，承担大的生态城镇体系的不同分工，如民族地区的城镇化、不同功能区内的城镇化以及城镇带和城市圈的城镇化，这都表明生态城镇化更加注重各个地区城镇化的特色，注重城镇发展的定位，避免千城一面，万乡同容。④动态性。动态性表明新型生态城镇化是一个变化的过程。这主要是因为事物是不断变化发展的，经济、社会和环境都是在不断变化的。因而，新型生态城镇化不可能是一劳永逸的，它是依据经济发展的不同阶段、社会发展的变化、环境承载能力的变化而变化发展的。因而，从这个角度上来说，新型生态城镇化是一个"过程"，而不是"结果"。⑤生态性。生态性这一特性表明新型生态城镇化更注重生态保护，注重生态、社会、经济的协调发展。作为新型生态城镇化的根本特征，生态性表现在生态环境对于城镇化的支撑。传统的观念认为环境是经济和社会发展制约因素，城镇化的建设也受到环境的约束，但是新型生态城镇化的生态特性表明，生态对于城镇化的发展具有促进作用，对于经济和社会发展也具有很好的保障作用。良好的生态能够为经济的发展带来活力，如果城镇的生态受到了严重的破坏，城镇将不适宜人们居住，将导致大量人口外迁，城镇将成为废墟，同时也必将给经济和社会发展带来严重的问题。⑥人本性。生态城镇化根本性的问题就是人的问题，如果城镇化建设缺少了人本性，那么城镇化的建设将毫无意义。生态城镇化在这一方面尤其注重，生态城镇化的本性体现在对于城镇居民"显性"和"隐性"福利的双层考虑。不但让城镇居民享受到"显性"福利，而且要让居民更好地持续享受这个福利。城镇化只有有"人气"，城镇发展才会有活力。

第二节　我国新型生态城镇化的发展现状

一、我国新型生态城镇化的发展概述

改革开放以来，我国经济的快速发展使城镇化水平迅速提高。城镇化是拉动我国经济增长，实现全面建设小康社会的百年目标的必经之路。同时，由于我国人口众多，我国城镇化一直以来备受世界瞩目。诺贝尔经济学奖获得者、美国经济学家斯蒂格利茨就曾把中国城镇化进程与美国高科技发展，共同作为影响 21 世纪人类发展进程的两大关键因素，并提出中国城镇化水平只需要提高 20%，就有相当于美国全部人口之和的农民成为城市人口。这从侧面反映出，中国正在进行的和即将进行的农村人口的转移和社会层面的变迁的规模，将是人类历史“前无古人”的进程。

党的十五大以后，城镇化作为一个国家战略在政府的决策中得到体现并逐步深化。党的十六大（2002）鲜明地指出，要走出一条具有中国特色的城镇化道路，实现大中城市与小城镇统筹协调发展。至此，我国一直以来实行的“小城镇大战略”局面得到终结；党的十七大（2007）报告中更深层次地强调，要全面分析国际国内新局势，走具有中国特色的城镇化道路，并按照统筹城乡、布局合理、节约土地、功能完善、以大带小的原则，促进大中小城市和小城镇协调发展。同时，以特大城市为核心，构建区域城市群。这使得“大城市”和“城市群”概念成为中国城镇化进程中的主流认识；党的十八大报告中更是鲜明提出，解决好农业农村农民问题是全党工作的重中之重，城乡发展一体化是解决“三农”问题的根本途径，并说明城镇化应以民生改善为目的，摒弃增长导向型模式，提高人民生活质量。为此党中央于 2013 年底召开了改革开放以来的第一次中央城镇化工作会议，提出要从国情出发，以提升城镇发展质量为关键，坚持以人为本，做好规划，探索各具特色新型城镇化发展途径。

近十几年来，伴随社会主义市场经济的快速发展和经济的高速

增长，我国城镇化进程逐步加快、城镇化水平日益提高。但是在城镇化进程中仍然存在诸多矛盾，如城镇体系发展不协调，资源环境承载力受到严重考验，小城镇建设遍地开花，相同职能类型的城镇重复建设，同时广大农村地区建设滞后。城镇化进程对资源消耗过大，对环境生态的破坏严重。城镇化速度与产业结构演进不协调、产业与居住配套不合理，各类产业园区、工业园区建设无序，既浪费珍贵的土地资源，又使生态环境恶化、同时园区的生活配套功能缺少，城市功能布局不合理等。城镇化速度太快，新增城市人口的社会保障，教育、医疗、养老等配套需要健全，失地农民的补偿安置问题尚需改进等。这些矛盾阻碍了城镇化进程，妨碍了城镇化的健康发展，有悖于和谐社会以人为本的主旨。因此，我们必须走一条符合实情又具有创新精神的新型城镇化道路。在此背景下，十八大报告提出，要坚持走中国特色新型城镇化道路。

城镇化是我国发展的一个大战略，城镇化不是简单的城市人口比例增加和面积扩张，而是要在产业支撑、人居环境、社会保障、生活方式等方面实现由“乡”到“城”的转变。十八大报告提出：加快完善城乡发展一体化体制机制，着力在城乡规划、基础设施、公共服务等方面推进一体化，促进城乡要素平等交换和公共资源均衡配置，形成以工促农、以城带乡、工农互惠、城乡一体的新型工农、城乡关系。新型城镇化突出的是“新”：即城乡统筹、城乡一体、产城互动、节约集约、生态宜居、和谐发展，是大中小城市、小城镇、新型农村社区协调发展，互促共进的城镇化。

联合国最近关于世界城市化展望的研究报告指出，未来20年，中国的城镇化增长速度会进一步加快，到2030年会达到65%～70%的水平，这意味着，这一段时间里中国的城市人口会增加3亿，即每年有超过千万人转移到城镇生活，每年城镇人口增加的数量相当于欧洲一个中等国家的人口总量。这些都说明，中国正在和即将发生的城乡人口转移和社会变迁的规模在世界上将是空前的。中共十八大报告明确提出“大力推进生态文明建设”，提高城镇化质量的战略目标，走“四化”同步发展之路。2013年中央经济工作会议要求，在推进城镇化进程中，要把生态文明理念融入到城镇化建设的全过程，把有序推进人口市民化作为城镇化的重要任务，走集约、智能、绿色、低碳的新型城镇化道路。城镇化既是历史机遇，也是一种巨大的挑战。一方面，城镇化中的资金需求、公共服务需求等社会经济挑战需要通过制度创新、市场参与等方式来解决；另一方面，我们也无法回避城镇化中面临的资源环境挑战。中国选择什么样的城镇化道路，不仅决定着当前的社会经济发展，更决定着我们是否能拥有一个可持续发展的未来。

二、浙江丽水新型生态城镇化案例研究

我国一些地区针对自己的特点提出了适合当地情况的新型生态城镇化的具体措施。如浙江省丽水提出坚定不移走“绿水青山就是金山银山”的绿色生态发展之路，深入贯彻十八届三中全会和中央城镇化工作会议精神，按照“绿色崛起、科学跨越”战略总要求，围绕“秀山丽水、养生福地、长寿之乡”的区域定位，通过高起点规划、高标准建设、高水平管理、高效率利用，推进城镇经济生态化和生态经济化，加快城乡一体化建设，着力打造集约低碳的生产空间、宜居适度的生活空间、山清水秀的生态空间，为建设生态旅游名城和美丽幸福新丽水提供强力支撑。①坚持生态优先、科学发展。树立尊重自然、顺应自然、保护自然的生态文明理念，正确处理城镇建设、产业发展与生态保护的关系，合理确定城镇规模和城镇化推进速度，着力推进绿色发展、循环发展、低碳发展，节约集约利用要素资源，努力减少城镇化对自然的干扰和损害，给子孙后代留下天蓝、地绿、水净的美好家园。②坚持以人为本、公平共享。以人的城镇化为核心，坚持把改善民生作为推进新型生态城镇化的根本目的，科学确定城镇人口规模，高效配置要素资源，高起点、高标准规划建设管理城镇，着力提高城乡基本公共服务均等化水平，促进经济发展、人口布局与资源环境承载能力更趋协调，不断提升城乡居民的生活品质和幸福指数。③坚持文化传承、彰显特色。以文化为魂，注重历史文化资源保护与新型生态城镇化推进的

有机统一，重视在城镇建设中更多地融入城市文化内涵和历史人文要素。坚持以山水为韵，注重丽水现有山水脉络、田园风光等独特自然风貌的保护，让居民望得见山，看得见水，记得住乡愁，着力塑造丽水独具魅力的“山水城市”特色。④坚持优化布局、产城融合。坚持“以产促城、以城兴产、产城融合”，突出以城镇为基础，以生态产业为保障，按照主体功能区定位，优化城镇化布局和形态，拓展绿色生态发展空间，形成城镇化与产业化深度匹配的新型生态城镇化格局。树立全市就是一个大景区的理念，统筹配置旅游资源要素，合理安排旅游项目建设时序，致力于把生态旅游业和休闲养生（养老）业培育成为第一战略支柱产业，大力推进生态旅游名城建设。⑤坚持解放思想、改革创新。把解放思想作为推进新型生态城镇化的动力源泉，充分发挥市场在资源配置中的决定性作用，以改革突破体制性障碍，以创新破解发展难题，鼓励支持有利于破除城乡二元结构、促进城乡统筹发展的创新实践，加快形成城乡发展一体化的体制机制，创造更加方便、舒适、优美、安全的生产生活环境，让更多的人享受城镇文明成果。

以打造生态旅游名城为突破口，大力推进具有山区特色的新型生态城镇化，既要积极、又要稳妥、更要扎实。因此，建议要遵循城镇化发展的客观规律，从实际出发，因地制宜、因势利导制订主要目标和实施步骤，使丽水市新型生态城镇化成为一个顺势而为、水到渠成的发展过程。以“绿水青山就是金山银山”为指导思想，以打造“宜居、宜业、宜游、宜养”生态旅游名城和建设美丽幸福新丽水为总体目标，着力优化城镇空间布局，不断提升城镇综合功能，努力改善城镇人居环境，促进城镇发展形态向集群化、智能化、生态化、现代化转变，在全省乃至全国率先走出一条以人为本、组团发展、产城融合、生态文明、文化传承的具有山区特色的新型生态城镇化之路。

实施步骤分近期、中期、远期三个阶段实施：

第一阶段：夯实基础（2014—2016 年）。到 2016 年，全市城镇化水平不断提高，城镇化率力争达到 60%，为加快生态旅游名城建设、推进新型生态城镇化扎牢根基。“112”城镇体系、“3+3”生态产业体系、“域外枢纽、域内畅通”的现代立体交通体系不断完善，与新型生态城镇化水平相适应的配套设施加快建设，全面完成“六城联创”和“五水共治”重点任务，生态文明先行示范区和生态经济示范区加快建设，生态环境状况指数居全省首位，生态环境质量公众满意度全省领先，形成山水融合、森林环抱、人与自然和谐共处的生态体系。城镇功能、城乡面貌明显改善，到2015年底，各县（市、区）确保建成一条迎宾大道、一条江滨景观带、一条文化特色路、一条商业示范街（商业综合体）、一个市民健身广场、一个融当地历史和未来的规划展示馆；到2016年，完成绿道建设30千米，公园绿地服务半径覆盖率达到90%以上，全市80%以上城镇成功创建省园林城市，中心城市建成区面积达到45平方千米、集聚人口45万人。全域旅游资源不断整合，生态旅游业和养生（养老）业不断推进，一批内涵丰厚、主题鲜明的旅游景区；一批国内规模较大、影响较强的生态休闲养生（养老）基地；一批“看得见山、望得见水、记得住乡愁”的特色旅游小镇；一批有特色、有品质的乡村旅游示范村加快建设，美丽乡村建设成效明显。到2016年，全市60%的行政村达到市级生态文明村标准，创建市级“美丽乡村”100个。公务服务水平不断提高，基层医疗卫生服务网络健全，到2016年，20分钟医疗卫生服务圈覆盖率达到95%，确保人人享有较高水平的基本医疗卫生服务。

第二阶段：持续提升（2017—2020年）。到2020年，全市城镇化率力争达到70%，在城镇功能优化、生态旅游名城建设、城镇宜居环境、公共服务水平、可持续发展能力等方面有新提升，基本建成有地方特色、丽水特征、个性鲜明的独具风貌的“美丽生态城镇”。生态特色产业竞争力明显增强，基本确立国内最大生态休闲养生（养老）基地地位，生态休闲旅游业在国民经济中的战略性支柱产业地位得到巩固和提升，到2020年，旅游产业增加值占GDP比重达15%以上，旅游总收入达到1 000亿元。以“交通便捷、功能互补、要素集聚、资源共享”为导向，按照“小县大城、组团发展”的城市发展战略要求，“市中心区域组团、县城组团、中心镇组团”为主体的“组团式、田园类、点状型”的山区新型生态城镇化空间体系新格局加快构筑。到2020年，完成绿道建设70千米，人均城市道路面积达到18平方米以上，人均公园绿地面积达14平方米以上，污水处理率达90%以上，垃圾处理率达100%，饮用水质达标率达95%以上，城镇住房保障覆盖面达到30%，基本养老、医疗等社会保障全覆盖。

第三阶段：全面转型（2021—2030年）。到2030年，全市城镇化率力争超过75%，建立城镇空间布局合理、功能分工有序、资源配置优化、公共服务均等、环境优美舒适的新格局，形成中心城市为龙头、市域景区化改造、乡村品质化提升、全市是一个大景区的美好愿景，绿色经济、绿色社会、绿色环境、绿色人文的生态城镇加快建设，在产业支撑、人居环境、社会保障、生活方式等方面全面实现由“镇”到“城”的转变，打造成为“中国生态旅游第一市”“中国生态休闲养生（养老）第一市”，建成生态经济发达、人居环境优美、文化积淀厚重的生态旅游名城。

在推进过程中，注重三个方面的实质性转变：

第一，由数量增长向质量提升转变。新型生态城镇化不仅注重城镇数量、城镇人口、城镇设施的增加，其内涵包括人口变化、经济变化、生态变化、社会变化等方面。前两个变化是衡量城镇化的基础，后两个变化是衡量城镇化的核心。为实现这一转变，一要注重人的城镇化。以提升人民群众的幸福感为目标，有序推进农业转移人口市民化，使当地城镇居民享有同等的权益，让转移人口逐步融入城镇。推进城镇基础设施和公共服务一体化建设，强化城镇产业支撑，最大程度实现生产便利、生活便捷、办事方便、带动就业。二要注重城镇布局优化。严格按照主体功能区定位，将“小县大城、组团发展”理念充分体现到城镇总体规划和专项规划上，按照生产、生活、生态相融合的要求，着力构筑生产空间集约高效、生活空间宜居适度、生态空间山清水秀的空间格局，促进人口集中、产业集聚、要素集约和功能集成。三要注重产城融合发展。坚持“以业兴城、以城兴业”融合发展理念，完善基础设施配套，优化“3＋3”生态产业布局，以生态产业集聚区为主平台，以城镇为基础承载产业空间和发展生态经济，力促生态农业、生态工业、生态服务业以及生态休闲旅游业等在谈项目的落地、开工、达产，推进产城互动和产业集群发展，吸引更多的人流、物流和资金流。

第二，由粗放发展模式向生态文明建设转变。良好的生态是打造生态旅游名城的根基，是提升城镇居民生活品质的基础。丽水气候独特、生态优质、环境优美，自然风光秀丽，人文景观多样，养生资源丰富，休闲旅游四季皆宜，是向往自然、回归自然、享受自然的理想乐园，是国内唯一一个“中国气候养生之乡”。在推进城镇化过程中，一要突出生态功能，依托特殊的自然条件和优质的生态环境，把整个丽水作为一个美丽的花园来规划，加快建设“山、水、林、城”于一体的“花园之城”“绿色之城”和“山水之城”。以生态文明先行示范区建设为核心，以“五水共治”为突破口，加快庆元、龙泉、景宁、云和、遂昌等重要生态功能区建设，组织实施好庆元、景宁国家主体功能区建设示范试点以及庆元县城、云和县城、景宁县城省重点生态功能区小城市试点。二要突出城镇特色，依托丽水现有山水脉络等独特风光和旅游资源，围绕“秀山丽水·养生福地·长寿之乡”的区域定位，积极实施“小县大城、小县美城、小县名城”战略，致力于把生态旅游业和休闲养生（养老）业培育成为第一战略支柱产业，推进生态旅游全域化综合改革试验区建设，着力打造生态旅游名城，使生态休闲旅游业成为全市最大的发展特色。三要突出文化传承，文化是一座城市的金名片，是无法再生的宝贵资源。要立足丽水深厚的人文底蕴，按照“望得见山、看得见水、记得住乡愁”的要求，注重历史文化资源保护与新型生态城镇化推进的有机统一，以瓯江文化、生态文化为抓手，突出山区田园特色，重视城镇文化形象的塑造和传播，弘扬传统文化和地域文化，提升城镇文化内涵和城乡建设品位，彰显丽水城市魅力。

第三，由注重城镇发展向城乡一体化转变。城镇化是促进城乡一体化的一个重要过程，现阶段丽水市城乡二元结构仍未有效破除，因此，要把城乡发展作为一个整体来推进与城镇化相关的各项制度改革，以体制机制创新为突破口，重点抓住三个关键环节，加快城乡一体化。一要促进人口集聚化。积极引导人口有序迁移与有效集聚，完善城镇服务功能，营造良好创业氛围，建立城乡平等就业制度，吸引外来务工人员、投资创业人员、专业技术人员向城镇集聚。按照“因城而异、因群而异”的分类指导原则，创新人口管理制度，建立城乡统一的户籍管理制度，探索建立政府、企业、个人共同参与的农业转移人口市民化成本分担机制。二要促进土地集约化。稳步推进土地制度改革，推动农村土地承包经营权流转，提高农民在土地增值收益中的分配比例，逐步建立城乡统一的土地市场。优化城镇用地布局结构，严格划定城镇开发边界、永久基本农田和生态保护红线，切实提高城镇建设用地利用效率。三要促进融资多元化。强化民间投资和金融租赁等政策研究，按照事权与支出责任相适应的原则，大力推行城镇建设投资主体多元化、项目运营企业化、设施享用一体化，进一步放宽市场准入，积极引导民间资本参与城镇化运营，鼓励各种资本参与城镇建设，促进城镇公共服务均等化程度的提高。

丽水的各地区根据其特点，还规划了不同的具体发展策略，如丽水莲都区提出：

第一，构建“一江双城两翼多点”城市化空间发展格局。依托莲都“一江双城”发展格局，延伸“碧湖大港头中心镇”“老竹畲族中心镇”两翼，连接太平、黄村、雅溪多点。统筹产业发展，构建现代产业体系，努力构建设施共享、产业联动、城乡一体的空间格局。莲都区围绕生态工业、生态农业、生态旅游业三大业态，积极推进“四个集中”（工业向园区集中，农业向规模集中，三产向旅游集中，人口向中心镇村集中），找到自己特定阶段下的产业格局。①壮大中心城市。提升莲都区中心城市功能，增强区域协调发展能力。②完善区域基础设施。推进中心镇基础设施与市中心对接，加快环城路与中心镇公路网提升建设，通景公路与铁路网建设，完善“一江双城两翼”发展格局的交通网，形成对外沟通的门户。③“碧湖大港头中心镇”区块。依托中心镇建设，着力完善功能、改善环境、塑造特色，提升聚集人口和产业的能力，建成具有较强辐射能力的农村区域性经济文化中心。推进区域产业发展，全力打造服务业（商贸物流业和文化旅游业）。发展养老、健身、休闲度假、观光农业、绿色有机蔬菜、宜居生活 6 大基地，逐步把“碧湖大港头中心镇”区块打造成为经济发达的新兴产业圈、绿色有机的生态农业圈、独具魅力的休闲度假圈、环境优美的生态环境圈、舒适宜人的宜居生活圈。强化交通集散功能，通盘考虑新型城镇内部、城际之间的交通设施，按照对内大循环、对外大开发的总体要求，突出地下交通地面交通网络化，各类交通设施无缝对接。④“老竹畲族中心镇”区块。以东西岩 4A 级景区为基础，以“畲乡主题文化体验”为导向，以东西岩景区的提升和老竹新镇的建设为抓手，积极向周边区域进行拓展，打造畲族风情旅游产业带。⑤多点发展空间（雅溪仙渡“北部居住旅游生态小城镇”片区）。包括黄村乡高山休闲养生旅游区，雅溪“莲都区北部居住旅游生态小城镇”，太平水果之乡。

第二，统筹城乡协调发展。①推动城乡一体化发展。以实现城乡规划、管理体制、产业发展、市场体系、基础设施、公共服务一体化为目标，做好碧湖、大港头、老竹、雅溪、仙渡城乡一体化统筹城乡发展先行区建设。统筹城乡基础设施，积极推进城市公交、供水、供热、燃气等向周边村镇延伸；统筹城乡产业发展，积极构建城乡一体、链状发展的产业体系；统筹城乡公共服务，加快农村社会事业发展，引导城镇基本公共服务向中心镇拓展。②稳步推进农村转移人口成为城镇居民。在继续发挥城区吸纳外来人口的重要作用的基础上，进一步提升小城镇聚集产业、吸纳人口的能力，加强和改进人口管理，深化户籍制度改革，进一步放宽农民进城落户的条件。健全城镇社会保障体系，农民转移到城镇后，在就业创业、劳动报酬、子女就学、公共医疗等方面与城镇居民享有同等待遇，将进城务工人员纳入城镇住房保障体系。加强农村劳动力特别是青年劳动力的培训力度，提高就业率。③加强中心镇基础设施和公共服务设施建设。完善区、镇、村三级农村卫生服务网络，实现新型农村合作医疗制度全覆盖。新增教育资源向农村倾斜，鼓励城市中小学教师对口帮扶，缩小城乡之间教育差距。④建设特色重点镇。着力完善功能、改善环境、塑造特色，提升聚集人口和产业的能力。加强重点镇基础设施建设。加强对重点镇发展的扶持。

第三，推进城镇建设上水平出品位。①发挥产业聚集带动作用。坚持以产兴城、以城带产、科学规划、合理布局的原则，协调好城市规划、产业规划和土地利用规划，进一步完善城市功能分区，合理配置产业用地，促进产业与人口聚集的良性互动。优化产业空间布局。以提高经济效益和增加就业岗位为核心，以促进生产要素优化配置为重点，构筑结构合理、特色鲜明、协调互动的区域产业发展格局。加快发展现代产业体系。着力优化产业结构，加快发展旅游、现代物流、设计研发等现代服务业，创新服务外包软件设计、文化创意、休闲养生等高端服务业。加快建设产业聚集区，按照布局集中、产业集聚、用地集约的要求，着力建设一批行业之间关联匹配、上下游之间有机链接、产业结构合理、吸纳就业充分、聚集效应明显、与城市融合发展的产业聚集区。②着力建设生态宜居城市。牢固树立生态立市理念。探索建立生态宜居城市指标体系，新城（新区）建设和旧城改造都要按照生态宜居城市标准进行规划建设。在城市组团之间以及城市之间建设生态绿地、区域性森林生态廊道、河流生态廊道、交通绿色通道等多样化复合型生态系统。重视瓯江水资源开发利用，加强城市河道环境整治，规划建设城中湖、滨水公园等城市水系工程。加快城镇保障性安居工程建设。按照保障责任与能力对等、需求与供给匹配的原则，建立符合省情的基本住房保障制度。落实政府住房保障基本职责，加强资金、土地、金融、税收支持，多渠道增加保障性住房供应，优化保障性住房供应结构。大力发展以公共租赁住房为重点的租赁型保障性住房，逐步健全以廉租住房、公共租赁住房为主的多层次住房保障体系。③提升城市综合承载能力。加快城市基础设施建设，推进基础设施扩容、升级和改造，建立适应人口和产业聚集的城市基础设施配套体系。按照区域基础设施共建共享的原则，完善城市供水、排水、电力、燃气、垃圾处理、公园绿地和信息网络等市政公用设施，保护城市水源地，加强城市节水和再生水利用设施建设。加强城市消防、防洪、人防等公共安全设施建设，提高城市综合防灾能力。加强城市地下空间开发利用，适应城市现代化和城市可持续发展建设的需要。完善城市公共服务设施。城区要以构筑标志性的城市现代化文化设施为主导，实现博物馆、纪念馆、公共图书馆、群众艺术馆、文化馆、剧院（剧场）、美术馆等公共文化设施共享。按标准配套建设中小学和幼儿园，城区完善医疗服务、预防保健和卫生监督三大体系，调整现有医疗服务模式，建设区域性综合医疗服务体系，完善社区卫生服务设施。建设功能完备、风格多样、布局合理的群众健身设施。加快养老服务设施建设，逐步建立适合国情的居家养老与社区养老体系，突出“养生莲都”的服务品牌。

第三节　我国新型生态城镇化模式研究

纵观世界城镇化发展的历程，可以把城镇化过程分为三个阶段：第一个阶段称为城镇化的起步期，这一时期也称为前工业化时期，这一阶段的主要特征是城镇经济在经济结构中所占比重较轻，农业经济占主导地位。城镇对于农村的吸纳能力较弱，城镇的产业结构较为简单，基本是以手工业和简单的日常服务业等劳动密集型产业为主，一般是以小作坊和家族店铺的形式存在。这个阶段的城镇和农村相比没有特别大的优势。只是体现在劳动分工上的差异，人们对于福利的享受差别也不是特别大，农民进城的欲望也不是特别强烈。第二个阶段是城镇化的发展期，这一时期也称为工业化时期。这一阶段因为工业革命，规模化大生产成为可能，工厂大量建立，人们的物质生活得到很大程度的满足，相应的农村的生产力水平得到提高，大量的农民从土地中得到解放，人们开始走向城镇的工厂。同时工业化的到来，也伴随着人类科技水平的提高，医疗、卫生等得到很大改善，婴儿的死亡率得到降低，农村作为曾经经济和人口的主体，人口出现了巨大的增长。而工业化带来的物质不断满足人们的需求，市场的空间也特别大，就业岗位也相应得到大量增加，这时人们会自然地从农村转移到城镇生活。第三阶段称为成熟期，这一时期的主要特征是城镇人口开始超过农村人口，城镇空间变得相对拥挤，城镇生态受到了很大程度的破坏，人与自然、人与人的不协调问题不断发展，这时人们出现“逆城镇化”现象，这主要是农村和城镇交通、医疗、卫生、教育等“显性”福利方面存在的差异较小，而城镇由于人口增加、生存空间变小和环境恶化等方面的原因，导致城镇人口的“隐形”福利在达到最大后，呈现不断下降的趋势，导致人们离开城市选择农村，但在这个时期，如果城镇化的发展能够注重各种要素的合理配置和协调发展，处理好经济、社会、生态三者的关系，把城镇人口和规模控制在一定范围之内，这样的城市才是可持续的，否则当生态破坏达到不可恢复或某种严重的程度之后，只会出现空心城镇，导致城镇消失。

从这三个阶段不难看出，现阶段世界城镇化发展的趋势在持续增长，即城镇不断涌现大量的人口，城镇的地域空间范围在不断向外拓展，部分发达国家出现了逆城市化和再城市化现象，发展中国家是未来城镇化的主要动力，而且城市群、都市圈和城镇连绵带不断呈现。

目前，城镇化在我国经济社会发展中占据越来越重要的地位，从新中国成立到2015年底，城镇化率由10.5%上升至56.1%，特别是改革开放三十年来，城镇化率增速年均超过1%，成就了我国经济的快速发展，经济体量上升至世界第二，综合国力呈现跨越式提升，人民生产生活水平得到明显提高，可以说是城镇化推动了中国现如今的伟大成就。

但城镇化快速发展的同时也带来了一系列问题，一是“半城镇化”问题突出，农民工非农非城，不能享受作为市民所拥有的公共福利待遇，人口城镇化率滞后于人口非农化率，户籍人口数量远远低于常住人口数量；二是城镇化发展滞后于工业化发展，城镇化与工业化发展非同步，如果城镇化发展水平高于工业化水平，则会形成“过度城镇化”，反之则会阻碍城镇化的健康发展；三是区域发展不均衡，中西部城镇化发展水平远远低于东部地区城镇化发展水平，且差距存在进一步拉大的趋势；四是城市结构布局不合理，大量的基础设施建设只是拓宽了城区面积，“城中村”的出现代表了城镇化并没有将发展落实到人民日常生产生活中来，大面积的无序扩张以及产业布局的不合理导致土地资源大面积浪费；五是城镇化的快速发展带来生态环境和社会问题，环境污染严重，2011—2014年中国大部分地区笼罩在雾霾之下，大中城市交通拥堵严重，城市生产生活垃圾无法得到有效处理。“城中村”问题凸显，资源过度消耗，城乡二元机构等一些问题凸显出城镇化快速发展过程中产生出诸多亟待解决的问题。

2013年，十八届三中全会提出建设中国特色新型城镇化，推进以人为本的城镇化，促进大中小城市与小城镇协调稳步发展、促进城镇化发展与农村建设协调进行，国务院总理李克强在答记者问时提到，新型城镇化建立在以人为本的基础上，以质量为关键，以改革为动力，提升人口素质和生活质量，促进中小城市与城镇协调发展。相比于传统城镇化建设重点集中于“物质”城镇化，新型城镇化的提出彰显了时代和发展实际对于我国城镇化发展的更高要求和目标。新型城镇化的解读分为以下几个方面，一是城镇化的发展要以人为本，发展既要为了人，也要紧紧依靠人，只有以人为核心，才能实现城镇化的可持续发展和实现人全面发展的最终目标；二是城镇化发展不再是“铺大饼”式的推进，发展的重点集中于内涵式发展，不断提高城市空间承载能力，优化城市产业布局，走集约、低碳、智能、绿色发展道路，不再主要依靠“三驾马车”，而是转向内需驱动、创新驱动及“互联网＋”等一系列新型经济动力模型，其正在影响和改变城镇化发展的走向；三是区域协调发展，区域发展的不协调使得我国东中西部城镇化发展水平差距巨大，这并不符合我国经济发展的最终目的，推进城乡发展一体化，发展新型工农关系，地区性特大城市与大城市以及小城市的发展联动是城镇化进程的发展方向，空间均衡发展对促使城镇化健康可持续发展具有重要作用，促进产业一体化以及城市发展的网络化、科学化发展，进一步推动“就地城镇化”等实现产业空间的优化和产业水平的升级；四是城镇化发展不再是经济这“一维”目标，而是经济、社会、生态等多维目标协调发展，正是认识到“一维”经济的不可持续性，才要求新型城镇化不但要兼顾经济、社会、生态等各方面的发展，同时也要使得三者之间协调发展，经济、社会与生态之间的协调发展不仅能实现人的价值，同时也相对节约了城镇化发展资源。经济发展、社会结构以及自然生态具有相对制约性和促进性，合理的经济和社会结构也会使得自然生态结构更加高效节约，城镇化发展才能得到自然环境和生态系统的支撑，所以新型城镇化的可持续健康发展必然是经济、社会、环境等“多维”目标下的一种高度协调发展。

第四节　新型生态城镇化理论研究

党的十八大报告指出我国未来城镇化发展要融入生态文明的原则和理念，坚持走集约化、智能化、低碳绿色的新型城镇化道路。十八届三中全会明确提出，要以生态文明原则为指导，走低碳绿色的新型城镇化道路。李克强指出，城镇化是我国未来发展的重大战略之一，城镇化不是简单的城镇人口占总人口百分比的增加和规模扩大，而是要在产业布局、生态宜居、社会福利、基础设施等方面实现由“乡”到“城”的转变。根据国家颁布的《国家新型城镇化规划（2014—2020年）》，强调必须从我国实际出发，按照城镇化发展规律，走中国特色新型城镇化道路。中国特色新型城镇化的建设与发展是一个漫长的过程，具有以人为本、集约化、多元化、城乡一体化、全面协调、绿色生态化、上下互动等基本特征。由于各级政府存在盲目过度推进城镇化的现象，大多以“拼资源”为手段，留下了严重的环境污染等问题。因此，新型城镇化摒弃了传统城镇化模式中“先发展，后治理”的道路，尊重自然、尊重规律、尊重人民，走中国特色的新型城镇化道路。

中国60多年来的城镇化过程，既有成功的经验也有失败的教训，中国未来选择什么样的城镇化道路，要结合我国实际情况而定。2000年党的十五届五中全会通过的“第十个五年规划的建议”提出，要“积极稳妥推进城镇化”，“走出一条适应我国当前实际情况、城乡统筹发展的城镇化道路”。党的十七届五中全会通过的《中共中央关于制定国民经济和社会发展第十二个五年规划的建议》再次指出，“要按照统一规划、优化布局、按照‘以小促大’的原则和城市发展规律，依托大城市，重点发展中小城市，带动小城镇建设，各级城市逐步向中心靠拢，形成城市群，从而实现城市与城镇的协调发展”。党的十八届三中全会通过的《中共中央关于全面深化改革若干重大问题的决定》指出：“坚持走中国特色新型城镇化道路，坚持以人为本，推进各类城市协调发展、产业布局合理和推动城乡一体化，使新农村建设与城镇化建设共同影响、共同促进、共同推进”。总结起来，中国的城镇化进程既具有各国城市化发展进程的一般性，也具有反应本国具体国情的独特性，为此，我们要客观科学地理解和认识中国特色新型生态城镇化。

综上所述，根据新型生态城镇化的特征，新型城镇化特点总结为：新型城镇化发展以以人为本为核心，发展是为了人，同时发展也需要依靠人，城镇化发展不仅需要为城镇居民创造良好的居住环境、基础设施、公共服务，同时需要高技术人才来促进产业、科技及创新能力的提升，通过产业、科技发展水平的提高，进一步为人的发展进行服务，只有这样才能实现城镇化发展时时刻刻以人为核心。新型城镇化的发展摒弃过去粗放式发展方式，不再主要依靠房地产和土地财政，经济发展由“三驾马车”拉动转变为创新驱动、消费驱动以及以“互联网＋”为主的新型发展模式，同时城镇化发展需提升城市治理和发展水平，绿色、环保、集约、智能是城镇化的发展方向；城乡“二元”差距是阻碍新型城镇化发展的关键，因此需要推进城乡统筹发展，缩小城乡差距，进一步实现城乡一体，加快新型城镇化进程；新型城镇化目标不再只是经济发展，而是要实现经济、社会、生态等“多维”目标协调发展，兼顾上述所述，才能突出新型生态城镇化的“新”，早日实现新型生态城镇化目标。因此，新型生态城镇化涉及的主要理论有：

一、生态文明理论

生态文明不同于以往的文明，它更加注重人与自然、人与人的和谐共处。以往的农业文明和工业文明注重的是人对自然的开发和利用，强调征服自然，缺少对于自然的敬畏，从而导致生态环境遭受破坏，人类的生存受到威胁。作为一种较为先进的文明形态，生态文明对于自然的理念是尊重和维护，其宗旨是人与自然、人与人以及人与社会的和谐共处，要求经济社会生态发展的可持续。

生态文明是人类文明发展的一个新的阶段，即工业文明之后的文明形态；生态文明是人类遵循人、自然、社会和谐发展这一客观规律而取得的物质与精神成果的总和；生态文明是以人与自然、人与人、人与社会和谐共生、良性循环、全面发展、持续繁荣为基本宗旨的社会形态。从人与自然和谐的角度，吸收十八大的理论成果，生态文明的定义是：人类为保护和建设美好生态环境而取得的物质成果、精神成果和制度成果的总和，是贯穿于经济建设、政治建设、文化建设、社会建设全过程和各方面的系统工程，反映了一个社会的文明进步状态。

中国作为全球最大的发展中国家，改革开放以来，长期主要实行依赖增加投资和物质投入的粗放型经济增长方式，导致资源和能源的大量消耗和浪费，同时也让中国的生态环境面临非常严峻的挑战。实际上，党和政府也意识到尊重和维护生态环境的重要性，党的十七届五中全会明确要求“树立绿色、低碳发展理念”。推广绿色建筑、绿色施工，发展绿色经济，发展绿色矿业，推广绿色消费模式，推行政府绿色采购。“绿色发展”被明确写入“十二五”规划并独立成篇，表明我国走绿色发展道路的决心和信心。十八大报告再次论及“生态文明”，并将其提升到更高的战略层面。由此，中国特色社会主义事业总体布局由经济建设、政治建设、文化建设、社会建设“四位一体”拓展为包括生态文明建设的“五位一体”，这是总揽国内外大局、贯彻落实科学发展观的一个新部署。

环保、资源节约、循环经济等概念在十八大报告中被纳入“生态文明”。生态文明不仅与经济、政治、文化、社会一并成为五大建设主题，而且在整个报告中被列为第八部分单独进行阐述。这在过去的报告中是从来没有过的。细节上，“节约资源是保护生态环境的根本之策”“实施重大生态修复工程”首次出现在报告中，凸显出政府对这两部分的重视。生态文明，是指人类遵循人、自然、社会和谐发展这一客观规律而取得的物质与精神成果的总和；是指人与自然、人与人、人与社会和谐共生、良性循环、全面发展、持续繁荣为基本宗旨的文化伦理形态。生态文明是人类文明的一种形态，它以尊重和维护自然为前提，以人与人、人与自然、人与社会和谐共生为宗旨，以建立可持续的生产方式和消费方式为内涵，以引导人们走上持续、和谐的发展道路为着眼点。生态文明强调人的自觉与自律，强调人与自然环境的相互依存、相互促进、共处共融，既追求人与生态的和谐，也追求人与人的和谐，而且人与人的和谐是人与自然和谐的前提。可以说，生态文明是人类对传统文明形态特别是工业文明进行深刻反思的成果，是人类文明形态和文明发展理念、道路和模式的重大进步。

深度阐述生态文明，是人类文明的一种形式。它以尊重和维护生态环境为主旨，以可持续发展为根据，以未来人类的继续发展为着眼点。这种文明观强调人的自觉与自律，强调人与自然环境的相互依存、相互促进、共处共融。这种文明观同以往的农业文明、工业文明具有相同点，那就是它们都主张在改造自然的过程中发展物质生产力，不断提高人的物质生活水平。但它们之间也有着明显的不同点，即生态文明突出生态的重要，强调尊重和保护环境，强调人类在改造自然的同时必须尊重和爱护自然，不能随心所欲，盲目蛮干，为所欲为。很显然，生态文明同物质文明与精神文明既有联系又有区别。说它们有联系，是因为生态文明既包含物质文明的内容，又包含精神文明的内容：生态文明并不是要求人们消极地对待自然，在自然面前无所作为，而是在把握自然规律的基础上积极地、能动地利用自然，改造自然，使之更好地为人类服务，在这一点上，它是与物质文明一致的。而生态文明所要求的人类要尊重和爱护自然，将人类的生活建设得更加美好；人类要自觉、自律，树立生态观念，约束自己的行动，在这一点上，它又是与精神文明相一致的，毋宁说它本身就是精神文明的重要组成部分。说它们有区别，则是指生态文明的内容无论是物质文明还是精神文明都不能完全包容，也就是说，生态文明具有相对的独立性。因为在生产力水平很低或比较低的情况下，人类对物质生活的追求总是占第一位的，所谓“物质中心”的观念也是很自然的。然而，随着生产力的巨大发展，人类物质生活水平的提高，特别是工业文明造成的环境污染、资源破坏、沙漠化、“城市病”等全球性问题的产生和发展，人类越来越深刻地认识到，物质生活的提高是必要的，但不能忽视精神生活；发展生产力是必要的，但不能破坏生态；人类不能一味地向自然索取，而必须保护生态平衡。20 世纪 70 年代至 80 年代，随着各种全球性问题的加剧以及“能源危机”的冲击，在世界范围内开始了关于“增长的极限”的讨论，各种环保运动逐渐兴起。正是在这种情况下，1972 年 6 月，联合国在斯德哥尔摩召开了有史以来第一次“人类与环境会议”，讨论并通过了著名的《人类环境宣言》，从而揭开了全人类共同保护环境的序幕，也意味着环保运动由群众性活动上升到了政府行为。伴随着人们对公平（代际公平与代内公平）作为社会发展目标认识的加深以及对一系列全球性环境问题达成共识，可持续发展的思想随之形成。1983 年 11 月，联合国成立了世界环境与发展委员会，1987 年该委员会在其长篇报告《我们共同的未来》中，正式提出了可持续发展的模式。1992 年联合国环境与发展大会通过的《21 世纪议程》，更是高度凝结了当代人对可持续发展理论的认识。由此可知，生态文明的提出，是人们对可持续发展问题认识深化的必然结果。

严酷的现实告诉我们，人与自然都是生态系统中不可或缺的重要组成部分。人与自然不存在统治与被统治、征服与被征服的关系，而是相互依存、和谐共处、共同促进的关系。人类的发展应该是人与社会、人与环境、当代人与后代人的协调发展。人类的发展不仅要讲究代内公平，而且要讲究代际的公平，亦即不能以当代人的利益为中心，甚至为了当代人的利益而不惜牺牲后代人的利益。必须讲究生态文明，牢固树立起可持续发展的生态文明观。

对于“生态文明”概念，有的学者从不同的角度给出了见解，归纳起来，大致有四种角度。①广义的角度。生态文明是人类的一个发展阶段。如陈瑞清在《建设社会主义生态文明，实现可持续发展》中提到的定义。这种观点认为，人类至今已经历了原始文明、农业文明、工业文明三个阶段，在对自身发展与自然关系深刻反思的基础上，人类即将迈入生态文明阶段。广义的生态文明包括多层含义。第一，在文化价值上，树立符合自然规律的价值需求、规范和目标，使生态意识、生态道德、生态文化成为具有广泛基础的文化意识。第二，在生活方式上，以满足自身需要又不损害他人需求为目标，践行可持续消费。第三，在社会结构上，生态化渗入到社会组织和社会结构的各个方面，追求人与自然的良性循环。②狭义的角度。生态文明是社会文明的一个方面。如余谋昌在《生态文明是人类的第四文明》中的观点。这种观点认为，生态文明是继物质文明、精神文明、政治文明之后的第四种文明。物质文明、精神文明、政治文明与生态文明这“四个文明”一起，共同支撑和谐社会大厦。其中，物质文明为和谐社会奠定雄厚的物质保障，政治文明为和谐社会提供良好的社会环境，精神文明为和谐社会提供智力支持，生态文明是现代社会文明体系的基础。狭义的生态文明要求改善人与自然关系，用文明和理智的态度对待自然，反对粗放利用资源，建设和保护生态环境。③生态文明是一种发展理念。这种观点认为，生态文明与“野蛮”相对，指的是在工业文明已经取得成果的基础上，用更文明的态度对待自然，拒绝对大自然进行野蛮与粗暴的掠夺，积极建设和认真保护良好的生态环境，改善与优化人与自然的关系，从而实现经济社会可持续发展的长远目标。④制度属性的角度。生态文明是社会主义的本质属性。潘岳在《论社会主义生态文明》中认为，资本主义制度是造成全球性生态危机的根本原因。生态问题实质是社会公平问题，受环境灾害影响的群体是更大的社会问题。资本主义的本质使它不可能停止剥削而实现公平，只有社会主义才能真正解决社会公平问题，从而在根本上解决环境公平问题。因此，生态文明只能是社会主义的，生态文明是社会主义文明体系的基础，是社会主义基本原则的体现，只有社会主义才会自觉承担起改善与保护全球生态环境的责任。

生态文明的核心要素是公正、高效、和谐和人文发展。公正，就是要尊重自然权益实现生态公正，保障人的权益实现社会公正；高效，就是要寻求自然生态系统具有平衡和生产力的生态效率、经济生产系统具有低投入、无污染、高产出的经济效率和人类社会体系制度规范完善运行平稳的社会效率；和谐，就是要谋求人与自然、人与人、人与社会的公平和谐，以及生产与消费、经济与社会、城乡和地区之间的协调发展；人文发展，就是要追求具有品质、品味、健康、尊严的崇高人格。公正是生态文明的基础，效率是生态文明的手段，和谐是生态文明的保障，人文发展是生态文明的终极目的。

生态文明是生态哲学、生态伦理学、生态经济学、生态现代化理论等生态思想的升华与发展，是人类文化发展的重要成果。生态哲学是用生态系统的观点和方法研究人类社会与自然环境之间的相互关系及其普遍规律的科学。当代主客观一体化的生态哲学始于马克思主义思想。马克思主义生态哲学理论十分强调人与自然的相互依存，其主题是人与自然环境的辩证统一关系。生态伦理学是以“生态伦理”或“生态道德”为研究对象的应用伦理学。生态伦理学打破了“人类中心主义”，要求人类将其道德关怀从社会延伸到自然存在物或自然环境。生态伦理学认为，当代人不能为自己的发展与需求而损害人类世世代代满足需求的条件。生态经济学是研究生态系统和经济系统的复合系统的结构、功能及其运动规律的学科。生态经济学认为，相对于生态系统，经济规模发展得越大，施加给地球自然的压力越多。生态经济学提出，把处理污染物的费用包括在产品成本之中，经济政策的形成必须以生态原理建立的框架为基础。生态现代化理论是研究利用生态优势推进现代化进程，实现经济发展和环境保护双赢的理论。建设生态现代化，必须把经济增长与环境保护综合起来考虑，加快推进发展模式由先污染后治理型向生态亲和型转变，走可持续发展之路，决不能以牺牲环境为代价来换取一时的发展。

对于生态文明来说，其核心要素包括和谐、公平、高效和以人为本四个方面。和谐要求发展得和谐，即经济和环境、生产和消费、区域之间的协调发展；公平经济社会生态的发展既要实现代内公平，同时也是注重代际公平；高效是指经济发展的效率要高效率低成本，避免高耗能低产出，提高资源的利用效率，实现经济发展方式的转变；以人为本，即生态文明要注重人的发展，注重人的全面的、健康的发展，对于生态的破坏即是对于自然的不尊重，也是对于同代人以及后代人的生存权利的侵犯，因而，生态文明理念下的以人为本是要求人的全面发展。

二、可持续发展理论

（一）发展是人类社会不断进步的永恒主题

人类经过了对自然顶礼膜拜、唯唯诺诺的漫长历史阶段之后，通过工业革命，铸就了驾驭和征服自然的现代科学技术之剑，从而一跃成为大自然的主宰。可就在人类为科学技术和经济发展的累累硕果津津乐道之时，不知不觉地步入了自身挖掘的陷阱。种种始料不及的环境问题击破了单纯追求经济增长的美好神话，固有的思想观念和思维方式受到强大冲击，传统的发展模式面临严峻挑战。历史把人类推到了必须从工业文明走向现代新文明的发展阶段。可持续发展思想在环境与发展理念的不断更新中逐步形成。

现代可持续发展思想的产生源于工业革命后，人类生存发展所需的环境和资源遭到日益严重的破坏，人类开始用驻足全球的眼光看待环境问题，并对人类前途的问题展开了大论战。从 20 世纪 60

年代《寂静的春天》开始，经过增长有无极限的争论，到1972年第一次召开联合国人类环境会议，人们对环境的问题日益忧虑和关心。而从1981年美国世界观察研究所所长布朗（Brown）先生的《建设一个可持续发展的社会》一书问世，到1987年《我们共同的未来》的发表，表明世界各国对可持续发展理论的研究不断深入。1992年6月，联合国环境与发展大会（UNCED）在巴西里约热内卢召开，大会通过的《21世纪议程》更是高度凝聚了当代人对可持续发展理论认识深化的结晶。

可持续思想产生和发展历程中几个代表性人物、著作、思想以及一些重要的国际会议及其要义可归纳为5点。

（1）早期的反思——《寂静的春天》。"可持续性"最初应用于林业和渔业，指的是保持林业和渔业资源延续不断的一种管理战略。其实，作为一个概念，我国春秋战国时期的思想家孟子、荀子就有对自然资源休养生息，以保证其永续利用等朴素可持续发展思想的精辟论述。西方早期的一些经济学家如马尔萨斯、李嘉图等，也较早认识到人类消费的物质限制，即人类经济活动存在着生态边界。20世纪中叶，随着环境污染的日趋严重，特别是西方国家公害事件的不断发生，环境问题日益成为困扰人类生存和发展的一个突出问题。20世纪50年代末，美国海洋生物学家蕾切尔·卡逊（Rachel Karson）在潜心研究美国使用杀虫剂所产生的种种危害之后，于1962年发表了环境保护科普著作《寂静的春天》。她向世人呼吁，我们长期以来一直行驶的这条发展道路容易使人错认为是一条舒适、平坦的超级公路，而实际上，在这条道路的终点却有灾难在等待着，这条路的另一个岔路——一条"很少有人走过的"岔路——为我们提供了最后唯一的机会以保住我们的地球。但这"另一个岔路"究竟是什么样的道路，卡逊没有确切地提出，但作为环境保护的先行者，卡逊的思想在世界范围内引发了人类对自身行为和观念的深入反思。

（2）一服清醒剂——《增长的极限》。1968年，来自世界各国的几十位科学家、教育家和经济学家等聚会罗马，成立了一个非正式的国际协会——罗马俱乐部（The Club of Rome）。它的工作目标是：研究和探讨人类面临的共同问题，使国际社会对人类面临的社会、经济、环境等诸多问题有更深入的理解，并在现有全部知识的基础上推动采取能扭转不利局面的新态度、新政策和新制度。受俱乐部的委托，以麻省理工学院 D. 梅多斯（Dennis. L. Meadows）为首的研究小组，针对长期流行于西方的高增长理论进行了深入的研究，并于 1972 年提交了俱乐部成立后的第一份研究报告——《增长的极限》。报告深刻阐明了环境的重要性以及资源与人口之间的基本关系。报告认为：由于世界人口增长、粮食生产、工业发展、资源消耗和环境污染这五项基本因素的运行方式是指数增长而非线性增长，如果目前人口和资本的快速增长模式继续下去，世界将会面临一场“灾难性的崩溃”。也就是说，地球的支撑力将会达到极限，经济增长将发生不可控制的衰退。因此，要避免因超越地球资源极限而导致世界崩溃的最好方法是限制增长，即“零增长”。《增长的极限》一发表，在国际社会特别是在学术界引起了强烈的反响。该报告在促使人们密切关注人口、资源和环境问题的同时，因其反增长的观点而遭受到尖锐的批评和责难。从而引发了一场激烈的、旷日持久的学术之争。一般认为，由于种种因素的局限，《增长的极限》的结论和观点，存在十分明显的缺陷。但是，报告指出的地球潜伏着危机、发展面临着困境的警告无疑给人类开出了一服清醒剂，其积极意义毋庸置疑。《增长的极限》曾一度成为当时环境运动的理论基础，有力地促进了全球的环境运动，其中所阐述的“合理的、持久的均衡发展”，为可持续发展思想的产生奠定了基础。

（3）全球的觉醒——联合国人类环境会议。1972 年，斯德哥尔摩召开了联合国人类环境会议，共同讨论环境对人类的影响问题。这是人类第一次将环境问题纳入世界各国政府和国际政治的事务议程。大会通过的《人类环境宣言》宣布了 37 个共同观点和 26 项共同原则。作为探讨保护全球环境战略的第一次国际会议，联合国人类环境大会的意义在于唤起了各国政府对环境污染问题的觉醒和关注。它向全球呼吁：现在，我们在决定世界各地的行动时，必须更加审慎地考虑它们对环境产生的后果，由于无知或不关心，我们可能会给地球环境造成巨大而无法换回的损失，因此，保护和改善人类环境是关系到全世界各国人民的幸福和经济发展的重要问题，是世界人民的迫切希望和各国政府的艰巨责任，也是人类的紧迫目标，各国政府和人民必须为全体人民及其后代的利益作出共同的努力。尽管大会对环境问题的认识还比较粗浅，也尚未确定解决环境问题的具体途径，尤其是没能找出问题的根源和责任，但它正式吹响了人类共同向环境问题挑战的进军号，使各国政府和公众的环境意识，无论是在广度上还是在深度上都向前大大地迈进了一步。

（4）可持续发展的提出——《我们共同的未来》。20 世纪 80 年代伊始，联合国成立了以挪威首相布伦特兰夫人（G. H. Brundland）为主席的世界环境与发展委员会（WECD），以制定长期的环境对策，帮助国际社会确立更加有效地解决环境问题的途径和方法。经过 3 年多的深入研究和充分论证，该委员会于 1987 年向联合国大会提交了经过充分论证的研究报告——《我们共同的未来》。报告将注意力集中于人口、粮食、物种和遗传资源、能源、工业和人类居住等方面，在系统探讨了人类面临的一系列重大经济、社会和环境问题之后，正式提出了“可持续发展”的模式。报告深刻地指出，在过去，我们关心的是经济发展对生态环境带来的影响，而现在，我们正迫切地感到生态压力对经济发展所带来的重大制约。因此，我们需要有一条崭新的发展道路，这条道路不是一条只能在若干年内、在若干地方支持人类进步的道路，而是一条直到遥远的未来都能支持全人类共同进步的道路——“可持续发展道路”，这实际上就是卡逊在《寂静的春天》里没能提供答案的“另一条岔路”。布伦特兰鲜明、创新的科学观点，把人们从单纯考虑环境保护的角度引导到环境保护与人类发展相结合，体现了人类在可持续发展思想认识上的重要飞跃。

（5）重要的里程碑——联合国环境与发展大会。1992 年 6 月，联合国环境与发展大会（UNECD）在巴西里约热内卢召开，共有 183 个国家的代表团和 70 个国际组织的代表出席了会议，102 位国家元首或政府首脑到会讲话。此次会议上，可持续发展得到了世界最广泛和最高级别的政治承诺。会议通过了《里约环境与发展宣言》和《21 世纪议程》两个纲领性文件。前者提出了实现可持续发展的 27 条基本原则，旨在保护地球永恒的活力和整体性，建立一种全新的、公平的“关于国家和公众行为的基本准则”，它是开展全球环境与发展领域合作的框架性文件；后者旨在建立 21 世纪世界各国在人类活动对环境产生影响的各个方面的行动规则，为保障人类共同的未来提供一个全球性措施的战略框架，它是世界范围内可持续发展在各个方面的行动计划。此外，各国政府代表还签署了联合国《气候变化框架公约》等国际文件及有关国际公约。大会为人类走可持续发展之路作了总动员，使人类迈出了跨向新文明时代的关键性一步，为人类的可持续发展矗立了一座重要的里程碑。

可持续发展战略作为一个全新的理论体系，正在逐步形成和完善，其内涵与特征也引起了全球范围的广泛关注和探讨。各个学科从各自的角度对可持续发展进行了不同的阐述，至今尚未形成比较一致的定义和公认的理论模式。尽管如此，其基本含义和思想内涵却是相一致的。

（二）可持续发展的定义

1. 布伦特兰的可持续发展定义

《我们共同的未来》是这样定义可持续发展的：“既满足当代人的需求，又不对后代人满足其自身需求的能力构成危害的发展”。这一概念在 1989 年联合国环境规划署（UNEP）第 15 届理事会通过的《关于可持续发展的声明》中得到接受和认同。即可持续发展是指满足当前需要，而又不削弱子孙后代满足其需要之能力的发展，而且绝不包含侵犯国家主权的含义。联合国环境规划署理事会认为，可持续发展涉及国内合作和跨越国界的合作。可持续发展意味着国家内和国际间的公平，意味着要有一种支援性的国际经济环境，从而导致各国，特别是发展中国家的持续经济增长与发展，这对环境的良好管理也具有很重要的意义。可持续发展还意味着维护、合理使用并且加强自然资源基础建设，这种基础支撑着生态环境的良性循环及经济增长。此外，可持续发展表明在发展计划和政策中纳入对环境的关注与考虑，不代表在援助或发展资助方面的一种新形式的附加条件。以上论述，包括了两个重要概念，一是人类要发展，要满足人类的发展需求；二是不能损害自然界支持当代人和后代人的生存能力。

2. 几种具有代表性的可持续发展定义

（1）着重于自然属性的定义。可持续性的概念源于生态学，即所谓“生态持续性”（Ecological Sustainability）。它主要指自然资源及其开发利用程度间的平衡。国际自然保护同盟（IUCN）1991年对可持续性的定义是“可持续地使用，是指在其可再生能力（速度）的范围内使用一种有机生态系统或其他可再生资源”。同年，国际生态学联合会（INTECOL）和国际生物科学联合会（IUBS）进一步探讨了可持续发展的自然属性。他们将可持续发展定义为“保护和加强环境系统的生产更新能力”。即可持续发展是不超越环境系统再生能力的发展。此外，从自然属性方面定义的另一种代表是从生物圈概念出发，即认为可持续发展是寻求一种最佳的生态系统以支持生态的完整性和人类愿望的实现，使人类的生存环境得以持续。

（2）着重于社会属性的定义。1991年，由世界自然保护同盟、联合国环境规划署和世界野生生物基金会共同发表了《保护地球——可持续生存战略》（Caring for the Earth：A strategy forsustainable living）。其中提出的可持续发展定义是：“在生存不超出维持生态系统涵容能力的情况下，提高人类的生活质量”，并提出了可持续生存的9条基本原则。这9条基本原则既强调了人类的生产方式与生活方式要与地球承载能力保持平衡，保护地球的生命力和生物多样性，又提出了可持续发展的价值观和130个行动方案。报告还着重论述了可持续发展的最终目标是人类社会的进步，即改善人类生活质量，创造美好的生活环境。报告认为，各国可以根据自己的国情制定各自的发展目标。但是，真正的发展必须包括提高人类健康水平，改善人类生活质量，合理开发、利用自然资源，必须创造一个保障人们平等、自由、人权的发展环境。

（3）着重于经济属性的定义。这类定义均把可持续发展的核心看成是经济发展。当然，这里的经济发展已不是传统意义上的以牺牲资源和环境为代价的经济发展，而是不降低环境质量和不破坏世界自然资源基础的经济发展。在《经济、自然资源、不足和发展》中，作者巴比尔（Edward B. Barbier）把可持续发展定义为："在保护自然资源的质量和其所提供服务的前提下，使经济发展的净利益增加到最大限度。"普朗克（Pronk）和哈克（Hag）在1992年为可持续发展所作的定义是："为全世界而不是为少数人的特权所提供公平机会的经济增长，不进一步消耗自然资源的绝对量和涵容能力"。英国经济学家皮尔斯（Pearce）和沃福德（Warford）在1993年合著的《世界末日》一书中，提出了以经济学语言表达的可持续发展定义："当发展能够保证当代人的福利增加时，也不应使后代人的福利减少"。而经济学家科斯坦萨（Costanza）等人则认为，可持续发展是能够无限期地持续下去——而不会降低包括各种"自然资本"存量（量和质）在内的整个资本存量的消费数量。他们还进一步定义："可持续发展是动态的人类经济系统与更为动态的，但在正常条件下变动却很缓慢的生态系统之间的一种关系。这种关系意味着，人类的生存能够无限期地持续，人类个体能够处于全盛状态，人类文化能够发展，但这种关系也意味着人类活动的影响保持在某些限度之内，以免破坏生态学上的生存支持系统的多样性、复杂性和基本功能。"

（4）着重于科技属性的定义。这主要是从技术选择的角度扩展了可持续发展的定义，倾向这一定义的学者认为："可持续发展就是转向更清洁、更有效的技术，尽可能接近'零排放'或'密闭式'的工艺方法，尽可能减少能源和其他自然资源的消耗。"还有的学者提出："可持续发展就是建立极少产生废料和污染物的工艺或技术系统"。他们认为污染并不是工业活动不可避免的结果，而是技术水平差、效率低的表现。他们主张发达国家与发展中国家之间进行技术合作，缩短技术差距，提高发展中国家的经济生产能力。

（三）可持续发展的基本思想

可持续发展是一个涉及经济、社会、文化、技术及自然环境的综合概念。它是一种立足于环境和自然资源角度提出的关于人类长期发展的战略和模式。这并不是一般意义上所指的在时间和空间上的连续，而是特别强调环境承载能力和资源的永续利用对发展进程的重要性和必要性。它的基本思想主要包括三个方面：

1. 可持续发展鼓励经济增长

它强调经济增长的必要性，必须通过经济增长提高当代人福利水平，增强国家实力和社会财富。但可持续发展不仅要重视经济增长的数量，更要追求经济增长的质量。这就是说经济发展包括数量增长和质量提高两部分。数量的增长是有限的，而依靠科学技术进步，提高经济活动中的效益和质量，采取科学的经济增长方式才是可持续的。因此，可持续发展要求重新审视如何实现经济增长。要达到具有可持续意义的经济增长，必须审计使用能源和原料的方式，改变传统的以“高投入、高消耗、高污染”为特征的生产模式和消费模式，实施清洁生产和文明消费，从而减少每单位经济活动造成的环境压力。环境退化的原因产生于经济活动，其解决的办法也必须依靠经济过程。

2. 可持续发展的标志是资源的永续利用和良好的生态环境

经济和社会发展不能超越资源和环境的承载能力。可持续发展以自然资源为基础，同生态环境相协调。它要求在严格控制人口增长、提高人口素质和保护环境、资源永续利用的条件下进行经济建设、保证以可持续的方式使用自然资源和环境成本，使人类的发展控制在地球的承载力之内。可持续发展强调发展是有限制条件的，没有限制就没有可持续发展。要实现可持续发展，必须使自然资源的耗竭速率低于资源的再生速率，必须通过转变发展模式，从根本上解决环境问题。如果经济决策中能够将环境影响全面系统地考虑进去，这一目的是能够达到的。但如果处理不当，环境退化和资源破坏的成本就非常巨大，甚至会抵消经济增长的成果而适得其反。

3. 可持续发展的目标是谋求社会的全面进步

发展不仅仅是经济问题，单纯追求产值的经济增长不能体现发展的内涵。可持续发展的观念认为，世界各国的发展阶段和发展目标可以不同，但发展的本质应当包括改善人类生活质量，提高人类健康水平，创造一个保障人们平等、自由和免受暴力的社会环境。这就是说，在人类可持续发展系统中，经济发展是基础，自然生态保护是条件，社会进步才是目的。而这三者又是一个相互影响的综合体，只要社会在每一个时间段内都能保持与经济、资源和环境的协调，这个社会就符合可持续发展的要求。显然，在新的世纪里，人类共同追求的目标，是以人为本的自然—经济—社会复合系统的持续、稳定、健康的发展。

（四）可持续发展的内涵

可持续发展具有十分丰富的内涵，就其社会观而言，主张公平分配，既满足当代人又满足后代人的基本需求；就其经济观而言，主张建立在保护地球自然系统基础上的持续经济发展；就其自然观而言，主张人类与自然和谐相处。从中所体现的基本原则主要有以下三点。

1. 公平性原则

所谓公平是指机会选择的平等性。可持续发展的公平性原则包括两个方面，一是本代人的公平即代内的横向公平。可持续发展要满足所有人的基本需求，给他们机会以满足他们要求过美好生活的愿望。当今世界贫富悬殊、两极分化的状况完全不符合可持续发展的原则。因此，要给世界各国以公平的发展权、公平的资源使用权，要在可持续发展的进程中消除贫困。各国拥有按其本国的环境与发展政策开发本国自然资源的主权，并负有确保在其管辖范围内或在其控制下的活动，不致损害其他国家或在各国管理范围以外地区的环境的责任。二是代际的公平即世代的纵向公平。人类赖以生存的自然资源是有限的，当代人不能因为自己的发展与需求而损害后代人满足其发展需求的条件——自然资源与环境，要给后代人以公平利用自然资源的权利。

2. 持续性原则

可持续发展有着许多制约因素，其主要限制因素是资源与环境。资源与环境是人类生存与发展的基础和条件，离开了这一基础和条件，人类的生存和发展就无从谈起。因此，资源的永续利用和生态环境的可持续性是可持续发展的重要保证。人类发展必须以不损害支持地球生命的大气、水、土壤、生物等自然条件为前提，必须充分考虑资源的临界性，必须适应资源与环境的承载能力。换言之，人类在经济社会的发展进程中，需要根据持续性原则调整自己的生活方式，确定自身的消耗标准，而不是盲目地、过度地生产和消费。

3. 共同性原则

可持续发展关系到全球的发展。尽管不同国家的历史、经济、文化和发展水平不同，可持续发展的具体目标、政策和实施步骤也各有差异，但是，公平性和可持续性则是一致的。并且要实现可持续发展的总目标，必须争取全球共同的配合行动。这是由地球整体性和相互依存性所决定的。因此，致力于达成既尊重各方的利益，又保护全球环境与发展体系的国际协定至关重要。正如《我们共同的未来》中写的“今天我们最紧迫的任务也许是要说服各国，认识回到多边主义的必要性”，“进一步发展共同的认识和共同的责任感，是这个分裂的世界十分需要的。”这就是说，实现可持续发展就是人类要共同促进人与人之间、人与自然之间的协调，这是人类共同的道义和责任。

（五）可持续发展的物质基础

可持续发展的物质基础是资源的持续培育与利用。缺乏或失去资源，人类将难以生存，更不可能持续发展。因此，可持续发展的关键，就是要合理开发和利用自然资源，使再生性资源能保持其再生能力，非再生性资源不至过度消耗并能得到替代资源的补充，环境自净能力能得以维持。随着工业化、城市化的快速推进以及人口的不断增长，人类对自然资源的巨大消耗和大规模的开采已导致资源基础的削弱、退化、枯竭，如何以最低的环境成本确保自然资源的可持续利用是可持续发展面临的一个重要问题。

1. 自然资源的分类

自然资源是指自然界中能够被人类利用的物质和能量的总和。随着社会发展和技术进步，人类可以利用的自然物质与能量的范围逐步扩大。一些过去被认为是毫无用处的物质，现在得到了广泛的使用；一些虽然早已认识到其价值，但因受到当时技术水平的限制而难以利用的资源也得到了开发；还有一些已被利用的资源将不断发现新的用途。可以预见，随着科学技术水平的提高，我们周围的所有物质都可以被用来为人类谋福利。即使有些物质不能直接为人类创造财富，但由于它是其他资源的载体或存在于发育的环境，因而也应当被看作是人类生存发展不可短缺的资源条件。从这个意义上讲，自然资源是指在一定时间、空间条件下，能够产生经济价值以满足人们当前和将来需要的自然环境因素的一部分。随着人类利用和改造环境能力的不断提高，自然资源所包括的物质内容也将不断扩大。自然资源可分为可耗竭资源（不可再生资源）和可更新资源（可再生资源）。通常将在对人类有意义的时间范围内，资源质量保持不变，资源蕴藏量不再增加的资源称为可耗竭资源。可耗竭资源按其能否重复使用，又分为可回收的可耗竭资源（如金属等矿产资源）和不可回收的可耗竭资源（如煤、石油、天然气等能源）。能够通过自然力保持或增加蕴藏量的自然资源是可更新资源。可更新资源根据产权的划定分为可更新商品性资源和可更新公共物品资源。财产权可以确定，且能够被私人所有和享用，并能在市场上进行交易的可更新资源是可更新商品性资源（如私人土地上的农作物、森林等）；不为任何特定的个人所拥有，但能为任何人所享用的可更新资源是可更新公共物品资源（如公海渔类资源等）。

2. 自然资源的特征

不同类型自然资源的结构、功能、分布及储量等特性各不相同。但是它们一般均具有稀缺性、区域性、多用性及整体性等共同特征。

（1）稀缺性。自然资源的稀缺性是指发育于地球之中的所有资源都是有限的。不可更新资源的稀缺性显而易见，而可更新资源的自然再生、补充能力也同样有限。当人类对其开发利用量超过自然更新能力时，就会导致资源量的逐渐枯竭，因而可更新资源也具有稀缺性。严格来说，即使是像太阳能、潮汐能、风能等似乎是取之不尽、用之不竭的非耗竭性资源，也同样具有稀缺性。因为，一方面，受科学技术水平的制约，人类对这些资源的利用能力十分有限；另一方面，地球在一定时段内接收、产生这些资源的量也是一定的，对某些特定的区域更是如此。所以，稀缺性是地球上所有资源的共同属性之一，也是导致目前资源、环境面临十分严峻局面的原因之一。

（2）区域性。自然资源的区域性是指自然资源不是均匀地分布在任一空间范围，它们总是相对聚集于某一区域，并且质量也有显著不同。例如，从赤道到两极，随着太阳辐射通量的递减，森林类型依次为热带雨林、季雨林、常绿阔叶林、落叶阔叶林、针叶林；动物种类也随之有很大的不同。我国的自然资源的分布就具有明显的地域性。煤、石油和天然气等能源资源主要分布在北方，而南方则蕴含丰富的水资源。自然资源分布与组合的明显地域差异，影响着经济的布局、结构、规模与发展，使资源的运输和调配成为必然。

（3）多用性。自然资源的多用性是指各种自然资源具有提供多种用途的可能性。自然资源除了可为人类社会经济活动提供必要的物质基础外，还是自然生态环境的重要组成部分。例如，煤炭资源不仅可作为燃料，还是重要的化工原料；水资源不仅用于工业和生活，还兼有航运、发电、灌溉、养殖、娱乐、调节气候等功能；土地资源不仅可为人类生产粮食和蔬菜，还可用来筑路、盖房、修建公园等；森林既能向人们提供木材和各种林、特产品，同时又具有涵养水源、调节气候、保护野生动植物、美化环境等功能。自然资源的多用性为开发、利用资源提供了选择的可能性。人类不能仅局限于资源的某一种功能而必须充分发挥其各种利用潜力。

（4）整体性。自然资源的整体性是指自然资源本身是一个庞大的生态系统。自然界的水资源、土地资源、气候资源、生物资源、森林资源、海洋资源等之间既相互联系，又相互制约，构成了一个有机的统一体。人类活动对其中任何一组分的干扰都可能会引起其他组分的连锁反应，并导致整个系统结构的变化。因此，在开发利用的过程中，必须统筹安排、合理规划，以确保生态系统的良性循环。

（六）可持续发展的制约因素

历史的经验表明，若要实现自然资源的可持续利用，就必须加强对人类自身经济行为的约束，必须在生产部门提高生产效率，在消费部门改变消费模式，以达到最高限度地利用资源和最低限度地产生废物。有学者认为，资源资产问题、资源产权问题、资源价值问题、资源核算问题与资源产业问题，是资源经济研究与决策中的五个基本问题，也是实施可持续发展战略的五个重要制约因素。

1. 资源资产问题

一般经济学理论认为，能够带来收益的物品称为资产。无论是天然的，还是经过人类劳动投入的自然资源，都可以为人类社会带来收益，自然资源既有固定资产的特征又有流动资产的特征。因此，自然资源可以称之为资源资产。

2. 资源产权问题

资源资产与其他资产一样，也存在产权管理问题。虽然我国所有的资源都归国家所有（部分土地归集体所有），但由于资源所有权与使用权混淆，产权界定不清，致使管理所有权的经济权益得不到实际体现。因此，只有明确资源产权关系，改变资源无偿占有和无偿使用制度，才有可能从根本上建立起抑制资源日趋耗竭的内在机制。

3. 资源价值问题

自然资源，包括未经人类劳动参与或未参与交易的天然的自然资源，都是有价值的。自然资源的价值是资源所有权经济权益的具体体现，这种价值取决于自然资源对人类的有用性、稀缺性和开发利用条件。自然资源的价值或价格包括两部分，一是自然资源本身的价值；二是社会对自然资源进行的人、财、物投入的价值。资源的价值或价格不仅要从其为社会增加的财富来计算，而且还要从耗竭程度来计算。资源价格随其稀缺度的上升而调整，有利于促使人们珍惜资源，导致需求相对减少；随供求紧张程度调整，有利于促使人们开发替代物，导致资源综合利用水平的提高；随开发条件难易度调整，有助于矿藏资源的深度开发，提高利用率。

4. 资源核算问题

资源核算是完善资产管理、实现资源价值和促进资源产业发展的重要手段和分析工具。联合国环境规划署、联合国统计署、世界银行、经济合作与发展组织等国际组织一致认为，实行资源核算制度是缓解和消除经济发展中资源危机、寻求长期利益和短期利益平衡的重要途径。实行资源核算制度，有助于更好地掌握资源与经济发展的相互依存程度，有助于全面、客观地评价经济社会发展状况和未来的发展潜力，有助于可更新资源的不断补充和耗竭资源有节制的消费，有助于界定资源资产的所有权关系和确立理顺资源产业内部及其与外部的关系。

5. 资源产业问题

资源产业是通过社会投入进行保护、恢复、更新、增值和积累自然资源的生产事业，是协调经济系统、社会系统与自然系统关系，完善资源资产管理，实现自然资源可持续利用的重要措施之一。它是原材料产业的前身。以矿产资源为例，开采以前的生产活动为矿产资源产业，开采及开采以后的生产活动为矿产原材料产业。

（七）可持续发展的相关概念

在探讨自然资源可持续利用的过程中，经济学家提出了一些与可持续发展相关的概念。其中两个比较重要的概念是最低安全标准和代际公平。

1. 最低安全标准

1952 年美国经济学家西里阿希·旺特卢普（Ciriacy Wantrup）在《资源保护：经济学与政策》一书中，提出了“自然保护的最低安全标准”。他所谓的“最低安全标准”仅仅是指自然保护区的面积应高于某一临界值，从而使对自然保护区生态环境的破坏（如盗猎或盗伐）在经济上无利可图。在说明这一概念时，西里阿希·旺特卢普指出，生态环境破坏的后果具有不确定性，可能造成无法弥补的损失，产生不可逆转的影响。为了防止这一点，就有必要采用最低安全标准。受这一观点启发，毕晓普（R. C. Bishop）在 1978 年发表的《濒危物种与确定性：最低安全标准经济学》一文中，试图从新的角度研究最低安全标准问题。他介绍了在经济学界得到广泛应用的最小—最大原理，即社会应该选择那种使最大限度损失额最小的策略，并针对这一原理的弊端进行了修正。他强调，除非其社会成本大得无法承受，否则就应该采用能维持最低安全标准的选择。1989 年，世界银行的资深经济学家赫尔曼·戴利（H. Daly）则将最低安全标准具体规定为三条：“社会使用可再生资源的速度不得超过可再生资源的更新速度；社会使用不可再生资源的速度不得超过作为其替代品的开发速度；社会排放污染物的速度不得超过环境对污染物的吸收能力。”此外，托曼（M. A. Toman）在 1992 年指出，建立自然资源保护标准的方法有两种，一种是通过确立最低安全标准来要求当代人承担某种道德责任；另一种是通过费用—效益分析来权衡利弊得失。前一种方法适用于人类决策对自然资源和环境的影响不能确定，并不可逆转的场合；后一种方法则适用于人类决策对自然资源和环境的影响易于权衡，并可以逆转的场合。

2. 代际公平

代际公平的概念是佩基（Page）最早提出并大力提倡的。按照他的解释，代际公平问题可以简单而又广义地叙述如下：假定当前决策的后果将影响好几代人的利益，那么，应该在各代人之间就上述后果进行公平的分配。为了做到代际公平，佩基提出了所谓“代际多数规则”。代际多数规则是指：当某项决策涉及若干代人的利益时，应该由这若干代人之中的多数来做出选择。由于相对于当代人（或者再加上其若干代子孙）来说，繁衍不绝的子孙万代永远是多数，因而可以得出：如果某项决策事关子孙万代的利益，那么，不管当代人（或者再加上其若干代子孙）对此持何种态度，都必须按照子孙万代的选择去办。但是，在实际决策时，尚未出生的子孙后代是没有发言权的。正因为如此，佩基希望代际公平能成为社会普遍接受的、不取决于特定利益集团的特定决策的伦理标准。在涉及代际问题时，应该将代际公平视为人类活动的约束条件，必须对传给下一代的资源基础予以保护。因为资源基础的质量限定了每一代人的生存条件，并在更大程度上限定了每一代人的福利水平。佩基认为要想做到代际公平，最重要的是应该“保持资源基础完整无损”。经过某些努力，我们能够控制传给下一代遗产的形态，但要确保下一代生活幸福、福利增加，却超出了当代人的控制范围。我们仅仅能确保下一代有某些机会（我们所能够预见的对他们幸福来说是必不可少的机会）。我们能够保存某些必需品，诸如文化资源基础和自然资源基础中那些有价值的部分。如果我们不能确保这些基础传到后代手中，那么，我们至少应该阻止那些使其无法传给后代人的行为。

可持续发展的“持续”意即“维持下去”或“保持继续提高”，对资源与环境而言，则应该理解为使自然资源能够永远为人类所利用，不至于因其过度消耗而影响后代人的生产与生活。“发展”则是一个很广泛的概念，它不仅表现为经济的增长、国民生产总值的提高、人民生活水平的改善，还体现在文学、艺术、科学、技术的昌盛，道德水平的提高、社会秩序的和谐、国民素质的改进等诸多方面，发展既要有量的增长，还应有质的提高。可持续发展的概念鲜明地表达了两个观点：一是人类要发展，尤其是发展中国家要发展；二是发展要有限度，不能危及后代人的发展能力。这既是对传统发展模式的反思和否定，也是对可持续发展模式的理性设计。①可持续发展的核心是发展。不否定经济增长，尤其是穷国的经济增长，但需要重新审视如何推动和实现经济增长。可持续发展强调经济增长的必要性，因为经济增长是提高当代人福利水平、增加社会财富、增强国家实力的必要条件。但不仅要重视经济增长的数量，还要依靠科技进步，提高经济活动的效益和质量，达到具有可持续意义上的经济增长。因此，必须审计使用能源和原料的方式，改变传统的以“高投入、高消耗、高污染”为特征的生产模式和消费模式，实施清洁生产和文明消费，从而减少单位经济活动所造成的环境压力。既然环境退化的原因产生于经济活动，其解决的方法也就必须依靠于经济过程。②可持续发展以合理利用自然资源为基础，同环境承载力相协调，实现人与自然之间的和谐。要求以自然资源为基础，同环境承载力相协调。经济和社会发展不能超越资源和环境的承载能力。它要求在严格控制人口增长、提高人口素质和保护环境、资源永续利用的条件下进行经济建设，保证以可持续的方式使用自然资源和环境成本，使人类的发展控制在地球的承载力之内。需要通过一些激励手段，引导企业采用清洁工艺和生产非污染产品，引导消费者采用可持续消费方式并推动生产方式的改革。③可持续发展的根本问题是实现生态经济社会总资源的合理分配。④可持续发展的目标是建立相互协调的经济系统、社会系统和生态系统。⑤可持续发展战略的实施强调综合决策、制度创新和公众参与。以适宜的政策和法律体系为条件，强调“综合决策”和“公众参与”。改变过去各个部门在制定和实施经济、社会、环境政策时各自为政的做法，提倡根据周密的社会、经济、环境考虑和科学原则、全面的信息和综合的要求来制定政策并予以实施。可持续发展的原则要纳入经济、社会、人口、资源、环境等各项立法及重大决策之中。⑥强调代际和代内的机会均等。⑦强调要正确处理人与自然的关系。

目前，可持续发展问题受到世界各国学者广泛关注，并围绕着环境与发展问题展开相应的研究与探索，可持续发展理论逐步得到发展与完善。据世界环境与发展委员会的概述，把可持续发展理论定义为“既满足当代人的需要，又不对后代人满足其需要的能力构成危害的发展”。可持续发展理论将环境问题与发展问题进行有机的结合，已成为指导社会经济全面建设的战略性理论依据。其包含可持续社会、可持续经济、可持续生态几个方面，要求实现社会公平、经济效益和生态和谐的全面发展。可持续发展并不否定经济增长，而是要以低碳绿色、高效节约的经济发展方式，保证经济增长的同时实现生态的改善与社会的发展。可持续发展是以社会的全面进步为目标。可持续发展理论认为，若仅仅有经济的增长并不能体现发展的内涵，可持续利用发展实现社会、经济与环境的协调共生。经济的发展是可持续发展的基础和前提，生态资源的可持续利用和生态环境的改善是条件和保障，而社会系统的健康且有序发展才是目的。这三者之间又是相互影响促进的关系，人类共同的目标即是实现以人为本的社会—经济—自然复合系统的持续稳定发展。

可持续发展要求发展要具有可持续性，即人类在自然资源的承载范围之内，一方面，达到自身生存发展的目的；另一方面，注重对于生态资源的维护。杜绝片面的发展观点，避免以牺牲生态环境为代价追求经济和社会的发展，这种发展是不可持续的，这种发展的最终结果是经济和社会发展的最终崩溃。只有在经济、社会、生态协调发展的情况下，经济和社会的发展才是可持续的。在生态城镇化进程中，可持续发展主要体现在以下几个方面。一是发展的共同性。即发展不是一个独立的概念，不可能仅仅依靠单一的因素不断的向前发展，需要各种因素（人、自然、社会）的和谐相处才能实现。二是发展的公平性。即生态城镇化建设要处理好各种要素之间的关系，在相对的空间里实现相对的公平，既要公平地对待自然和资源，又要公平地对待当代人和后代人。三是发展的持续性。这说明生态城镇化的发展要具有持续性，即生态城镇化的发展要有良性运转的动力机制，要能够不断地运转，而不是达到一定程度后就终止或崩溃。

可持续发展理论与生态城镇化建设在本质上是相融合一致的，且可持续发展理论对生态城镇化的建设具有指导作用。生态城镇化的建设必须符合可持续发展理论，必须在环境的承载能力范围内，必须是以不损害资源和环境的再生能力为前提的可持续发展。

三、承载能力理论

承载力（carrying capacity）是衡量人类经济社会活动与自然

环境之间相互关系的科学概念，是人类可持续发展度量和管理的重要依据。承载力概念的发展经历了从自然生态系统的种群承载力、人类生态系统的资源承载力（土地承载力、水资源承载力等），到资源环境综合（生态系统）承载力这一过程。

（一）承载力概念的起源——适度人口理论

承载力理论起源最早可以追溯到1798年的马尔萨斯人口论。1798年，马尔萨斯的《人口原理》（*An Essay on the Principle of Population*）第一次将承载力思想和适度人口理论紧密结合起来。他认为食物以算术级数速度增长，而人口数量却是以几何级数速度增长，随着时间的推移，这两者之间的矛盾将难以调和，人类将面临饥饿和营养不良，最终产生疾病、饥荒或战争等后果，从而对人口数量产生抑制作用，因此人口数量将不可能无限制地增长下去，必须通过一些方法限制人口增长。马尔萨斯人口论反映了生物（人类）与自然环境（粮食）之间的关系，认为生物具有无限增长的趋势，而自然因素是有限的，生物的增长必然受到自然因素的制约。马尔萨斯人口论中隐含的这些假设条件构成了承载力理论的基本要素和前提，后来的承载力研究学者都是基于这样一些基础假设条件，因此马尔萨斯人口理论为承载力理论起源奠定了第一块坚实的基石。

（二）承载力概念的发展——生态承载力研究

进入20世纪，人类活动对自然环境的影响日益增加，人与自然之间的矛盾逐步加剧。人类意识到作为人类和其他物种生存前提条件的自然资源是有限的。1921年，人类生态学学者帕克（Park）和伯吉斯（Burges）确切地提出了承载力这一概念，即“某一特定环境条件下（主要指生存空间、营养物质、阳光等生态因子的组合），某种个体存在数量的最高极限”。通常是指在一定环境条件下某种生物个体可存活的最大数量。国际自然与自然资源保护联合会（IUCN）、联合国环境规划署（UNEP）、世界野生生物基金会（WWF）将承载力定义为“一个生态系统在维持生命机体的再生能力、适应能力和更新能力的前提下，承受有机体数量的限度”。

该承载力概念的主旨在于强调一种最大极限的容纳量（生态容量），是一种机械思维的绝对数量。然而现实生态系统中各因子之间的相互作用是复杂的。1922年，Hadwen和Palmer在研究阿拉斯加的驯鹿种群后，提出了针对草场生态系统的承载力概念，认为承载力是草场上可以支持的不会损害草场的牲畜的数量。这一定义的重要意义在于突破了之前研究所单纯强调的最大极限数量的限制，开始关注支撑主体（草场），体现出可持续发展的内涵。Odum 1953年第一次把承载力的概念和Logistic曲线的理论最大值常数联系起来，将承载力概念定义为：种群数量增长的上限，即Logistic方程中的常数K。从此生物在自然条件制约下的种群数量增长规律就统一在承载力这样一个形象直观的概念下面。在以后的承载力工作中，学者们用Logistic方程常数K表示承载力的数学意义，而在管理和解决实际问题时常用承载力概念。这是承载力研究另外一个里程碑。

承载力定义主要强调了资源的短缺问题，然而与资源短缺相伴随的是生态系统的破坏，如土壤的沙漠化、生物多样性的消失等，严峻的生态危机促使科学家从系统的整合性看待生态问题。20世纪70年代后，Honing等国外学者提出了生态承载力的概念。认为生态系统承载力是在特定时间内特定生态系统所能支持的最大种群数。国内比较认可的生态承载力概念（高吉喜，2002），即“生态系统的自我维持和自我调节能力、资源与环境子系统的共生共容能力及其可维持的社会经济活动强度和具有一定生活水平的人口数量”。黄青和任志远（2004）认为，生态承载力某一时期抵御某一特定的生态系统，在确保资源的合理开发利用和生态环境良性循环发展的条件下，可持续承载人口数量、经济强度及社会总量的能力。生态承载力的提出是一个巨大的进步，因为它克服了之前的承载力概念停留于单因素上的不足，将承载力的内涵拓展到多因素、系统性的理解上，实现了由单纯支撑人类的经济、社会进步变为促进整个生态系统和谐稳定发展之目的。

（三）承载力概念的扩展——资源承载力研究

20 世纪 60 年代至 70 年代，随着人类社会工业化、城市化进程的加快，出现了全球性人口膨胀，资源短缺更加突出，人与自然之间的矛盾日益尖锐，因而资源承载力的研究受到重视。早期的资源承载力的概念大多是从生态学上的承载力延伸而来。20 世纪 80 年代，联合国教科文组织提出了“资源承载力”的概念，即“一国或一地区的资源承载力是指在可以预见的时期内，利用该地区的能源及其他自然资源和智力、技术等条件，在保证符合其社会文化准则的物质生活条件下，能维持供养的人口数量”。由于资源对国家和地区的重要性，联合国教科文组织、联合国粮农组织（FAO）、经济合作与发展组织（OECD）进一步提出了土地资源承载力、水资源承载力、森林资源承载力以及矿产资源承载力等概念，并对这些承载力进行了较为系统的研究。

1. 土地资源承载力

土地资源作为人类生存最基本的自然资源，一直以来是承载力研究的重点之一。早在 1921 年，Park R. F. 和 Burgess E. W. 就提出了土地承载能力的概念。目前学术界对土地承载力的共同理解是：土地承载力是在确保不会对土地资源造成不可逆的负面影响的前提下，土地的生产潜力能容纳的最大人口数量。

2. 水资源承载力

在人类对水资源越来越依赖的同时，水污染、全球的气候反常等水资源问题的出现，使得水资源成为制约人类社会发展的瓶颈。许新宜等认为，水资源承载力是指在某一具体的历史发展阶段下，以可预见的技术、经济和社会发展水平为依据，以可持续发展为原则，以维护生态环境良性发展为前提，在水资源合理配置和高效利用的条件下，区域社会经济发展的最大人口容量。王忠静认为，水资源承载力是某具体状态下可养活的人口及其生活质量。施雅风等认为，水资源承载力是指某一地区的水资源，在一定社会和科学技术发展阶段，在不破坏社会和生态系统时，最大可承载的农业、工业、城市规模和人口水平。

（四）承载力概念的综合——综合承载力研究

人类社会系统只是生态系统的一部分，其结构和功能的好坏取决于生态系统的结构和功能，仅仅关注其中的资源和环境单因素并不足以解除人类所面临的生存危机。因此，承载力的研究重点逐渐转移到对诸要素的综合研究上，综合承载力从其内涵来看，包括资源、环境、生态、经济、社会承载力 5 方面内容，区域承载力、环境承载力、城市承载力、人类（社会）承载力的概念相继出现。

1. 环境承载力

又称环境承受力或环境忍耐力。当今社会出现的种种环境问题，大多是人类活动与环境承载力之间出现冲突的表现。当人类社会经济活动对环境的影响超过了环境所能支持的极限，也就是人类社会行为对环境的作用力超过了环境承载力。因此，人们用环境承载力衡量人类社会经济与环境协调程度。环境承载力决定着一个流域（或区域）经济社会发展的速度和规模。如果在一定社会福利和经济技术水平条件下，流域（或区域）的人口和经济规模超出其生态环境所能承载的范围，将会导致生态环境的恶化和资源的匮竭，严重时会引起经济社会不可持续发展。我国学者自 20 世纪 90 年代初期开始重视“环境承载力”的理论与方法研究。将环境承载力定义为“在某一时期，某种状态或条件下，某地区的环境所能承受人类活动作用的阈值”。它反映了在一个区域的环境系统的结构和功能不恶化的前提下，区域环境系统所能支持的人类各种社会经济活动的能力。承载力的研究范畴已由环境对生物量的容纳限度、环境对人口的最高限量，发展为环境对人类所有社会经济活动的支持能力的研究。

2. 城市承载力

是指城市在不产生任何破坏的状况下所能承受的最大负荷，是指一定时期、一定空间区域和一定的社会、经济、生态环境条件下，城市资源所能承载的人类各种活动的规模和强度的阈值。城市承载力已经超越了原来资源环境承载力的概念，即整个城市能容纳多少人口、能承担多少就业、能提供什么程度的生活质量等，它是资源承载力、环境承载力、经济承载力和社会承载力的有机结合体。

3. 区域承载力

是指不同尺度区域在一定时期内，在保持一定生活水准、确保资源合理开发利用和生态环境良性循环的条件下，资源环境能够承载的人口数量及相应的经济社会总量的能力。区域承载力的研究方法是在资源承载力和环境承载力研究的基础上发展而来的，它以区域资源环境为对象，研究它同人类的经济社会活动之间的相互关系。区域承载力作为衡量可持续发展的重要指标，当人们研究区域系统时，通常借用区域承载力以描述区域系统对外部环境变化的最大承受能力。

4. 人类（社会）承载力

人类（社会）承载力不仅仅是单纯的人口总数或生物学问题，而是把资源环境等自然因素与科技、文化、消费、贸易、价值观念以及社会政治和法律制度等人类文化社会因素综合纳入承载力之中。

人类（社会）承载力的研究对象是人类社会系统，研究目标是其中的所有组成部分和谐共存关系及整体的可持续发展。人类赖以生存和发展的资源环境是一个具有强大维持稳态效应的巨大系统，它既为人类活动提供空间和载体，又为人类活动提供资源并容纳废弃物。对于人类活动来说，资源环境系统的价值体现在能对人类社会生存、发展活动的需要提供支持。由于资源环境系统的组成物质在数量上、在一定的比例关系上、在空间上具有一定的分布规律，所以它对人类活动的支持能力有一定的限度。当今存在的种种资源环境问题，大多是人类活动与资源环境承载力之间出现冲突的表现。当人类社会经济活动对资源环境的影响超过了环境所能支持的极限，即外界的“刺激”超过了资源环境系统维护其动态平衡与抗干扰的能力，也就表明了人类社会行为对环境的作用力超过了资源环境承载力。

（五）资源环境承载力的计算

近年来，国内外学者关于承载力的评价与测算研究主要从压力角度（即用种群数量、环境污染强度、人口数量等指标来表征承载力）和支持力角度（即以资源供给量或环境容量指标直接表征）两方面展开，提出了多种方法，主要有：生态足迹法、综合指标评价法、供需平衡法、系统动力学方法、神经网络评价法等。

1. 环境承载力的指标体系

资源环境承载力涉及资源、环境、社会、经济等诸多方面，各方面之间相互促进、相互制约，共同构成了一个复杂的系统。因此在研究资源环境承载力问题时一不能单独研究资源、环境本身，应该把资源、环境与社会、经济结合起来视为一个系统即“资源—环境—社会—经济”复合系统进行研究。评价指标可以分为以下三类：①自然资源支持力指标，包括不可再生资源及在生产周期内不能更新的可再生资源，如化石燃料、金属矿产资源、土地资源等；②环境生产支持力指标，包括生产周期内可更新资源的再生量，如生物资源、水、空气等，污染物的迁移、扩散能力，环境消纳污染物的能力；③社会经济技术支持水平指标，包括社会物质基础、产业结构、经济综合水平、技术支持系统等。

2. 环境承载能力的量化研究

一般来说，环境承载力指标与经济开发活动、环境质量状况之间的数量关系是非常复杂的，因此是很难确定的。所选取的指标不仅与人类经济活动有关，而且还受到许多偶然因素的影响。这些都给环境承载力的研究带来了一定困难。目前，对环境承载力的科学性和普遍性的量化研究仍未取得突破性进展。人们一般是针对某一具体区域来进行环境承载力的量化研究。

关于环境承载能力可以从三个方面进行理解，一是“容量”角度，即环境在质量和人们生活水平不变的情况下，某一环境所能够支撑的人口规模、经济规模以及所能容纳的污染物的数量。二是“阈值”角度，即在生态环境的功能系统不变的情况下，某一环境或生物圈所能够承载的人类活动在强度、速度和规模上的限值。三是“能力”角度，即在某一时期内，某一生态系统在不发展质变的情况下，所能够承受的人类活动的能力。环境承载能力对于人与环境关系是否协调的评价有以下特征，一是客观性和主观性，客观性表现为环境承载能力作为环境功能和结构的一种表现形式，是客观存在的，而且可以衡量；主观性表现在对于环境承载能力评价的评价者和分析者的主观性。二是区域性和时间性，这是指环境承载能力具有区域和时间性的差异，因而，在对环境承载能力进行评价时必须要采用不同的量化指标体系。三是动态性和调控性，这是指环境承载能力是动态变化的，随着人类技术水平的提高，人们可以通过技术改变环境的承载能力，对其进行调整使其向有利于人类活动的方向发展。

四、产业集群理论

该理论源于 18 世纪 70 年代英国著名经济学家亚当·斯密在《国民财富的性质和原因的研究》一书中提出的集群概念。在书中他这样描述：集群是指把生产一个复杂的产品作为最终目标而促使一大群含有分工性质且相互关联的中小企业或生产商聚集在某一个特定区域的经济现象。集群是于 20 世纪 70 年代被西方经济学者应用到经济学当中，在 20 世纪末，美国经济学家麦克·波特在他的书中提出了产业集群的概念，并指出产业集群应该是共同属于相同的生产领域、互相存在关联的企业或机构在某一个特定地理区域内共同出现。并且在这个特定地理领域内，这些企业或者机构存在着竞争与合作的关系，并涉及该产品领域内的原材料供给、服务提供、金融企业、裙带企业等构成的集聚群体。

产业集群作为一种极具特色的企业空间组织形态，在当前各国经济体系中表现出非凡的活力，这些集群犹如“平滑空间上的粘滞点”（Markusen，1996），吸收集聚了稠密的经济能量，呈现出蓬勃的区域竞争力。从 20 世纪 70 年代后期开始，随着新技术革命的加速推进和市场争夺的日益激烈，世界上一些区域特别是老工业区，在全球化的激烈竞争中，区内大量企业或破产或迁移至其他区域，区域经济发展丧失了原有的活力，甚至出现了停滞现象。与此同时，一些地区（诸如“第三意大利”，美国硅谷地区等）却在竞争中赢得了区域竞争优势。究其根源，是因为在这些区域内陆续出现了一些颇具特色的产业组织形式——产业集群。如今，放眼全球，产业集群作为一种极具特色的企业空间组织形态，在当前各国经济体系中表现出非凡的活力，这些集群犹如“平滑空间上的粘滞点”（Markusen，1996），吸收集聚了稠密的经济能量，呈现出蓬勃的区域竞争力。这种产业集群现象既出现在传统产业中，如意大利北部的制鞋业、法国南部的香槟省、德国的鲁尔工业区、美国的钢铁带等，也出现在大量代表新经济发展方向的高科技产业中，如美国的硅谷、波士顿的128公路、印度的班加罗尔地区等。在我国的一些地方尤其是苏、浙、闽、粤一带也出现了类似的产业集群现象，这些产业集群的发展对区域经济的发展做出了巨大贡献。典型的省份如浙江，在88个县市区中，有85个县市区形成了块状经济（即产业集群）。另外较为典型的省是广东省，出现了许多经济规模超过10亿、几十亿到100亿元产业相对集中、产供销一体化、以非公有经济为主要成分的，以专业镇形态存在的乡镇产业集群。正是由于这种以产业集群形态存在的块状经济，使这些省份的区域经济得以保持高速增长。产业集群现象的出现及其成功地在世界范围内赢得竞争优势，使其成为推动经济发展的一种模式，已经越来越引起有关国际组织和许多国家、地方政府及理论界的广泛重视。联合国工业发展组织（UNIDO）和经济合作与发展组织（OECD）已在全球极力提倡并推广地方产业集群战略。在世界许多国家和地区，产业集群战略已经或正在成为新的工业发展政策。与此同时，理论界也在不断地研究和探索产业集群问题，以期对产业集群的建立和完善提供更加切合实际的理论指导，并取得了丰硕的成果。

产业集群是一些互相关联的企业和机构在特定地域内所形成的产业空间集聚现象，它既有本地社区的历史根源，又经常取决于本地企业之间既竞争又协作的关系集合。

产业集群内涵界定。产业集聚现象出现在产业革命之后，是工业化时期的典型现象。大量文献中关于产业集聚的讨论综合了经济学、管理学、社会学、经济地理学、发展经济学、技术经济学等众多学科的研究成果，各个学科从不同角度分析产业集聚现象，形成了许多不同的概念。Schmitz 受意大利产业区鞋业产业集群启发，在研究发展中国家的产业群及其竞争优势和发展规律时，将产业群定义为企业在地理和部门集中，从而，企业之间存在着范围广泛的劳动分工，并拥有参与本地市场竞争所必须具备的、范围广泛的专业化创新的企业组群。DTI 将产业集群定义为一系列公司和机构的集合，这些公司和机构由一些市场和非市场纽带连接，相互关联，竞争又合作。OECD 的一个研究项目对欧美等国的学者对产业集群的理解进行了归纳总结。Scottish Enterprise（SE）将产业集群定义为顾客、供应商、竞争者和其他相关机构，如大学、研究机构、金融组织和其他基础设施等。南开大学国际经济研究所曾忠禄认为，产业集群是指同一产业的企业以及该产业的相关产业和支持型产业的企业在地理位置上的集中。徐康宁认为，产业集群是指相同的产业高度集中于某个特定地区的一种产业成长现象。被大多数产业集群研究者所接受的是迈克尔·波特所给出的定义，波特认为，产业集群（industrial cluster），有时简称集群，可以定义为在特定地域内一些相互联系的企业和机构地理上的集中现象。这些关联的实体有助于竞争力的提高，首先包括上游产业像元器件、机构、服务等专业化投入品供应商以及特定的基础设施提供商；其次延伸到下游产业如分销渠道；最后还包括政府和一些公共机构，如研究机构、大学、职业培训所、贸易代理委员会等。

产业集群的基本特征。从产业集群的发展实践看，集群是在相关产业链或产业链部分环节上企业的竞争与合作密集型空间集聚现象。产业集群的核心本质在于基于产业链的企业能够实现相互联系与合作，进而形成企业网络。相对于市场交易中离散的、随机的买卖双方，空间上接近的企业和机构间更容易建立信任和协调的交易关系，因此其具有空间集聚性和根植性的基本特征。①产业集群的空间集聚性。产业集群作为企业和机构的“扎堆”现象，具有明显的空间集聚性特征。对于空间集聚，传统的区位理论大多从成本的角度来解释。如根据韦伯传统的工业区位理论，决定工业区位的因子有运输成本、劳动力和集聚效应，合理的工业区位指向三个总费用最小的地方，这样可能在这些区位形成工业集聚。在知识经济时代，信息、技术的作用日趋明显，许多理论开始从技术创新、信息传播扩散与学习的视角来研究空间集聚，认为空间集聚是企业为获得更好的信息和服务，能够快速、更好地创新而形成的一种空间现象。经济社会学家格兰诺维特还从非经济的角度论述了这种空间集聚，认为产业集群的产生不仅与经济因素有关，还与社会因素有关，产业集群中特有的社会关系如亲缘、地缘关系，有利于形成相互信任的产业文化，从而使集群中的企业受益。现实中几乎所有的产业集群都表现为大量专业化企业和机构集聚在一地，形成专业镇或专业村。如浙江绍兴大唐镇的袜业产业群、温州柳市镇的低压电器产业群，还有广东东莞等地的专业镇等。对于现实中的这种专业化企业集聚现象，有资源依附型，也有历史上体制转轨原因所形成的产业集群类型，还有外资型等多种类型。②产业集群的根植性。根植性（embcdedness）来源于经济社会学，其含义是指经济行为深深嵌入于社会关系之中。产业集群中的企业、机构不仅仅在地理上接近，更重要的是他们之间具有很强的本地联系，这种联系不仅是经济上的，还包括社会的、文化的、政治的等各方面。一个区域要取得持续发展，单纯依赖外力是不够的，如果区域内的企业只与国外或区域外部企业结网而不与本地企业发生联系，当外部经济环境发生变化，本地原有的成本优势如低劳动力成本或政策优惠等减弱时，区域内企业会寻找更佳的区位而“飞走”他地，致使本地经济走向衰落。因此，在理解产业集群时，必须强调企业的根植性，强调相互信任、相互依赖的产业文化。

产业集群正是依靠群内经济主体之间频繁的互动、频繁的联系纽带而产生充足的社会资本，即建立在相互信赖基础上特有的产业文化。在典型的意大利产业集群中，群内的企业家以及合作团体等机构，通过频繁的合作与交流，相互间建立起高度的信任，在保持高度灵活性的同时，还可通过协同作用，取得规模效益。这里强调产业集群的根植性，并不否定集群内企业与群外保持联系，在全球化浪潮下，区域发展不可能孤立地取得发展，企业也必须用全球化的眼光去搜寻新的信息、技术等，但产业集群理论作为一种区域发展战略，必须注重培养区域发展的内力，使区域本身获得一种“黏性”来留住和吸引企业，这种“黏性”就是集群的根植性，也是区域外其他竞争对手难以复制的。

产业集群的专业化。产业集群作为众多企业和机构的一种空间集聚现象，不是指毫无联系的企业单纯的距离靠近，而是有其特殊的产业内涵。虽然集群具有跨产业的性质，但最终产品还是以一两个产业为主，相关产业为这个核心产业服务，所以具有专业化的性质。正是产业集群的专业化特征，才使产业集群内的企业之间、企业与支撑机构之间产生了紧密联系，因为单纯的空间距离靠近并不必然导致经济主体之间产生密切联系，这一点在众多人为规划的产业区中已经得到证实。大量专业化企业集聚在一定区域，加之长期所形成的相互信任的产业文化，降低了群内企业之间交易的不确定性，减少了交易费用，使区域实现了规模生产。世界上现存的产业集群无不具有专业化的特征，如我国浙江嵊州的领带产业集群、诸暨大唐袜业产业集群、河北清羊绒产业集群和意大利普拉托羊毛纺织产业群等。如果不具备专业化的特征，因不具备产业内涵，只能称其为空间集聚，而不能称为产业集群。

产业集群的网络化。网络是指“各种行为主体之间在交换资源、传递资源活动过程中发生联系时而建立的各种关系的总和”。这里的网络化特征是指产业集群内部各个经济体之间由于专业化分工而产生的密切的交互作用，它包括正式的合作网络和非正式的合作网络。前者表现为各行为主体之间通过各种合同形成的正式关系，而后者一般为非合同、在长期交往过程中所形成的相对稳定关系。这里需要特别强调的是非正式网络关系对形成产业集群竞争力的重要作用。产业集群中的非正式网络往往是在非正式的交流与接触中、频繁交易或合作过程中基于彼此信任基础上建立的，所以相对稳定，它主要依靠人与人之间的共同经历或社会文化背景及彼此的信任基础。这种非正式的网络形式能够有效地传递和扩散隐含经验类知识，从而更有效地推动人力资本和知识资本产生的社会化过程，加速知识创新，有效地保持与增强区域的竞争力。

产业集群的学习性。产业集群之所以具备持续发展的动力，就在于产业集群是一个学习性的区域。这里的学习主要指非正式研究与开发活动，产业集群内的创新网络和根植性为群内企业之间相互学习创造了条件。产业集群作为一种学习性区域，是各行为主体在能动响应各种挑战与机遇过程中形成的具有柔性化网络组织的区域，它强调区域具有对外界环境变化进行整体性快速与柔性反应的能力以及区域内现代企业、市场、政府、相关机构及其他主体之间是否具有互动与协同关系，更强调区域要通过学习来获得上述能力与关系。产业集群内激烈的竞争，地理上的相互临近，使企业具备学习的动力和压力，时刻利用非正式的交流进行学习，这样使技术、信息在集群内快速流动，使集群具备了快速应对外部变化的能力。

产业集群的自我增强性。自我增强（self—enforce）特征，也称为自组织性。这种特征源于外部经济的正反馈机制。产业集群一旦形成，就能通过发挥其外部规模经济和外部范围经济的优势以及区域创新环境弥漫的“产业空气”（industrial air），既促进集群内部新企业的衍生，又增强对集群外部企业进入的吸引力，从而使集群的规模不断扩张、优势持续累积，体现出一种“路径依赖”（Path Dependency）和“累积因果”的自我加强过程。

产业集群的分类。产业集群的表现形式多种多样，目前，对产业集群的分类是 Peter Knorringa 和 Jorg Meyer Stamer（1998）在对发展中国家的产业集群研究中，借鉴了 Markusen（1996）对产业区的分类方法，把产业集群分为：意大利式产业集群、卫星式产业集群和轮轴式产业集群三类。这三种集群方式能够大致涵盖我国当前的产业集群现象。例如，以浙江温州为代表的乡镇企业集群区是典型的意大利式产业集群，如绍兴、永康、大唐、柳市等，围绕服装、鞋袜、低压电器、纽扣之类产品加工、生产和销售的专业化生产区域，并将大量产品销售到国内外。卫星式产业集群在我国的广东东莞、江苏苏州的工业园区具有普遍性，FDI 的流向对其发展有着重要的影响。轮轴式产业集群一般表现在一些大中型企业所在行业，如汽车、冶金等行业。

在我国，随着改革开放的开展，产业集群体首先出现在我国苏、沪、浙等东部沿海地区。随之，国内学者对此表现出关切，并首开国内产业集群研究之先河。著名学者王缉慈通过大量的实证研究，并根据“温州案例”的成功经验，探究了区域生产系统、新产业区等理论，提出了产业集群分类理论。她主张产业集群可以分为五大类，即滨海对外型出口生产集群、高科技密集集群、经济发达区的开发区、乡镇等中小企业构成的区域集群网络、国有大型企业为核心的辐射带动型集群。通过对产业集群的研究，以及我国众多产业集群的发展经验，构建产业集群区的主要优势包括三个方面。首先，取得集群外部经济效益的优势。在集群地理区域内，单个企业可能规模较小，然而集群内部各个企业分工有序、高效合作，劳动生产率高，通过产品外销，从而在外部竞争中取得优势，最终促使产业集群获得外部经济效益，发展壮大。其次，减少空间交易成本。产业集群内部距离短、信息交流快、服务集中、信任关系易确立且难更改，从而确保集群园区内部形成良性互动的竞争合作关系，从而效率更高。再次，发展优势。集群内部众多企业因为竞争需要，都自发进行创新，并且创新成果极易被应用到其他竞争企业，使整个产业园区活力四溢，发展迅速。因此，产业集群具有极其广阔的发展前景。

五、产业结构理论

（一）产业结构的相关概念

产业结构理论的雏形诞生于 17 世纪中后期，并于 1930—1940 年初步形成，该理论认为导致国家间国家生产总值的差异、经济水平高低的主要原因是产业结构。随着研究的不断深入，产业结构理论也在不断完善，并出现了许多著名的学者和新颖的观点以及丰硕的研究成果。

产业结构协调问题是国家经济发展过程中的主要矛盾之一。产业结构协调发展既意味着产业结构本身的协调和优化，也意味着区域之间在产业发展上合理的分工。以区域的协调发展为例，区域是为管理社会、经济等活动的应用性整体，作为国家领土的一部分，区域有大有小、有强有弱、彼此相连，相互之间存在各种关系。区域之间或区域内部各组成部分之间不可避免地会发生各种经济关系，这种关系和谐则会对区域经济有积极的推动作用，反之，则会产生消极的摩擦和冲突。区域经济是国民经济的组成部分，但是，国民经济却并不等于各区域经济的简单累加。区域经济协调则会产生“1＋1＞2”的效果，反之，若区域经济之间摩擦和冲突不断则结果往往是“1＋1＜2”。我国作为最大的发展中国家，区域经济发展差距一直较大，改革开放以来非平衡发展模式的实施使得这一问题更加突出。

（二）推进产业结构协调发展对我国的意义

区域经济的协调发展可以通过产业结构的地区协调来实现。我国经济改革目前正处于转轨期，面临着错综复杂的各种矛盾的干扰，区域经济协调发展问题就是其中之一。产业结构区际矛盾的具体表现就是地区产业结构趋同以及由此导致的地方保护主义盛行、地方利益抬头、产品的过剩与短缺并存、产业过度竞争等，所有这一切都使得我国各种经济资源的配置远未达到“帕累托最优”。因此，研究探索产业结构协调的理论，以减少或协调产业发展的矛盾，促进经济资源的合理配置，具有十分重大而深远的理论和现实意义。①在任何社会，只要存在社会化大生产，在客观上都要求按比例分配社会劳动。对一国来讲，整个国民经济是一个复杂的有机整体，各个部分相互之间存在着极为密切的联系，并保持着一定的比例关系。因此，国民经济要实现持续稳步增长，产业之间的发展必须协调，即在再生产过程中，应经常注意保持各部门、各环节之间的内在联系和比例关系。这种内在联系和数量的比例关系可以表现在多个方面，如各个部门和行业之间；每个部门和行业内部各环节之间；同类产品生产的各部门和行业之间；区域与区域之间等，产业结构协调意味着从产业的角度看这些内在联系和比例关系是协调的。②提高经济效益的需要。在科技进步日新月异、社会生产力不断提高和社会分工日趋专业化的背景下，市场上的中间产品需求日益增多，产业部门之间彼此依赖程度日渐增大，结构效益的权重日益上升，以至于成为现代经济增长的一个基本支点。这种来自结构聚合的经济效益，其意义已大大超过个体劳动生产率提高对效益增长所带来的影响。现代经济增长应该是速度与效率的统一，只有产业结构协调才能达到这一目标，否则社会商品要么是短缺与过剩并存，要么是以周期性的波动甚至经济危机爆发出来。对第二产业而言，由于三次产业之间存在着供求关系和一系列数量比例关系，因此其发展必须与第一产业和第三产业的发展相适应。只有产业结构合理，才能保证各产业按比例地协调发展，才能争取速度和效益的统一。③提高资源配置效率的需要。产业及产业的各部门总要落实到特定的区域上，并与区域所具备的条件结合起来。各地自然条件、区位状况、资源状况、现有生产力水平及区际经济联系各不相同，因此特定产业存在地域上的选择性。区域比较优势是决定区域产业选择（布局）的利益机制，这种比较中的优势包括绝对比较优势和相对比较优势。产业结构地区协调则意味着各区域的产业布局遵循比较优势原则，可以使各区域在发展本区经济时扬长避短，发挥优势，根据大卫·李嘉图的比较优势理论和伯尔蒂尔·俄林的生产要素禀赋比例理论可知，资源的宏观配置效率可以因此得到提高。

（三）产业协调理论的相关研究

1. 产业布局的区位理论

产业布局的区位理论主要由 V. 杜能奠基，经过 A. 韦伯及后人较为系统的研究，在 19 世纪末初步建立。

（1）V. 杜能的农业区位论。杜能在其名著《孤立国》一书中提出，距离以城市为代表的消费市场的远近对农作物的布局有重大影响，由内到外他将假设的孤立国划分成 6 个同心农业圈层，杜能的《孤立国》可以说是区位论的奠基之作。

（2）A. 韦伯的工业区位论。韦伯继承了杜能的思想，他在分析影响工业布局的区位因素时，提出了区位因素、区位优势和最优区位等概念，杜能和韦伯提出了3个一般性区位因子，即运输费用、劳动费用和聚集力。

（3）克里斯塔勒的中心地理论。随着经济发展和市场规模的扩大，韦伯以后的研究者发现，最小生产成本并不能完全确定企业的最优区位，成本最低也不完全意味着利润最大化，市场因素对产品价格影响越来越大，为此，克里斯塔勒提出了中心地理论。此后，廖什又考察了市场规模和市场需求结构对产业区位的影响，区位分析也由生产扩展到市场，并且从单个厂商扩展到整个产业。西方古典区位论的基本特征：①研究宗旨是为各个企业或部门寻找最优生产区位，其实质是在寻找一种比较优势以保证企业利润的极大化；②区位研究是以完全竞争市场机制下的价格理论为基础的，属于古典微观经济学范畴；③虽然没有明确的区域产业协调发展思想，但有隐含的意思。

2. 产业布局的比较优势理论

比较优势包括绝对比较优势和相对比较优势。绝对比较优势理论由亚当·斯密提出，他认为，每一个国家或地区都有其绝对有利的、适宜于某种特定产品的生产条件，若每一国家均按其"绝对有利的条件"进行专业化生产，然后彼此进行交换，这将使各国的资源、劳动力和资本得到有效利用，对各国都有利。绝对优势理论不能解释实践中的有关分工问题，因此大卫·李嘉图在继承和发展斯密的绝对成本理论的基础上，在其名著《政治经济学及赋税原理》中提出了相对比较优势理论。他认为，任何国家都有其相对有利的生产条件，若各国都把劳动用于最有利于生产和出口相对有利商品，进口相对不利的商品，将使各国资源都得到有效利用，使贸易双方获得比较利益。

3. 生产要素比例理论

20世纪30年代初，伯尔蒂尔·俄林进一步提出了生产要素比例理论，他认为在同种商品不同区域的生产函数不变的情况下，比较优势的产生是由于：①各区域生产要素禀赋比例不同；②不同的商品需要不同的生产要素搭配比例。

（四）平衡与非平衡论争

在关于宏观生产力布局和区域经济发展战略的选择方面，理论界长期流行着两种极端的观点，一种是平衡发展论，强调缩小地区差别，主张国家投资布局应以落后地区为重点，在资源分配上主张地区平均主义。在西方，主张各产业应齐头并进的首推罗森斯坦·罗丹，他在1943年第一次提出“大推进”理论，指出在东欧和东南欧需要“大推进”（即同时对许多项目大量投资）来实现经济增长。实践证明，“大推进”理论只有在自给自足的封闭经济中才有其正确性。而当今世界各国经济相互交融，地区经济呈现“你中有我、我中有你”的局面，实现“大推进”实际上是不可能的。另一种是缪尔达尔和赫希曼提出的不平衡发展论，该理论承认社会经济发展不平衡的客观存在性，反对在资源配置上对各产业、各地区采取平均主义作法，主张遵循并自觉利用不平衡发展规律，实行有区别、有重点、有选择的不平衡发展战略。此外，1965年美国经济学家威廉姆斯在《区域不平衡和国家发展过程：一个描述过程》一文中指出：随着一个国家经济的不断发展，区域间增长差距呈“倒U形”变化。1985年法国经济学家弗朗索瓦·佩鲁发表《发展极概念在经济活动一般理论中的新地位》一文，对“增长极”理论进行了论述。上述3种理论和以均衡理论为中心的新古典区域增长理论基本上代表了区域经济理论和产业布局的研究状况，每一种理论都有不完善之处，不能完全地解释工业化和发展中国家的现实问题。

（五）公平与效率论争

效率首先是一个经济学范畴，是指资源的有效使用与有效配置。由于经济资源的稀缺性，使用配置资源得当，有限的资源就可以发挥更大的作用，反之，则只能发挥较小的作用，甚至可能产生负作用。效率增长主要表现在两个方面：一是从投入产出角度看，投入一定产出较多，或产出一定投入较少，意味着效率增长，反之，则意味着效率下降；二是从配置的角度看，劳动力和资本要素等资源能够得到充分利用，既无闲置，也没有浪费，资源效用完全释放，表明配置效率提高，实际上，这两个方面效率增长内涵并不一致，甚至可能相互抵触。其次，效率概念还涉及价值判断问题，有两方面的涵义：第一是从有效使用角度看，若投入者自行决策的投入导致的产出不为社会所接受，那么即便是高产出也不是有效的，否定这种名义上的“高效”有两种途径，①通过市场供需矛盾表现出来，②通过最终激烈的社会矛盾来解决；第二是从有效配置角度看，在不同地域投入某一资源产出不同，社会对这些不同的产出需求程度也不相同，即某种资源投入的结果会因不同的地域配置而产生不同的效率，追求最高的资源宏观配置效率是产业结构地区协调的目标。公平不是纯经济学概念，它包含有价值判断。公平主要表现在3个方面，即收入分配、生产资料占有和地域空间上。产业结构区际协调发展应该实现公平条件约束下的国家整体实力增强或总体效率的最高，同时也应该实现区域产业协调均衡发展，即空间公平。但是有效率的区域配置并不能完全带来空间的均衡协调，有效率的资源配置在利益驱动下通常会造成资源的不均衡分布，从而造成区域的不均衡发展。

（六）马克思主义的结构理论

1. 产业划分理论

马克思将社会总生产分成生产资料（Ⅰ）和消费资料（Ⅱ）两大部类，但是，马克思提出的两大部类仅指物质生产部门，不包括非物质生产部门。虽然可以揭示社会再生产运动的总规律，但不能揭示产业结构演进的一般规律。

2. 结构均衡理论

马克思分析说明了在简单再生产条件下，必须满足：Ⅰ$(v+m)=$Ⅱc，并引申出两个公式，即Ⅰ$(c+v+m)=$Ⅰ$c+$Ⅱc，Ⅱ$(c+v+m)=$Ⅰ$(v+m)+$Ⅱ$(v+m)$。在扩大再生产情况下，两大部类生产的平衡条件为：Ⅰ$(c+v+m)=$Ⅰ$c+$Ⅱ$c+$Ⅰ$\Delta c+$

$\mathrm{II}\Delta c$，$\mathrm{II}\ (c+v+m)=\mathrm{I}\ (v+m/x)+\mathrm{II}\ (v+m/x)+\mathrm{I}\Delta v+\mathrm{II}\Delta v$。马克思抽象而清楚地阐明了社会再生产实现的条件，但在现实生活中，产业部门众多，产业结构中包括了多种产业部门之间相互提供中间产品的错综复杂的联系，因此，运用马克思的结构均衡理论难以描述产业之间多部门的投入产出联系，对于产业结构的区际协调应用性不强。

3. 生产资料生产优先增长理论

马克思首先提出了生产资料生产优先增长的规律。列宁则将马克思的这一思想和资本有机构成的理论及再生产公式相结合，提出了在技术进步条件下，生产资料生产优先增长的规律。他指出，在扩大再生产过程中，“增长最快的是制造生产资料的生产资料生产，其次是制造消费资料的生产资料生产，最慢的是消费资料生产。”这一理论在一定前提下可以反映一国产业结构的变化情况。

4. 结构调整机制理论

马克思在《资本论》中，阐述了价值规律的发展形态与生产价格规律在调节和平衡社会各生产部门的比例关系（产业结构）中发挥作用的过程。他看到了结构调整的市场和计划两个机制。马克思看到了生产价格规律调整产业结构的局限性是完全正确的，但他借此否定生产价格规律对社会主义国家调整产业结构的作用是不可取的。

（七）西方的结构理论

1. 结构演变趋势理论

结构演变趋势理论可根据是否考虑外贸因素对产业结构的影响分为封闭型产业结构理论和开放型产业结构理论。

封闭型产业结构理论一般不考虑外贸因素对产业结构的影响和作用，即在封闭情况下研究产业结构演变的趋势。其代表人物主要有威廉·配第、科林、克拉克、库兹涅茨、霍夫曼和里昂惕夫等。封闭型产业结构理论离现实状况日益遥远，但仍对进一步研究产业结构具有借鉴意义。开放型产业结构理论考虑国际分工和国际贸易对产业结构的影响，其代表人物主要有斯密、李嘉图、俄林和钱纳里等。相比之下，开放型产业结构理论与当今世界经济发展的现实更为贴近。

2. 结构调整理论

在产业结构调整理论中，影响较大的是刘易斯的二元结构转变理论、赫希曼的不平衡增长理论、罗斯托的主导部门理论和筱原三代平的两基准理论。刘易斯的二元结构转变理论有 3 个基本假设：农业边际劳动生产率为零或接近零；从农业部门转移出来的劳动力的工资水平由农业的人均产出水平决定；城市工业中利润的储蓄倾向高于农业收入中的储蓄倾向。严格地说，他的 3 个基本假定是否完全适应我国的实际情况有待商榷。赫希曼的不平衡增长理论认为，由于发展中国家资源的稀缺性，全面投资和发展一切部门几乎是不可能的，只能把有限的资源有选择地投入到某些行业，以使有限资源最大限度地发挥促进经济增长的效果。赫希曼认为，有限的资本在社会资本和直接生产资本之间的分配具有替代性，因而有两种不平衡增长途径：一是“短缺的发展”，二是“过剩的发展”。从总体上看，不平衡增长理论基本上符合我国的实际情况，至于选择哪一条不平衡增长途径，应视经济发展不同阶段的瓶颈而定。罗斯托的主导部门理论是，根据技术标准把经济成长阶段划分为传统社会、为起飞创造前提、起飞、成熟高额群众消费、追求生活质量这 5 个阶段，每个阶段的演进是以主导产业部门的更替为特征的，经济成长的各个阶段都存在相应的起主导作用的产业部门，主导部门通过回顾、前瞻、旁侧三种影响带动其他部门发展，主导部门序列不可任意变更，任何国家都要经历由低级向高级的发展过程。罗斯托以技术标准划分经济成长阶段，是与马克思关于社会经济阶段划分的理论相对抗的。但是，他所提出的主导部门通过投入产出关系而带动经济增长的看法，以及主导部门并非一成不变的看法，是有现实意义的。筱原三代平的两基准理论是指收入弹性基准和生产率上升基准，收入弹性基准要求把积累投向收入弹性大的行业或部门；生产率上升基准要求把积累投向生产率上升最快的行业或部门。该理论成立的前提是：基础产业相当完善，不存在瓶颈制约，或者即便存在一定程度的瓶颈制约，但要素具有充分的流动性，资源能够在短期内迅速向瓶颈部门转移，尽快缓解瓶颈状态；产业发展中不存在技术约束；不存在资金约束。

（八）产业政策理论

产业政策的研究至今已有很长的历史，但是，直到 20 世纪 70 年代之后这一概念才得到广泛的使用。在产业政策理论早期发展史上，较有影响的是由美国第一任财政部长汉密尔顿在 1791 年 12 月提交给美国国会的一份《关于制造业问题的报告》。李斯特在其名著《政治经济学的国民体系》中从历史的角度比较了各国的经济理论和政策，指出了各国在经济发展的不同时期应当实行不同的政策。此外，日本政府在明治维新期间，提出了“殖产兴业，富国强兵”的口号和制定各种产业的法规和措施，为现代产业政策提供了历史档案。

1945 年后，西欧和日本为了恢复本国经济，首先考虑产业布局和产业结构而产生了系统的现代产业政策理论。1957 年，西欧 6 国建立欧洲共同体，签署了《罗马条约》，其中包含了某些产业政策的内容。日本在战后推行“产业合理化政策”等一系列产业政策，此后，随着日本经济奇迹的出现，产业政策这一概念走出国界，为世界各国所普遍采纳。随着各国实践的不断深入，现代产业政策理论吸收了其他许多理论如里昂惕夫的“投入—产出”分析、熊彼特的“创新”理论、赫希曼的“不平衡增长”理论的有关内容，产业政策概念逐步完善，理论日臻成熟。

（九）我国的产业结构理论的研究

杨治教授较早将产业结构理论引入我国并产生了广泛影响。近年来，他将很大一部分精力放在产业政策的研究上。这似乎说明，促进产业结构本身及地区间的产业协调发展还得通过产业政策的制定及其运作来实现，加强产业政策的研究对于产业结构优化和协调是很有意义的。此外，我国一些学者对经济周期中产业结构变动及周期波动对产业结构的影响机制从理论和实证两个方面进行了探讨，例如周振华在《现代经济增长中的结构效应》一书中对产业结构机理作了系统的分析，他从不同角度和层面揭示了结构关联效应、结构弹性效应、结构成长效应和结构开放效应；孙尚清、魏后凯、郭克莎、李悦、王述英等人对我国产业结构的实际状况及其存在的问题进行了较为深入的研究，并得出了一些有益的结论。

从宏观而言，产业作为一种社会分工现象，一个经济单元，属于中观经济的部分，其作为国民经济的一部分，还是同一个门类的企业的总和。并且，产业作为国民经济的一部分，并非单一存在，各产业间存在着繁杂的联系，从而使各产业共同构成一个有机系统，一个产业的变化会从不同方面对其他产业造成影响。产业结构意味着在社会再生产的过程，即一个国家或一个地区各个产业之间的资源配置状况、各产业的发展水平、各产业在总产值中占的比例以及各产业间的技术联系或经济联系相依并存、互为动力的组成方式。随着研究的深入，产业结构理论日趋完善和成熟，从而又出现了封闭型和开放型两个分支。封闭型产业结构理论主张仅仅考虑内部主要因素对产业结构形成的影响，也就是说在不开放的条件中探析产业结构改变的进程，即随着社会发展，社会人口从农业转向工业，社会进一步发展时，人口转向服务业。社会的发展使得各产业的物质收入发生变化，进而促使了人口在不同产业间的流动。开放型产业结构主张国际环境会对一个国家和地区的产业结构造成影响，因为国与国之间掌握的资源、技术均不相同，这就促使国际贸易来优化各种要素的配置，并促使世界范围内的产业分布更趋合理，这就不可避免地影响到了单一国家和地区产业的构成。

产业结构理论是对三次产业分布状况的研究，并希望通过理论研究，找到合理的产业结构布局，从而提高生产效率，促进经济发展，改善人民生活质量。因此，在新型生态城镇化建设的过程中要依据理论和实践经验，注重产业结构合理调整，促进产业结构优化升级，探索出一条“新”的城镇化建设道路。

六、循环经济理论

伴随着人类社会的经济发展而带来的生态、资源和环境等问题正在引起人类的高度警惕，循环经济越来越受到人们的重视。循环经济的实质是以尽可能小的资源消耗和环境代价实现最大的发展效益。循环经济作为一种新型的经济发展模式和经济理论范式，是对传统的发展理念、经济模式和经济学基础的严峻挑战。循环经济在我国的经济发展中具有极为重要的意义。

（一）循环经济的概念

“循环经济”就是采用无限的循环方式，利用地球上有限自然资源的经济发展新途径，是一种以资源的循环使用、避免废弃物产生、实现零排放为特点的经济发展新模式。众所周知，资源是人类赖以生存的物质基础，是人类发展生产和创造财富的源泉，然而人类在大量创造财富的同时，也在大量消耗掉地球上有限的自然资源；自然资源被大量开采的同时，又产生了大量污染并破坏了地球的生态环境：不断地进行所谓的“大量生产、大量消费、大量排污”的线性单向度的经济发展模式，即资源—产品—废物，由此人类付出了沉重的代价——资源透支、生态失衡、环境破坏，究其根本原因是人类自身无节制的活动造成的，要减缓和彻底扭转这种局面也只有依靠人类自己的觉醒和努力，依靠人的智力和科技进步，将资源和废弃物作为一种循环使用的原材料，重复或多次利用，在产品生产过程中不发生或少发生污染。循环经济是把清洁生产和废弃物的综合利用融为一体的经济，本质上是一种生态经济．要求运用生态学规律来指导人类社会的经济活动。按照自然生态系统物质循环和能量流动规律重构经济系统，使得经济系统和谐地纳入到自然生态系统的物质循环过程中，建立起一种新形态的经济模式。

波尔丁首先提出了“循环经济”这一概念，他认为地球作为一个独立的系统，是不可能存在外部的资源援助的，那么，地球就像一个宇宙飞船一样，只有实现系统内部资源的循环利用，减少浪费，地球才可以可持续地存在。目前，循环经济理论已成为我国热门研究领域之一，对其理论发展研究的论著也是层出不穷。作为一种新型的经济发展模式和经济理论范式，循环经济强调生态中心主义，体现出人类社会与自然环境之间关系的演化。循环经济是对传统的发展理念、经济模式和经济学基础的严峻挑战。因此，对循环经济的理论也是百家之言，各有特色。从循环经济的概念看，对于循环经济的定义和内涵而言，可以说是众口不一，存在着很多争议。同时各文献对循环经济的强调重点也不完全一样。从循环经济的理论基础看，范跃进（2005）认为循环经济具有四大理论基础：哲学基础、生态学基础、经济学基础（生态政治经济学、生态计量经济学和生态经济伦理学）和制度基础。丁慧（2005）指出鲍尔丁的“宇宙飞船经济理论”“罗马俱乐部”的《增长的极限》、生态控制论、生态市场经济理论是循环经济的理论渊源。从循环经济的发展理念看，吴季松（2005）提出了从 3R 到 5R 转变的新循环经济思想，即再思考（Rethink）、减量化（Reduce）、再使用（Reuse）、再循环（Recycle）、再修复（Repair）。指出新循环经济体系的建立，与其与自然和谐的生产方式，将成为构建和谐社会的基础，从而真正走上可持续发展的道路。郭柳琴（2005），彭易成、张霞（2005）提出新的系统观、发展观、资源观、经济观、价值观、生产观、消费观。王文飞（2005）在效率评价和目标要求上，提出循环经济以生态效率为核心，理想目标是经济效益、环境效益和社会效益三维整合。

（二）人与自然和谐相处的重要思想

在人类经济活动的早期，人类经济活动的范围和深度都比较小，人类排出的污染物也比较少，因而不必要考虑经济活动对生态系统的影响。但是当人类经济活动的领域逐渐扩大以后，人类以自然的征服者的姿态对待自然，过度强调对自然界的征服，同时人类向自然界排放的污染物也越来越多，传统经济发展模式造成了严重的环境污染，直接影响到人类的健康和社会的可持续发展。随着影响的加深，人类逐渐识到：人与自然的平衡被打破时，人类的发展也会受到极大的限制。正如恩格斯告诫人们：“不要过分陶醉于我们对自然界的胜利，对于每一次这样的胜利，自然界都报复了我们。”追求人与自然和谐相处是马克思主义自然观的重要内容，而是经济社会发展到一定程度、一定阶段的必由之路，是人类总结经验教训后的必然选择。

1. 减量化的思想

循环经济减量化原则，是指在生产、流通和消费等过程中减少资源消耗和废物产生。“马克思在其著作中论述生产资料的节约时完整地体现了减量化的原则。马克思主张“把生产排泄物减少到最低限度和把一切进入生产中去的原料和辅助材料的直接利用提到最高限度。”其中，将生产排泄物减少到最低和将原料和辅料利用到最高限度正是循环经济思想的减量化。根据马克思对当时资本主义生产方式的观察，这种将排泄物降到最低、将原料利用到最高可以大大提高资本家的利润率水平，所以当时的资本家非常热衷于对生产资料的节约，虽然其直接目的并不是保护环境，但间接有利于降低资源的消耗。在当时的生产条件下，资本家主要是通过集中生产资料和组织大量工人共同劳动实现生产资料的节约。在生产过程中，为了节约机器的损耗，往往在机器能运转的期间大大延长工人的劳动时间，这是资本家们逐利的惯用伎俩。这种对工人的剥削与压榨给当时的工人阶级带来了深重的灾难。在减量化原则的实践过程中，马克思认为：“机器的改良，使那些在原有形式上本来不能利用的物质，获得一种在新的生产中可以利用的形态；科学的进步，特别是化学的进步，发现了那些废物的有用性质。”所以说，马克思认为科技的进步能帮助机器的改进，采用先进的工艺实现排泄物降到最低、原材料和辅料实现最大的利用。

2. 再利用的思想

再利用原则是指将废弃物直接作为产品或经过修葺、翻新、再创造后继续作为产品使用，或者将废物的全部或者部分作为其他产品的原料重新使用。马克思在其著作中不仅体现了再利用的思想，而且将再利用的思想和减量化的思想做出了区分。马克思在《资本论》的第三卷中强调要把“通过生产排泄物的再利用而造成的节约和由于废料的减少而造成的节约区别开来。”马克思在这里提到了生产排泄物的再利用很显然与循环经济的再利用思想是一致的。马克思曾指出在英格兰和爱尔兰的一些地方，很多农场主不太喜欢种植亚麻，其中一个非常值得注意的原因就是“靠水力推动的小型梳麻工厂在加工亚麻的时候留下了很多废料”。而马克思认为这些农场主的想法是不正确的。他认为这些废料虽然是加工亚麻时用不上，当实际上这些废麻具有很高的利用价值，直接废弃造成了极大的浪费，只要使用稍微先进一些的机器就可以完全避免这种浪费了。马克思还指出，不仅在亚麻加工方面通过机器的改良可以实现废料的再利用，在许多其他的领域也同样适用，如在英国非常兴盛的丝织业，通过改良机器也可以将看似完全废弃的材料制作成精美的丝织品。另外，马克思还认为，在机器大生产的过程中，以固定资本形式存在的劳动资料，如厂房、生产工具和机器设备等，可以被反复加以利用，在使用寿命内，使用的次数越多，其体现的价值也越大，这也正式资本家们在生产中竭力追求的，这同样体现了循环经济再利用的原则。

3. 资源化的思想

资源化原则是指将废物直接作为原料进行利用或者对废物进行再生利用。资源化和再利用在作用对象上是相同的，都是对废弃物进行再处理的过程。在上文解释再利用时提到的马克思的思想同样适用于资源化的思想。事实上，再利用和资源化的思想还是有一定区别。资源化强调的是将废弃物处理后当做原料来用，而再利用是指为了避免废弃物的浪费，从另外一个角度将其作为产品来适用。马克思在其著作中同样也强调了资源化的原则，在资本论中马克思曾提出“化学的每一个进步不仅能增加有用物质的数量和已知物质的用途，从而随着资本的增长来扩大投资领域。同时，它还教人们把生产过程和消费过程中的废料投回到再生产过程的循环中去，从而无需预先支出资本，就能创造新的资本材料。”在这里马克思强调的便是资源化。在马克思的循环经济思想中，马克思认为在生产过程中并没有废物，生产中暂时不能利用的剩余物，经过再加工处理，都可以在另外的生产过程中成为可利用的原料，这就如我们今天常听到的说法“废物是放错了地方的资源”，其体现的就是马克思的再循环思想。马克思在论述再循环思想时曾经以英国的毛纺织业作为例子。据记载，在英国约克郡的毛纺织业有一个十分引人注目的部门就是专门靠收集废弃的毛织物并将其加工为成品。这是体现再循环思想的一个非常好的例证。当然，再循环原则不仅局限于对同类产品废料的处理，同时也应包括其他完全不同行业的废料，只要能在生产中加以循环利用，都体现再循环的原则。

循环经济以人与自然的价值统一为根本出发点，以实现人的自由全面发展为最终目标，这是与马克思生态经济思想在价值始点和价值目标上的高度契合。循环经济作为一种新的经济发展模式，要实现经济、社会、生态、文化、科技的五维整合发展，实现生态效益、经济效益、社会效益、文化效益和科技效益的综合功效最优，实现“五赢”发展，体现发展成果的高效性。

循环经济这一理念，注重经济发展的效益、质量以及对于资源的节约，改变了人们对于传统资源和废弃物的看法，是一种在对于环境污染治理过程中探索出来的新发展方式。把传统经济发展由“资源到废弃物”的线性发展方式转变为由“资源到资源”的循环发展模式。前一种发展模式的特征是高耗能、高排放、高污染、低效率，后一种发展模式的特征是高效率、高质量、低排放、低污染。作为一种全新的经济发展方式，循环经济资源节约、环境保护与经济发展一体化的发展战略。

七、城乡一体化理论

（一）城乡一体化理论的形成

城乡一体化理论在西方被称为城乡融合理论，是随着市场经济的不断发展衍生出的城乡融合理论，最早产生于20世纪初。而在我国由于1949年以后一直执行的是计划经济体制，对城镇和农村管理模式不同，城乡一体化理论也就无从提出。直到改革开放以后，党和国家意识到计划经济使得城乡隔离愈演愈烈，社会矛盾日益突出。为了改变这种局面，城乡一体化的研究在国内应运而生。

在城市学和城市规划学界，最早提出城乡一体化思想的是英国城市学家埃比尼泽·霍华德。他于1898年出版了《明日：一条通向真正改革的和平道路》，1902年再版时改名为《明日的田园城市》。他在书中倡导“用城乡一体的新社会结构形态来取代城乡对立的旧社会结构形态”。他在序言中说：“城市和乡村都各有其优点和相应缺点……城市和乡村必须成婚，这种愉快的结合将迸发出新的希望，新的生活，新的文明。”霍华德认为应该建设一种兼有城市和乡村优点的理想城市，他称之为“田园城市”。田园城市实质上是城和乡的结合体，它包括城市和乡村两个部分，城市四周为农业用地所围绕。城市的规模必须加以限制，农业用地是保留的绿带，永远不得改作他用。美国著名的城市学家刘易斯·芒福德（Lewis Mumford，1895—1990年）对霍华德的城乡一体化思想大加赞扬，说“霍华德把乡村和城市的改进作为一个统一的问题来处理，大大走在了时代的前列”。20世纪60年代，他明确指出：“城与乡，不能截然分开，城与乡，同等重要；城与乡，应当有机结合在一起。”他主张建立许多新的城市中心，形成一个更大的区域统一体，通过以现有城市（但要大大的分散）为主体，把“区域统一体”的发展引向到许多平衡的社区里，就可以使区域整体发展，重建城乡之间的平衡，还有可能使全部居民在任何地方都享受到真正的城市生活的益处。亨利·赖特及克拉仑斯·斯坦因提出“区域城市”的设想，即通过建立整体化的、清晰的区域交通网络，在交通轴交叉点形成城镇集聚，构成多中心城镇功能以及相对集中的空地系统。也有一些人认为，现代农业的发展将促进中心城市达到更高程度的经济与生态协调，从而使中心城市成为第三、第二、第一产业空间上梯度布局，形成大、中、小城市群体在空间形态上呈区域化的特征，即区域城市（regional cities）。加拿大学者麦基（T. G. McGee）基于对亚洲一些国家的研究提出了“Desakota”概念即城乡一体化区域。它是一种以区域为基础的城市化现象。这种建立在区域综合发展基础上的城市化形态，实质就是城乡之间的统筹协调和一体化发展。其主要特征是高强度、高频率的城乡之间的相互作用，混合的农业和非农业活动，淡化了的城乡差别。以上论述说明，上述学者对城乡一体化的理论认识是基本相同的，即城乡一体化是生产力发展到一定水平，重建城乡平衡，使全部居民在任何地方都享受同等生活条件的城市发展的最高境界。

（二）城乡一体化理论在我国的发展

我国学者对城乡一体化的研究围绕着城、乡两个系统的经济、社会、生态等方面的一体化进行展开。主要的看法有：社会学者认为城乡一体化是指相对发达的城市和相对落后的农村，打破相互分割的壁垒，逐步实现生产要素的合理流动和优化组合，促进生产力在城市和乡村之间的合理分布，城乡经济和社会生活紧密结合与协调发展，逐步缩小直至消灭城乡之间的基本差别，从而使城市和乡村融为一体。经济学界通过分析经济发展规律，从城乡生产力合理布局角度出发，认为城乡一体化是现代经济中农业和工业联系日益增强的客观要求，是统一布局城乡经济，加强城乡之间的经济交流和合作，使城乡生产力优化分工、合理布局、协调发展，以取得最佳的经济效益。从区域生态经济系统出发，有学者认为城乡一体化并不是城乡无差别的境界，而是一种区域生态群落的合理分布，城乡一体化应是城市没有制度上的堡垒，乡村没有政策上的栅栏，城乡一体化是“一种区域生态经济良性平衡系统的高境界”。又有学者从可持续发展和空间概念出发，认为城乡一体化是实现城乡经济、社会、文化持续协调发展的过程，主要包括城乡职能一体化和空间一体化等。最初，受农工商联合发展的启示，学者们的研究主要集中在城乡经济一体化，将城乡一体化作为一种手段来优化配置生产要素，以便确保城乡协调发展。在这样的基础上提出了城乡发展战略一体化、经济管理一体化、商品市场一体化、经济活动网络化、利益分配合理化等对策思路。其后，研究领域扩展到户籍管理、就业、教育等更为广泛的制度领域，对传统的城乡分割体制的改革进行探讨。目前学者们已将城乡一体化发展的研究领域扩展到政治、经济、生态环境、文化、空间等各个方面，认为城市与乡村最终将成为一个互相依托、互相促进的统一体。

1. 城乡一体化动力机制

有学者认为现阶段我国城乡一体化发展的动力有内部动力和外

部动力。首先，内部动力是乡村城市化和城市现代化。乡村城市化是指乡村地域中传统社区向城市现代社区的逐步演变，使留在乡村的居民逐渐享受到现代城市文明的过程。通过这一过程，乡村的就业结构、人口居住地和居住方式、生活方式、价值观念都发生改变，城市从乡村中产生。但是乡村城市化并不是城市的“全城化”，而是使乡村与城市居民在不同地方共享平等的物质文明和精神文明，使乡村与城市协调发展。乡村人多地少、劳动力大量剩余是乡村城市化中来自乡村内部的推力，城乡收入分配、生活方式、生活质量的差异是乡村城市化中乡村外部的城市的拉力。在两种力的作用下，实现乡村城市化。乡村城市化是我国城乡一体化在乡村发展的主要动力。城市现代化是通过城市现代化建设，提高中心城市的经济辐射力、吸引力、综合服务能力，使城市对乡村的带动能力增强，对区域内乡村的发展起到推波助澜的作用。其次，外部动力是改革开放政策和外资的引进。改革开放有利于打破城乡分割壁垒，改革开放政策作为我国城乡一体化的外部动力将影响我国城乡一体化进程的始终。外资的引进则是解决城乡一体化发展资金不足问题的有效方式。也有学者认为城乡一体化的动力机制是城市化和农业产业化。农村的发展不能单靠城市化的辐射（某种程度上会拉大城乡差距），也不能盲目推行农村工业化，造成生态环境的破坏。实现城乡一体化必须两头动，即依靠城市化和农业产业化的推进。

2. 城乡一体化实现模式

对城乡一体化的实现模式国内理论界主要有三种观点。

（1）城市主导型模式。学者的看法主要有：汤正刚认为“城区的经济辐射功能和‘市带县’的城市主导作用”是实现城乡协调发展的基本动力；上海城乡一体化课题组（1991）研究认为“实现城乡一体化，主导在城市”；石忆邵、何书金认为大城市的向心力和离心力是城乡一体化的动力。这些学者的观点都强调城市的作用，把城市的作用放在主导地位，通过城市的辐射、吸引功能，依靠城市的优势带动周边农村的发展，最终实现城乡一体化。这种模式的实施方向是从上而下。

（2）小城镇主导型模式。有学者从小城镇出发，研究小城镇在解决农村就业、带动农村经济发展中的作用，认为发展小城镇是实现农村城市化的有效途径。主要观点是：城市的产生来自于农村集镇的发展，我国农村城市化不能抛开农业和农村。发展小城镇可以吸纳农村剩余劳动力、集聚乡镇企业，通过人口、经济要素的集中促进小城镇功能转变、规模扩大，缩小小城镇与城市的差别，而小城镇对农村发展的带动又缩小村与镇的差别，最终缩小城乡差别。此种模式以小城镇的发展为主导，通过小城镇与上（城市）下（农村）差距的缩小来实现城乡一体化。对大城市（都市区）而言，这种模式也可表现为郊区城市化模式，即通过郊区城市化来缩小城（市区）乡（郊区）差别，实现城乡一体化。该模式的实施方向总体来看是自下而上。

（3）城乡结合统筹发展模式。这种模式也可称为区域城乡一体化模式，在大城市表现为都市区城乡一体化。提出这种理论的是胡必亮同志，他认为在推进城镇化的过程中，必须将一个区域的整体力量发挥出来，不仅仅是促进城市的发展。也就是说，一方面要充分发挥主导城市对整个区域在整体功能定位、发展规划、产业结构、市场结构、基础设施布局等诸方面的主导作用；另一方面要建立区域范围内系统的、完善的城镇体系，做到大、中、小城市及镇在本区域范围内合理布局，进而使区域整体效益得以发挥，最终促进区域范围内城乡经济、社会联系不断增强，实现城乡协调发展的目标。在推进这样一种以区域一体化为中心的城镇化过程中，关键的因素不是单个城市的规模大小，而是区域内城市之间、城乡之间联系的强弱程度。也就是说，“联系”是其中最重要的因素。与“规模”相比，“联系”是一种更为深刻、更为本质的内在变量。“联系”就是这种新的城镇化模式区别于传统城市化模式的最根本要素。在这种模式下，发挥了上（城市）下（乡镇）双向作用，上下同步实施，更多体现了城、乡的结合与统筹。

综上所述，对城乡一体化的定义应把握以下几点：第一，城乡一体化是城市化的高级阶段，在生产力和城市化达到一个较高水平时才具有条件；第二，城乡一体化是一个渐进的过程，而不是结果；第三，城乡一体化是双向的演进，不是单向的，是城乡双方发挥各自优势、互相吸引先进和健康的因素、理顺交流途径、摈弃落后的病态的东西的过程；第四，城乡一体化是系统性工程，包括社会经济的方方面面，不能只重经济而忽视精神的、文化的、社会的内容；第五，城乡一体化不是消灭城乡差别的过程，更不是全部乡村转变为城市的过程。只要乡村存在城乡差别就存在，只是不同历史时期其表现程度和形式不同。

3. 城乡一体化的主要构成要素

（1）经济要素。其一，产业一体化。即三大产业在城乡之间广泛联合，农业、工业协调发展相互促进，城乡产业相互渗透、相辅相成。其二，资源配置一体化。即基础设施等资源在城乡之间统一配置。其三，市场一体化。形成城乡之间统一的产品市场、生产资料市场、技术市场、劳动力市场和资金市场。

（2）社会要素。其一，政治地位一体化。城乡居民在参与国家政策、决策方面享有平等权利和相同的机会。其二，社会福利一体化。社会福利的享受上城乡居民平等，特别是要建立城乡一体化的社会保障体系。

（3）生态要素。其一，合理配置绿地，协调城市、乡镇、农业用地，建设城乡一体化的生态环境。其二，城乡一体化的治理、控制污染源，保护环境。

（4）文化要素。主要是城乡文明的一体化，具体为：①城乡教育一体化，②城乡居民思想观念一体化，③城乡精神文明建设一体化。

（5）空间要素。主要指各类要素空间布局一体化，如产业、基础设施、城镇、土地等，使城乡在空间上实现融合。

（6）政策（制度）要素。通过制度、体制创新，打破割裂城乡关系的人为制度障碍，建立城乡统一政策环境，主要有城乡统一的户籍制度、土地制度、金融制度、行政制度等。

4. 推进城乡一体化发展

推进城乡一体化的动力是城市的带动力和农村的推动力。城市的带动力指由城市产生的对农村发展的带动（拉动）力。这种带动力由城市化升级和城市产业发展而产生。农村的推动力指农村农业产业化、乡村工业化发展而在农村内部产生的推动农村向城市靠拢的力量。这种推动力的形成既有工业化也有城市化的作用。因此，城市化和工业化的作用共同体现在城市带动力和农村推动力之中。对于城乡一体化的具体实现模式，要根据地区情况来确定，本书认为前文介绍的模式适用的情况分别为：

（1）城市主导型模式。这种模式在中心城市经济较发达、各方面力量都较强、所带县乡数不多的情况下，对尽快推动农村社会经济发展，缩小城乡差距有较好的作用。这种模式的主动力是城市的带动力，通过城市的带动促进农村农业产业化、乡村工业化发展，农村的发展又产生了推动农村向城市靠近的次动力，从而实现整体进步。

（2）小城镇主导型模式。它是在经济体制改革过程中、大力发展乡镇企业的背景下产生的，适应于经济水平较高、市场化程度较高、个体私营经济发达的地区。该模式的动力是农村的城镇化和工业化，靠农村自身的发展缩小城乡差别。这两种模式在运用中要注意不能只停留在城乡一体化的表面，而要深入到制度建设和扩大到社会经济的方方面面。

（3）城乡结合统筹发展模式。这是近年来才出现的模式，它是在改革进一步深化、经济社会发展到一定水平时提出的。它结合了前两种模式的做法，同时发挥城市和乡村（小城镇）的双向作用，领域扩大到社会经济的各方面，有利于从根本上解决城乡二元结构问题，实现真正的城乡一体化。这种模式比较适用于地域范围较大、城镇体系结构复杂的大城市和区域的城乡一体化。在这种模式下城市、农村的作用是同等的，没有主次之分，二者共同作用于促进城乡一体化。

城乡一体化是生产力发展到一定程度而促使生产关系做出改变

的鲜明反映。具体而言，它是指农村居民与城市居民在日常生产、生活方式产生改变的进程，并使得城市与乡村的人口、生活资料、科学技术、资源等要素无障碍互相流通，实现市场、服务等资源的共享，最终实现政治、经济、社会、文化、环境等方面城乡均等和谐发展。当前我国的城乡一体化理论是以马克思、恩格斯的“城乡融合”理论作为基础建立起来的，并且随着实践的发展而不断完善，初步形成了具有中国特色的城乡一体化建设思路，即以工业化促进农业现代化，打破城乡制度藩篱，推动城市化建设，并调整劳动成果分配方式，依靠科技优势和制度管理来促进城乡一体化。城乡一体化是当前我国全面建设小康社会过程中必经阶段，它的实现将使我国广大农村与城市、第一产业与二三产业、农民与工人融为一体，彻底改变城乡二元结构，使得政策体制一视同仁、人民待遇普遍平等、产业发展互为促进，是广大人民共享改革开放的成果。

八、复合生态系统理论

20 世纪 80 年代，生态学家马世骏和王如松首次提出了复合生态系统理论，即社会—经济—自然符合生态系统理论。该理论认为城市是以人类行为为主导、资源流动为根本、自然环境为依托、生态过程所驱动的社会、经济、自然复合生态系统。复合生态系统理论对我国城镇与区域建设提供了科学的理论依据。复合生态系统是在特定的时间、空间内，自然生态系统与以人为主体的社会系统之间协调发展而形成的复合系统。马世紫提出复合生态系统中的核也有一部分是社会，包含科学技术、组织机构、文化和政策法令，人类社会在生态系统中起到控制作用；人类活动的直接环境是复合生态系统的中圈，也是其基础部分，其包括生物群落、自然地理环境和人为工程；而复合生态系统中的外圈是所谓的“库”，即周围的外部环境，有“源”“槽”“汇”三个部分，包含物质、资金、能量和信息的输入与输出。复合生态系统最外部分为自然子系统，由金（矿物质）、木（动植物）、水（水资源）、火（能量）、土（土壤、土地）这中国传统五行元素组成；再往内则是经济子系统，由生产、流通、消费、还原和调控这五大功能相互之间作用影响而构成。社会子系统是以人为主体，包括文化、知识和体制三方面。可持续的发展关键之处就在于综合与协调好多个子系统间错综复杂的交叉、叠加关系，达到科学、合理、健康的城市系统。

复合生态系统理论在生态城市规划中一直扮演着最重要的角色，尤其是进入21世纪，复合生态系统观及其工程技术的应用得到了学界和社会的广泛接受，黄肇义、杨东援提出“自然和谐、社会公平和经济高效的复合系统”，王祥荣提出“是一种生产力高度发达、人的社会文化、生态环境意识达到一定水平条件下渴望实现的目标境界，是一个结构合理、功能和关系协调的人工复合生态系统”等。城市复合生态系统亦被称为“社会—经济—自然”复合生态系统，是以人为主体的、复合形式的，由自然、经济、社会三个子系统组成的人工生态系统。其中自然生态系统主要是指土地、水、生物和矿产等资源，是城市发展的基础；经济生态系统主要是指产业、投资、就业、企业等所有制结构，是城市发展的动力；社会生态系统主要是指人口、劳动力、收入、消费等，是城市发展的目的。只有当这三个子系统构成一种最佳的耦合状态时，城市生态系统才是稳定的，城市才能得到健康发展；亦即只有使经济发达、社会繁荣、生态保护三者高度和谐，才能保证城市生态系统的结构、功能最优化。与自然系统相比，城市复合生态系统是以人的行动为主导、自然环境为依托、资源流动为命脉、社会体制为经络的系统，是一个结构复杂、功能多样、庞大开放的自然—经济—社会复合人工生态系统。按照复合生态系统的自然—经济—社会子系统原理，其生态建设的战略目标可细分为自然生态战略目标、经济生态战略目标和社会生态战略目标，用以衡量生态复合系统中自然系统的合理性、经济系统的利润和社会系统的效益。

自然生态战略目标包括：①提高城市绿化，具体指标包括森林覆盖率、人均公共绿地面积、绿化覆盖率和自然保护区覆盖率等；②提升环境质量，具体指标包括环境综合指标、城市空气质量、饮用水源地水质、噪声达标区覆盖率、烟尘控制区、公众对环境质量的满意度等；③加强环境治理，具体指标包括环境保护投资占GDP比例、城镇生活垃圾无害化处理率、城镇生活污水集中处理率、工业污水排放达标率、废气处理率、废物综合利用率等。

经济生态战略指标包括：①提高经济水平，主要指标是提高人均GDP；②增强经济效益，具体指标包括单位GDP增长能耗、水耗、物耗；③优化经济结构，具体指标包括第三产业占GDP比例、高新技术产值占工业总产值比重、信息产业增加值占GDP比重、科学技术进步对GDP贡献率等；④控制人口规模及结构，具体指标包括人口密度、自然增长率、贫困人口比例等。

社会生态战略目标包括：①合理配置资源，具体指标包括人均生活用水量、用电量和万人商业网点数等；②加强基础设施建设，具体指标包括人均道路面积、人均居住面积、万人病床数等；③提高教育科技水平，具体指标包括高等入学率、研究经费占GDP的比重、科教投入占GDP的比重等；④提高社会保障水平，具体指标包括失业率、社会保险综合参保率、刑事案件发生率等；⑤加强信息化水平，具体指标包括信息化综合指标、人均信息消费占总消费比重、因特网接入户数等。

另外，复合生态系统的建设还是一项面向全民参与的生态建设活动，要让更多的公众参与，包括环境决策参与、环境监督参与、环境投资参与、个人环境行为等方面。通过对公众可持续发展的素质教育，普及宣传可持续发展的思想以及环境承载力、生态足迹的重要性以及紧迫性，使公众正确认识城市生态系统的功能以及自身的使命。

复合生态系统理论研究社会、经济与自然子系统间的在时间、空间、结构和功能方面的耦合关系，为分析生态城镇化的建设与发展提供了坚强的理论支撑。

第三章　农村电子商务模式及案例研究

电子商务发展逐步带动了农村地区的电子商务的发展，促进和完善了网络应用服务平台的建设，解决了农产品物流问题，解决了农村地区信息不通畅和信息不对称，是融通城乡经济的捷径，带动了农民创收、农村产业结构调整和加速农业产业化集聚。因此，由于其极大的需求性，农村电子商务成为当前电子商务领域研究的重点和热点。

第一节　农村电子商务的内涵

一、农村电子商务概念

农村电子商务是指运用现代信息技术，利用农村庞大的资源，通过电商专业平台进行的农产品商务活动。广义的农村电子商务是指利用互联网、计算机、多媒体等现代信息技术，为从事涉农领域的生产经营主体提供在网上完成产品或服务的销售、购买和电子支付等业务交易的过程；狭义的农村电子商务则仅指从事涉农领域的生产经营主体在网上销售产品或服务的过程。随着电子商务的成熟发展和城市市场逐渐饱和，发展方向开始转入农村市场，相比较传统的电子商务而言，农村电商是以乡村的信息网络资源搭建涉农信息平台，配合数字化、信息化的手段，将企业、个体农户和消费者及物流体系联合，集约化管理、市场化运作的跨区域跨行业联合。

二、农村电子商务的特点

（一）成本低，效率高

农村电子商务通过网络信息平台，通过网络订单、实时的物流监控和线上支付交易流程，减少复杂的中间环节，降低流通成本，提高交易的效率。

（二）产业优化

农村发展传统是以第一产业为主导方向，随着电子商务的不断发展，第一产业逐渐转型升级走向第三产业，产业结构优化调整，改变经济固有的结构，促进产业升级。

（三）无时间和空间的限制

农村电子商务在网络信息技术不断发展的过程中开始起步，网络信息技术突破信息间的交换的阻碍，创新传统信息交流模式，能够实现信息跨区域、跨时空传递，实时信息同步更新。

（四）庞大的市场规模

广阔的农村市场拥有无限潜力，发展农村电商是将分散的农村资源加以整合，进行利用开发，包括产品资源、人力资源以及市场资源。

第二节　我国农村电子商务的发展现状

2015 年中央 1 号文件提出：支持电商、物流、商贸、金融等企业参与涉农电商平台建设，开展电子商务进农村综合示范，增强线上线下营销能力。商务部等多个部门于 2015 年 8 月共同发布了《关于加快发展农村电子商务的意见》，提出了发展农村电子商务五大重任务、三大主要措施和五项重点工作。2015 年 10 月底，国务院发布《关于促进农村电子商务加快发展的指导意见》，提出了发展农村电子商务的七大政策措施，即加强农村基础设施建设、加快完善农村物流体系、大力培养农村电商人才、加强政策扶持、加大金融支持力度、鼓励和支持开拓创新、营造规范有序的市场环境。2014—2016 年，中央财政安排 84 亿专项资金，聚焦农村物流配送体系、农产品上行销售、电商培训三大主线，支持 496 个县发展电子商务。2017 年中央 1 号文件还提出“互联网＋农村”重大战略。同年政府工作报告指出，要深入推进农业供给侧结构性改革，加快培育农业农村发展新动能，这也成为了2017年农业发展的“行动纲领”。要深入推进农业供给侧结构性改革，就要不断壮大农村新产业、新业态，以拓展农村产业链、价值链。而大力发展农村电商就是壮大农村新产业、新业态的重要手段和途径。

（一）我国互联网发展的特点

1. 基础资源保有量居世界前列，出口带宽大幅增长

截至2017年6月，我国IPv4地址数量达到3.38亿个、IPv6地址数量达到21 283块/32地址，二者总量均居世界第二；中国网站数量为506万个，半年增长4.8%；国际出口带宽达到7 974 779Mbps，较2016年底增长20.1%。

2. 中国网民规模达7.51亿，数字技术助推经济社会转型

截至2017年6月，我国网民规模达到7.51亿，半年共计新增网民1 992万人，半年增长率为2.7%。互联网普及率为54.3%，较2016年底提升1.1个百分点。以互联网为代表的数字技术正在加速与经济社会各领域深度融合，成为促进我国消费升级、经济社会转型、构建国家竞争新优势的重要推动力。

3. 手机网民占比达96.3%，移动互联网主导地位强化

截至2017年6月，我国手机网民规模达7.24亿，较2016年底增加2 830万人。网民中使用手机上网的比例由2016年底的95.1%提升至96.3%，手机上网比例持续提升。上半年，各类手机应用的用户规模不断上升，场景更加丰富。其中，手机外卖应用增长最为迅速，用户规模达到2.74亿，较2016年底增长41.4%；移动支付用户规模达5.02亿，线下场景使用特点突出，4.63亿网民在线下消费时使用手机进行支付。

4. 商务交易类应用保持高速增长，促进消费带动转型升级

2017年上半年，商务交易类应用持续高速增长，网络购物、网上外卖和在线旅行预订用户规模分别增长10.2%、41.6%和11.5%。网络购物市场消费升级特征进一步显现，用户偏好逐步向品质、智能、新品类消费转移。同时，线上线下融合向数据、技术、场景等领域深入扩展，各平台积累的庞大用户数据资源进一步

得到重视。

（二）总体网民规模

截至 2017 年 6 月，我国网民规模达到 7.51 亿，半年共计新增网民 1 992 万人。互联网普及率为 54.3%，较 2016 年底提升 1.1 个百分点。网民规模增长趋于稳定，互联网行业持续稳健发展，互联网已成为推动我国经济社会发展的重要力量。以互联网为代表的数字技术正在加速与经济社会各领域深度融合，成为促进我国消费升级、经济社会转型、构建国家竞争新优势的重要推动力。同时，在线政务、共享出行、移动支付等领域的快速发展，成为改善民生、增进社会福祉的强力助推器。伴随着我国互联网的高速发展，相关行业监管体系也逐步完善。2017 年上半年，国家互联网信息办公室出台《互联网新闻信息服务许可管理实施细则》，对互联网站、应用程序、即时通信工具、微博、直播等服务提出规范化管理要求，进一步提高互联网服务管理规范化、科学化水平，促进互联网服务行业健康有序发展。

截至 2017 年 6 月，我国手机网民规模达 7.24 亿，较 2016 年底增加 2 830 万人。网民使用手机上网的比例由 2016 年底的 95.1%提升至 96.3%。随着我国移动互联网进入稳健发展期，行业整体向内容品质化、平台一体化和模式创新化方向发展。首先，各移动应用平台进一步深化内容品质提升，专注细分寻求差异化竞争优势；其次，各类综合应用不断融合社交、信息服务、交通出行及民生服务等功能，打造一体化服务平台，扩大服务范围和影响力；再次，移动互联网行业从业务改造转向模式创新，引领智能社会发展，从智能制造到共享经济，移动互联网的海量数据及大数据技术的应用，为社会生产优化提供更多可能。

截至 2017 年 6 月，我国网民中农村网民占 26.7%，规模为 2.01 亿；城镇网民占 73.3%，规模为 5.50 亿，较 2016 年底增加 1 988 人，半年增幅为 3.7%。城乡互联网普及率持续提升，但城乡差距仍然较大。普及接入层面，农村互联网普及率上升至 34.0%，但低于城镇 35.4 个百分点；互联网应用层面，城乡网民在即时通信使用率方面差异最小，在2个百分点左右，但商务交易类、支付、新闻资讯等应用使用率方面差异较大，其中网上外卖使用率差异最大，为26.8%。农村互联网市场的发展潜力依然较大。

截至2017年6月，我国非网民规模为6.32亿。上网技能缺失以及文化水平限制仍是阻碍非网民上网的重要原因。调查显示，因不懂电脑/网络，不懂拼音等知识水平限制而不上网的比例分别为52.6%和26.9%；由于不需要/不感兴趣而不上网的比例为11.2%；受没有电脑，当地无法连接互联网等上网设施限制而无法上网的比例分别为9.3%和6.2%。提升非网民上网技能，降低上网成本以及提升非网民对互联网需求是带动非网民上网的主要因素。非网民中愿意因为免费的上网培训而选择上网的人群占比为22.1%；由于上网费用降低及提供无障碍上网设备而愿意上网的比例分别为21.8%和19.3%；出于沟通、增加收入和方便购买商品等需求因素而愿意上网的比例分别为24.8%、19.6%和14.6%。

（三）在网络购物方面

截至2017年6月，我国网络购物用户规模达到5.14亿，相较2016年底增长10.2%。其中，手机网络购物用户规模达到4.80亿，半年增长率为9.0%，使用比例由63.4%增至66.4%。网络购物市场消费升级特征进一步显现。一是品质消费，网民愿意为更高品质的商品支付更多溢价，如乐于购买有机生鲜、全球优质商品等；二是智能消费，智能冰箱、体感单车等商品网络消费规模相比去年有大幅度增长；三是新商品消费，扫地机器人、洗碗机等新商品消费增长迅猛。除国民人均收入提升、年轻群体成为网络消费主力等因素外，电商企业渠道下沉和海外扩张带动了农村电商和跨境电商的快速发展，使农村网购消费潜力和网民对全球优质商品的消费需求进一步得到释放，进一步推动了消费升级。线上线下融合向数据、技术、场景等领域深入扩展。2017年上半年，电商企业加快与实体零售企业投资合作，探索在数据、供应链、支付、物流、门店、场景、产品等全方位实现整合互通和优势互补。同时，以便利店为代表的线下零售业态成为市场布局热点，多家便利店企业获得巨额融资。伴随融合不断深入，线上线下边界模糊化、零售业态碎片化、消费场景智能化的全新商业形态正在形成。数据资源竞争白热化，数据安全与数据开放共享成为企业和政府面临的发展挑战。菜鸟物流与顺丰物流数据接口之争、线上平台与线下企业开展投资合作等市场行为无不反映出数据已经成为互联网时代商业竞争中企业重要的无形资产和制高点。而企业如何获取数据以及界限，如何构建开放、公平、安全的数据信息共享机制已成为政府和企业共同面对的问题。

2017 年 10 月 18 日，马云致信阿里巴巴全体投资者表示：投资农村，阿里巴巴将找到全球 80％贫困地区的机遇。阿里会用技术投入中国的农村发展，且相信如果实现了用技术让农村和贫困地区脱贫致富，则阿里巴巴就在全世界 80％的贫困地区有了巨大的发展潜力和机遇。未来阿里巴巴将进一步加大技术的投入和技术的创新，并用技术的力量全力以赴地投入我们国家的农村发展。在马云看来，阿里巴巴真正的使命，是用好技术和创新的力量，让世界经济更加普惠共享、可持续发展和健康美好，必须为推动世界经济健康可持续发展作出努力和贡献。这意味着阿里巴巴的使命将会通过对商业可能边界的持续拓展而延展至更广泛的社会领域。目前，阿里巴巴已经有超过 25 000 名工程师和科学家在服务广泛的用户。而在 2017 年 10 月成立的达摩院更是将阿里巴巴的技术愿景拓展至更加前沿的基础科学领域。目前达摩院瞄准前沿科学技术，首批发布的研究领域包括：量子计算、机器学习、视觉计算、自然语言处理、下一代人机交互等。同时，马云表示："技术不应成为贫富差距拉大的力量。我们希望通过自己的努力，让技术能创造更多更好的就业机会，而不是让技术成为人类生活工作的敌人。技术和创新将是阿里巴巴经济体活力之源，而分享和普惠将是它的价值核心。我们会用技术的力量全力以赴地投入我们国家的农村发展。因为我们不可能脱离中国的现实而发展，我们不可能在几千万人没有脱贫的情况下求一己之富裕。我们更相信我们如果实现了用技术让农村和贫困地区脱贫致富，那么阿里巴巴就在全世界 80％的贫困地区有了巨大的发展潜力和机遇。”

在发展现代农业和扩大农村需求等各项政策的拉动下，农村电子商务近年来获得长足发展，长期困扰农民的买难卖难问题得到了较大程度缓解，传统农业借助电子商务加快向现代农业转型升级，农村居民消费的多样性、便利性和安全性不断提升。目前，很多地区开始利用农村电子商务平台整合各类农业资源，进行规模化、集约化、信息化的订单式农业生产，并通过网络平台拓展销售市场，形成了产、供、销密切衔接的全产业链条，而在这个过程中，农民也逐步实现了从传统农民到农业产业工人的职业和身份的转变。这种产销模式的创新和不断成熟，也倒逼了传统农业的产销升级。在农村电子商务发展较早的苏南各地，众多大型商贸公司通过租赁获得成片土地经营权，采用订单方式，运用现代农业生产技术建立有机农业园，雇佣当地农民进行有机蔬菜、有机水果以及淡水鱼等高品质、高附加值农产品的种植、养殖和生产加工，通过自建网络平台进行销售，初步实现了产、供、销一体化，取得了良好的经济效益。在看到成绩的同时，也要清醒地看到，由于市场化培育还不成熟，千网一面、盲目投资、重复建设等严重，导致部分地区出现竞争无序、亏损经营、关站率高等现象，尤其是广大农村地区普遍存在的基础设施落后而导致物流成本居高不下的问题，严重制约了农村电子商务的健康持续发展。

从网购市场看，近年来农村电商表现抢眼。2014 年，农村网购用户约为 7 600 万，农产品的网络销售额首次突破 1 000 亿元。2015 年，11 个发达国家中 87%的人口使用互联网，而我国农村的这个比例仅为 19%，农产品的网络销售额突破 1 500 亿元。2016 年农村网购用户突破一亿，其增长速度高于城镇网购用户的增长速度，农产品的网络销售额达到 2 200 亿元，年均增长率达到 50%，占全部电商交易额的 4%。随着一、二线城市市场渐趋饱和，淘宝、腾讯、京东、百度、国美、苏宁等行业巨头纷纷布局“农村电商”，农村电商规模持续增长已成为电商新引擎。

阿里巴巴在美国上市后，一跃成为世界电商第一股。但让人关注的更是阿里巴巴今后的战略，马云明确表示，未来将在农村电商、跨境贸易和大数据三个领域进行重点投资。农产品已经是淘宝上的热门产品类目。阿里研究院显示，2015 年阿里平台农产品销售额为 695.5 亿元，较 2014 年增长 44.0%。2016 年阿里平台农产品销售额可达 938.9 亿元，较 2015 年增长 35%。其中，传统滋补营养品、粮油米面（干货、调味品）、茶叶是淘宝网交易额最大的农产品类目。随着电子商务的发展，在农村地区还集聚了一大批网商，带动了居民收入的提升和当地经济的发展。阿里研究院和西南财经大学中国家庭金融调查与研究中心联合发布的《农村网商发展研究报告 2016》表明，网商提高家庭平均收入 2.05 万元，提高家庭财富 21.3 万元。据不完全统计，到 2016 年，全国已有 1 311 个淘宝村，以及 135 个淘宝镇，给农村地区带来了 84 万个就业岗位。阿里研究中心的界定“淘宝村”是指大量网商聚集在农村，以淘宝为主要交易平台，形成规模效应和协同效应的电子商务生态现象。根据“活跃网店数量达到当地家庭户数 10%以上、电子商务年交易额达到 1 000 万元（折合约 160 万美元）以上”这一标准。在地区散布上，浙江省独占鳌头，拥有 506 个淘宝村，占总数的 38%，这和在全国电商发展进度上的占首位的浙江省的地位是相匹配的。

近年来，随着互联网的普及与发展，农村的上网人数也是与日俱增，图 3－1 和图 3－2 数据显示，虽然农村和城市的规模相比还具有一定的差距，但是农村的网民数量还是在不断上涨的，而且随着农村人们生活水平的不断提高，越来越多的人开始追求更高品质的生活质量，因此相对于市场逐渐趋于饱和的一线、二线城市来说，农村的电子商务已经成为了各大电商企业或个人的一个新的战场。因此，农村的消费市场是巨大的，农村电子商务的产生和发展顺应了时代进步的趋势。

根据中国互联网信息中心（CNNIC）的统计，自从 2011 年以来，乡村新增的上网人数已超越城市网民的涨势，并在此后几年一直保持着领先地位，这预示了农村的网民已经占了新增人数的二分

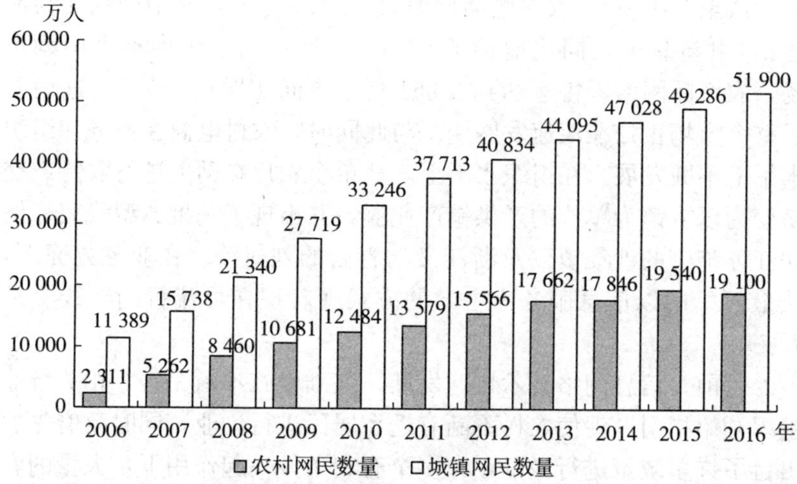

图 3-1 2006—2016 年城镇和农村网民规模对比

资料来源：http：//www.chyxx.com/industry/201609/451382.html。

之一，并且以后的占比会不断提高。截至 2016 年 6 月，中国农村网民规模达 1.91 亿，占比高达 26.9%，相比上一年提升了 0.9%。目前城镇化的脚步不断增快，农民的数量已经远不如从前，城镇居民和农村居民比例不断向城镇倾斜，然而在如此环境下，乡村上网人数仍然处于不断增长的趋势，这正表明了目前农村电商的发展势不可挡，农民利用网络进行创业也将成为必然的趋势，农村电商势必会成为未来几年电商行业中发展最快的方向。

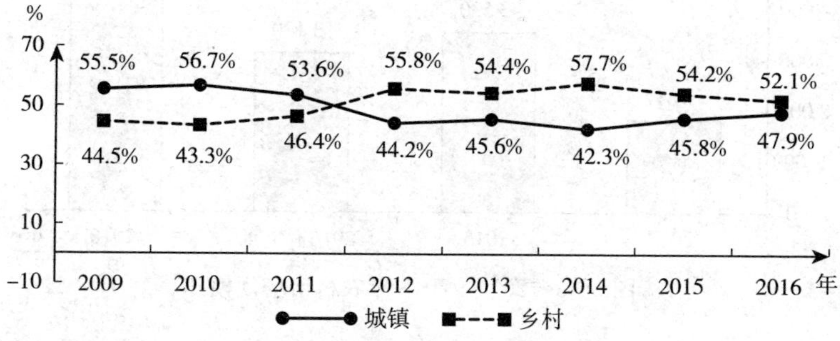

图 3-2 新增网民的城乡结构图

截至2016年，农村电商规模为14 426亿元，其中网购交易额达到6 475亿元，同比增长了83.4%，增速高于国内整个网购市场，农产品网络零售额达到3 564亿元，同比增长137%，这说明了整个市场正处在疾速发展期。与此同时，农村电商在业务和组织水平上不断发展。在组织水平上，从单个农户在网上进行农特产交易变为以乡镇为单位的产供销产业群，并出现了一批典型代表，例如江苏睢宁的沙集镇以及浙江义乌青岩的刘村等。在业务方面上，从最开始的以信息服务为主导的方式朝着现在最流行的在线交易开拓。

目前，信息网络技术快速发展，基础设施不断完善，相关行业组织开始指引，促使农村不断有返乡居民进行创业，同时政府先后出台了许多政策进行激励，在多个有利条件一起作用下，大量的农村人民特别是青年们开始利用互联网开店，发展本地特色产品的市场已然变为一种时尚。

据《中国网络零售市场数据监测报告》报告，2015年农村网购市场规模达3 530亿元，同比增长94.3%，2016年半年农村市场规模达6 475亿元，农村电商呈规模化趋势。

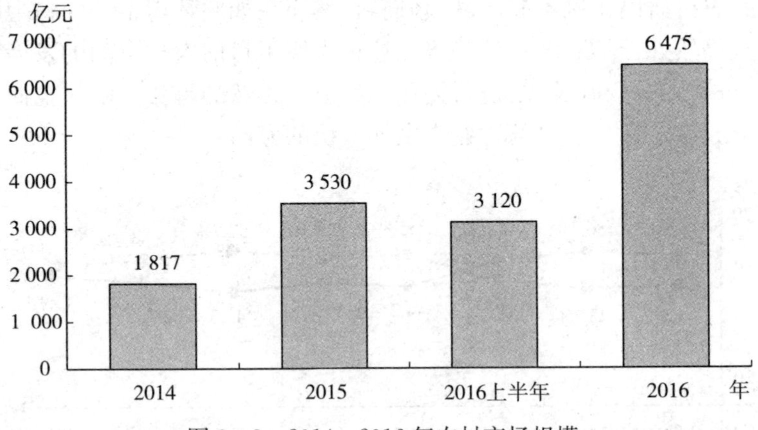

图3-3　2014—2016年农村市场规模

随着全球经济一体化进程加快，农村电商国际化趋势明显。各国经济贸易联系日益频繁。我国每年有 1 900 亿美元的农产品进出口业务，2014—2015 年，我国粮食进口超 1 亿吨，其中，2015 年大豆进口 8 169 万吨，2016 年 8 391 多万吨，涨幅在 2.7%。在当前农产品进出口频繁状态下，农产品的跨境将作为未来跨境电子商务的主力。农村电子商务发展越来越多样性，在国内市场蓬勃发展的同时也进入国际发展进程中，全渠道、多方式的发展。

根据中国互联网信息中心最新数据，截至 2017 年 6 月，中国网民规模达 7.51 亿，半年共计新增网民 1 992 万人。互联网普及率为 54.3%，较 2016 年底提升了 1.1 个百分点。中国手机网民规模达 7.24 亿，较 2016 年底增加 2 830 万人。网民中使用手机上网人群占比由 2016 年底的 95.1% 提升至 96.3%。中国网民中农村网民占比 26.7%，规模为 2.01 亿。中国网民通过台式电脑和笔记本电脑接入互联网的比例分别为 55.0% 和 36.5%；手机上网使用率为 96.3%，较 2016 年底提高 1.2 个百分点；平板电脑上网使用率为 28.7%；电视上网使用率为 26.7%。随着电子商务的不断发展、手机普及运用、电商服务网点的建设以及物流行业的蓬勃发展势头，农村电商带来农村新发展。一方面返乡人才持续增加，现返乡创业的城市是浙江、江苏、广东、福建以及河北五大城市，逐渐向内推进。返乡的人才不仅减轻了城市中心就业压力，同时也将带动农村就业的增长和经济的发展，城市农村逐渐平衡发展，农村电商消除贫困差距的指日可待。另一方面，农村电商探索多元化的网络扶贫阶段，在网络医疗、电子商务、网络旅游、乡村旅游、网络公益等方面进行探索，农村电商全面对农村进行探索发展，国家级贫困县活跃网店数量将超过 55 万个，贫困地区“亿万电商县”预计未来达到 50～60 个，电商带动农村经济的发展，实现农村脱贫致富之路。

农村电商未来逐渐制度化标准化，相关的电子商务法律法规、标准化制度逐渐进行完善，农村电子商务将不断规范化和品牌化。农产品实行“三品一标”，即标准农产品的品牌、质量、规格。设立相应的电子商务的冷冻供应链系统，建立冷链体系的农产品仓储基地，将实现农产品从出产到收货整个全产业链过程的完整的体系，以保证未来农产品全运输的过程新鲜度。随着《电子商务交易产品质量网上监测规范》的落实，消费者的权益也将得到规范、程序的保障。农村电商也将进行线下监管，实行线下体验店与线上电商销售相结合的模式，实体体验店实际是传统商务随农村电子商务发展的演变，开展线下实体的体验店，为客户提供更好的服务和真切体验感受过程，规范化的制度监管的同时公开透明的自主监管机制。

第三节　国内外农村电子商务模式研究

一、国外农特产品电子商务运营模式及案例的经验借鉴

模式一：英国 Ocado（奥凯多）B2C+O2O 模式

Ocado 成立于 2002 年 1 月，目前是英国最大的生鲜电商和世界最大的网上食品零售商，主做高端食品、生鲜及饮料和日用品，公司在冷链仓储物流、整合供应链以及线下营销等方面具有独特的优势。它采用“B2C+O2O”融合模式，先是开发了一款适用于苹果手表的网上商店 APP，推广并引导消费者通过该款 APP 在线订购商品，然后在人流量集中的地方设置了大量虚拟橱窗，以便于消费者扫描二维码下单购物。它还和英国最大超市 Waitrose 合作、开展 B2C 服务、使其网上销量增加 54%，也和家乐福超市合作。为了弥补线上体验不足的缺陷，公司特别安装了 42 寸的超大触摸屏，用来引导顾客的线下社区试吃体验活动，极大地丰富了顾客的购物体验。Ocado 拥有强大的物流运营中 CFC、先进的技术装备、熟练的员工、31 个机器人，精准化配送到达率极高，这是它在冷链物流方面独特的优势。85%的供应商将食品送到 CFC，入库后 CFC 将 85%直接送到用户手中，另外 15%由维特罗斯超市 RDC 送达。CFC 多数建在高速公路中转站，方便产品快速配送和出入库，运输工具是定制化的冷藏型奔驰卡车，故障率极低，能够实现单元化装载、精准温控，订单正确率达到 99%，其中 95%的订单

能准时甚至提前到达客户手中。它为英国70%家庭提供配送服务，食品自有品牌率为70%。

Ocado是英国最大的B2C零售商，除了售卖生鲜外，也卖其他食品、玩具和医药产品等。总部在英国赫特福德郡的哈特菲尔德，2010年7月21日在伦敦证券交易上市。2010年Ocado公司在线销售额实现8.9亿美元，为欧美食品、药物类在线销售额的第二名，2013年在线销售达到7.32亿英镑（即12.3亿美元）。Ocado公司在过去10年都未能实现盈利，但其市值高达11.8亿英镑，目前公司有超过5 000名员工。

Ocado是独一无二的完全独立的网络食品杂货店，专注于将高端食品、饮料和家庭用品配送至顾客家中。B2C模式：线上平台（ocado.com）＋移动端购物。O2O模式：①“虚拟橱窗”购物，智能手机扫描二维码完成下单；②与线下超市合作，与占据了英国中高端超市市场的Waitrose超市合作，Ocado为其提供在线服务，Waitrose的网上杂货销售增加了54%。

Ocado的品类。①生鲜等自有品牌食品。②鲜花、玩具、食品杂货、杂志能其他品牌的产品。③第三方平台商品，如家乐福的产品也通过Ocado平台销售。目前Ocado仓库能支持21 500个品项存储，其中超过250个品项是Ocado的自有品牌。

Ocado营销模式。①街道人流集中地方设置虚拟橱窗。②安装42寸触摸屏带动顾客购物体验。③线下社区试吃体验活动。

Ocado供应链模式。扁平化供应链，供应商直接供应到运营中心CFC（CentralFulfilment Centre）占85%，然后直接根据订单配送到客户家里。在英国哈特菲尔德拥有27 406.4平方米的运营中心（CFC），85%的入库商品直接由供应商配送至该CFC，15%的入库商品是由维特罗斯超市的RDC配送。

Ocado物流服务和技术。①物流中心方面：Ocado物流中心选建在高速公路便捷的中转站，选择在Prologis的物流园区，所有的客户订单都在CFC中处理后出库。Ocado2011年提升仓库能力，满足112 000单/周的峰值，同时对CFC2进行选址。②配送方面：

通过先进的物流技术，Ocado的订单正确率达到99%，配送使用的是其自有定制的冷藏型奔驰卡车，能在次日送达客户的订单占95%，其中95%的订单能准时甚至提前完成，到2011年时Ocado的配送服务覆盖到70%的英国家庭。③流技术方面：物流中心作业选择标准化的盛具，流水线作业。部分物流中心还应用了机器人，来处理非食品类商品作业。

Ocado的创新。①前瞻性的思维，推出Future未来冰箱设计。Ocado具有前瞻性的创新思维，认为未来的冰箱是可能演变成真正智能冰箱，能够提供预测、全自动购物（购买需求的把握）、打通与Ocado网站的大数据信息等功能。也就是未来的冰箱将能够扫描冰箱货架储存的食物信息，并能够让Ocado实现精准的营销。从趋势看，大数据驱动下的生鲜电商，将管到每一家人家里的冰箱需求。②Ocado能够实现单元化装载、精准温控的物流服务。这是Ocado非常自豪的物流服务，他的车辆按照单独的箱体存放，能够格局不同生鲜食品的要求，放在不同的箱体，根据客户要求会以某个特定的温度送达顾客，他们可是说到做到。③Ocado物流中心的AutoStore“机器人”服务。为实现高效的自动化作业，Ocado启动自动存储解决方案，由AutoStore提供将包括31个机器人，这是一个空间优化高效的数据仓库解决方案。④不管是干线运输还是末端配送，Ocado都选择奔驰车进行，末端配送的车辆内部设置货架，有效地利用了配载空间。Ocado得到了国家领导人的关注，英国首相卡梅伦亲自考察Ocado，并体验物流体系。

Ocado作为生鲜电商的全球标杆，到2014年已成为发展12年的上市企业，不管是前端用户的营销、B2C的运营、物流技术的创新还是整个供应链的结构，整个体系对于中国的农产品生鲜电商有着重要的启示。①品类定义很清晰：自有品牌和开放平台平台结合，实现了家庭端食品杂货店的全品类服务。在英国竞争激烈的在线杂货市场，Ocado实现70%以上家庭渗透率，这家平台拥有绝对的市场价值。②供应链模式创新：扁平化的供应链结构，打造快速的冷链、恒温物流配送，运营中心CFC成为实现快速物流配送服务的关键。③客户体验创新：移动端的购物体验、线下的O2O体验，以及推出Future未来冰箱设计，都是值得中国农产品电商借鉴的。④与线下零售的O2O整合：Ocado与Waitrose超市合作可以看出生鲜电商平台必须走向O2O的模式，电商平台发挥线上优势，线下末端整合是一个必然趋势。⑤技术创新上：物流配载上的单元化恒温创新、物流中心AutoStore机器人的应用，以及高效的CFC作业体系，对于中国生鲜电商来说，值得学习。⑥资本对生鲜电商的认可：Ocado公司在过去10年都未能实现盈利，但其市值高达11.8亿英镑，2013年在线销售达到7.32亿英镑（即12.3亿美元），可以看出资本对农产品电商的认可。当然也可以看出农产品电商，要真正实现盈利，还有很长的路走。

模式二：美国Farmigo生鲜电商网站模式

Farmigo是美国一家生鲜电商，它其实是一个连接消费者和农场的在线团购网站，它与30余家农场合作，生鲜农产品比超市优惠20%～30%。Farmigo创新提出了“食物社区”的概念，以“食物社区”为单位，将地理位置比较近的消费者与当地中小农场连接起来。每个“食物社区”发起人需要邀请不少于20人加入该“食物社区”，然后发起人可以将农场的果蔬、禽蛋、肉奶、葡萄酒、咖啡等产品添加到Farmigo网站相应“食物社区”网页中。农民通过Farmigo网站在线销售自己的农产品，消费者通过Farmigo网站购买食物，农场汇总同一社区的订单后并实现每周定点配送到社区，社区成员自提食物。这种一周集中送一次的方式很好地降低了配送和仓储成本，并且平衡了各方利益实现了多赢，同一食物社区销售额的10%会作为发起人的奖励，还有2%的交易佣金服务费，这可以激励发起人邀请更多的人加入社区。有时还以价格折扣的方式促销。

Farmigo名字起得特别好，farm，i，go，简单易记。国内许多媒体对它进行过报道，Farmigo被很多媒体誉为“创新在线农产品销售平台”。其创新关键就是在于模式以及物流仓储环节的巧妙设计。对于农民而言，Farmigo则是一个在线平台、一个新的销售渠道，农民通过它可以管理自己农产品的生产、销售及配送。对于消费者而言，Farmigo是一个在线的市集，消费者通过它可以直接地从农民的手中购买优质新鲜农产品。在两手抓的过程中，Farmigo的创新在于食物社区，即将消费者以“食物社区”为单位和当地小农场连接起来。登录Farmigo网站，第一个菜单目录就是建立自己的事业，这个事业就是食物社区。Farmigo鼓励你在学习、工作、娱乐、生活的地方都可以建立食品社区。换言之，“食物社区”需要是在临近的地点居住或工作的。食物社区可以是一所学校、一座办公楼、一片住宅区里的一部分人。作为社区一份子，你可以建立事业，作为一个“领头人”去和Farmigo网站联系，告诉他们自己希望成立新的食物社区的意愿。分享你的所爱，帮助更多朋友和邻居吃到本地化美食。你需要邀请至少20个朋友或者邻居加入食品社区，食品社区人数没有上线。要求你每两周要发布一次食品需求征集信息，这样你可以用业余时间赚点外快，社区销售的10%会作为你的奖励，此外还有食物的折扣，每周花费几个小时即可建立你的食品社区。Farmigo网站会更深入去了解你的社区，并为社区量身定做一个网页，在此网页上会有当地已经加入Farmigo的农户的信息，以供这个食物社区的人今后在线下单。随后，Farmigo将会帮助这个食物社区的领头人展开宣传活动、招募成员。这样，来自同一地点的很多人就可以同时足不出户地享用当地新鲜的蔬果、蛋类、肉类、奶酪，甚至葡萄酒和咖啡等。目前Farmigo上已经有3 515的食品社区，平均每周有4家农场加入其中。而Farmigo这种模式带来的价值是承诺新鲜的食材价格会比超市平均便宜20%～30%，并保证会在48小时内送达指定地点。这个对于买菜相对比较难的美国人还是有诱惑力的。

仓储物流：团购上量，每周一次，各取所需。通过食品社区，Farmigo可以以社区为单位掌控订单，然后再向农场发出订货需求。这实际上是一种小单元团购模式。同一个食物社区中的成员每周都可以各自在其社区专属的Farmigo网页上“点菜”，当地农场则会每周将来自同一个食物社区的单个的订单汇总，每周都要给每个食物社区定点配送一次，随后由消费者自己取回各自订购的食物。这种方式就解决了食品电商最大的问题，物流成本和仓储费用的问题。每周配送一次和每天配送多次的成本显然差的不是一点半点。试想，如果没有这种食品社区模式，任何一个零售的用户订单都必须及时响应，并且配送的话，物流和仓储成本可能会吃掉企业的现金流和利润。通过食品社区，相当于采集订单，一周配送一次，各自取回所需，顾客乐意，农场满意。此外，为了社区能够获得更多优惠，食物社区成员还会变成销售人员，帮网站做推广和传播。

在我们的生活中，中国社区的老大妈们怎么买菜？某菜场市场或超市的大白菜便宜，大家互相告知，一起结伴去买。相信对于买菜难的美国人更是如此。正是基于模式的创新和难题的突破，Farmigo 自身并不销售农产品，仅起到一个平台中介的作用。对于农户而言，Farmigo 是一个很好的销售渠道。对于消费者而言，Farmigo 是除了在美国农夫市集、CSA 农场配送以外，吃到新鲜的本地食物的新方法。通过这种平台，借由食物社区的创新，Farmigo 构建了一个社区导向的食物体系，将同一个地理区域的消费者和农夫连接起来，而每个人都能够购买到新鲜、当地、实惠、健康和可持续的食物。它不仅通过创新模式带来了价值，而且在配送物流成本上做到最大化的节约，这就巧妙地提升了吸引力，突破了难点。

Farmigo 把小农引进家。农产品流通领域中有一直存在一个矛盾：小个体农户生产的农产品通常只能在其产地附近有限的区域内凭借品质销售，一旦与大规模产业农业所生产的产品进行竞争，就会遭遇失败。大规模产业农业的产品虽然由于规模化生产而品质一般，但营运者有能力运用更多营销和流通方面的资源，所以能将其农产品以更快的速度、更低的价格分销到更广大的市场中。Farmigo 通过与 25 个州的超过 300 个农场合作，在纽约和洛杉矶两地推出农产品农场直送家庭的模式，并以平均每天新增 4 个农场的速度发展。承诺新鲜的食材价格会比超市平均便宜 20%～30%，并保证会在 48 小时内送达指定地点。通过网页，人们可以足不出户地享用新鲜蔬果、肉类、鸡蛋、乳制品，以至咖啡和葡萄酒等。小农户可以在Farmigo上面发布自己的农产品，消费者则可以加入“食物社区”直接购买食材。这些“食物社区”需由牵头用家和Farmigo联系，告诉他们希望成立新食物社区的意愿。接着，Farmigo会量身定制网页，列出当地已经加入的农户信息，以供在线下单。随后，Farmigo会为新的食物社区及牵头用家展开宣传活动、招募成员。Farmigo的定位其实与消费者合作社类似，同一食物社区的人都在临近的地点居住或工作。加入一个食物社区后，你就每周都可以吃到来自自己住所160千米范围以内的、48小时内收获的新鲜食物。

Farmigo的系统非常容易使用，成员每周在其社区专属的网页上下单，确定配送地点、需要的农产品，在线支付所需金额，就可以等待农民送货上门。而当地农场则会每周将来自同一个食物社区的订单汇总，统一配送。农民则可以浏览交易的细节，如账单追踪、配送明细等。如有问题出现，还可以直接通过平台和消费者沟通。Farmigo的盈利模式主要为收取每宗交易金额的2%作为服务费。与其合作的小农户，每卖出1美元商品，就可以赚取80美分。根据订单来采收和配送农产品，减少了耗费，也减少了零售点及中间商收取的费用。每周配送一次的模式，由外包第三方派送公司负责物流，可以在一定程度上减少物流环节带来的麻烦及短板，组成一个灵活高效的系统。工业化的食物系统今时今日已不能支持本地农户。很多时候，食物运输需要穿越整个国家，Farmigo则把社区和本地小农户连接起来，一定程度上能克服农产品价格波动，保证农户的正常收益，也由于产业链整合以及线上交易的成本优势，能够显著降低商品的零售单价，进而改善消费方的福利。在纽约，有些公司更会直接通过与Farmigo合作给公司员工提供福利。这种商业模式主要关注到了农产品供应链的产销两端。农产品市场本身的垂直化链条在网络化的今天已经断裂，产出端（小农户）与消费端市场都变成碎片化市场。而Farmigo就是碎片聚合商，网站自身并不销售农产品，仅起到一个中介的作用，但是通过建筑农产品交易利益相关者的交易结构，满足客户需求、平衡供应链上各方的利益以及把握协作精神，把碎片化的供应及碎片化的需求整合，成为可持续性的交易模式。

对于消费者而言，Farmigo 是一个在线的市集，消费者通过它可以直接地从农民的手中购买优质新鲜农产品；对于农民而言，Farmigo 则是一个在线平台、一个新的销售渠道，农民通过它可以管理自己农产品的生产、销售及配送。Farmigo 首创的“社区”理念和团购形式具有较强的创新性，有效降低了生鲜农蔬品物流成本，让消费者得到了实惠，这是真正的双赢，值得中国生鲜电商借鉴。

二、我国农特产品电子商务运营模式借鉴

随着人们生活水平的提高，消费途径变得多样化，我国农产品的销售已经从卖方市场转变为买方市场。作为农业大国，我国具有农业资源和区位优势，但由于经营理念落后、品牌意识落后、产品定位不准、销售渠道不畅等原因，农产品经常出现滞销现象。农产品的销售模式的改革创新成为当务之急，而农产品电子商务作为一种新兴的销售模式，成了发展当地农产品的一个契机。如今，我国农业电商平台的建设和发展逐步加快，农业网站数量倍增，农业企业开始入驻电商平台或自建电商。总体来说，我国农业电商建设尚处于摸索阶段，找出一种符合我国现阶段农业经济发展和生产需要的农业电商模式尤为迫切。

模式一：中国惠农网农村移动电子商务模式

农村移动电子商务是指农民利用手机、电脑等终端通过固网或无线网络进行商务活动的一种新型电子商务模式，它涵盖了营销、交易、支付和客户服务等原有电子商务的整个交易过程。受农村互联网基础设施较为薄弱、电脑上网成本较高、农民对电脑操作知识缺乏等原因的制约，中低端的智能手机由于价格便宜、操作简单等优势受到农村网民的大力追捧，逐渐成为农村网民上网的主流终端，也给农村移动电子商务带来个不断壮大的客户群体。

中国惠农网是国家农业部、中国科学院、湖南惠农科技有限公司联合推出的B2B平台，是惠农科技“国家农村移动电子商务试点示范项目”打造的首个网站。该网站以服务“三农”为宗旨，致力于打造中国最大的农产品交易市场。目前，网站以促进农产品供求位息交流为主要服务。在平台上，买家可以浏览和发布求购产品信息，卖家可以发布产品供应信息，买卖双方通过平台上预留的手机等信息进行议价谈判，达成产品交易。为了给农民更加及时和全面的服务，惠农网推出了一款基于移动智能终端的应用“惠农宝”，农民可以用自己手机安装“惠农宝”应用或免费领取“惠农宝”一键式智能手机，利用手机农户可以随时随地发送农业和生产供求信息，购买种子、农药、化肥，咨询农业生产技术，关注行业讯息、市场动态、了解交易进展，同时，也可接收专家发送的病虫害预警、农产品价格行情等信息。

在互联网电商通路已经完全覆盖一、二、三线城市市场的今天，拥有8亿人口、近4万多个镇域的广袤农村，理所当然地成为了真正意义上的“互联网下半场”。如何才能在这股“电商下乡”的大潮中脱颖而出？谁又能成为下一个“农村电商的超级独角兽”？显然，人才的争夺变得至关重要。从风风火火的农村电商下乡到中国农产品“上行”卖到世界各地，从千万农民工返乡创业再到一个个农村特色小镇的崛起……近些年，我国农业产业发生了天翻地覆的变化，农业产业的跨越式发展，不仅为实现全面小康目标奠定坚实基础，还为国内经济增长注入强劲动力。农业产业的蓬勃发展，与国家扶持农业发展和鼓励农业人才创新创业的大环境密不可分。近5年来，中国政府尤为重视“三农”问题，其中，互联网已成为国家推动农业创新的重要利器，2016年中央1号文件便明确指出，“大力推进‘互联网＋现代农业’，应用物联网、云计算、大数据、移动互联等现代信息技术，推动农业全产业链改造升级。”

政策利好，惠农网迎来大机遇。借助政策的东风，农业电商创业迎来了发展的“黄金时代”。2013年，惠农网在湖南长沙宣布成立，是目前国内领先的专业从事农村电子商务和农业信息化服务的高新技术企业。公司自成立以来，始终秉持“用科技推动农业产业升级”的企业核心理念，为实现“让农民更富裕，让居民更健康”的企业愿景，努力探索“互联网＋农业”的新途径和新模式，在“互联网＋农业”产业迅速崛起。短短4年时间，惠农网发展迅速。目前，公司旗下的惠农网平台，网罗水果、蔬菜、畜牧水产、农副加工、粮油米面、苗木花草、农资农机、中药材、包装、仓储十大类目，涵盖超过1.4万个常见农产品品种，是农业从业者和采购商的必备工具之一。

为提升农产品生产标准化，农产品信息流通化和食品安全及溯源能力，惠农网推出了惠农优选、委托采购、真源码等服务。同时，惠农网在农产品上行问题上不断发力，推出“惠农商学院”和“县域电商服务”，很好地发挥了农业电商平台的精准扶贫和助力县域经济开发的作用。未来，惠农网业务体系将逐步延伸到农业生产技术、农业生产资料、农业金融等其他“三农”领域，致力于缔造农业互联网体系生态圈。

聚焦人才孵化，惠农网加速前进。对于未来，惠农网清楚地知道，农业电商的竞争，是公司战略和综合实力的竞争，也是人才的竞争。据专业调查机构的数据显示，目前我国农业电商人才缺口大约在200万左右。可以说，农村电商整体仍处于拓荒阶段，一般的运营操作人员已非常匮乏，更遑论电商战略人员或顶尖技术、运营等专业操作人员，这些人才都将是各大农业电商公司争先抢夺的目标。如何才能更好地吸引人才？吸纳、培养人才可以说一直是惠农网发展的重点工作内容。一方面，公司从北、上、广、深、杭引进了大批如阿里巴巴、腾讯、IBM、百度、京东等著名互联网企业的高端技术和管理人才，组建了数百人的团队，人才结构得到进一步优化。仅2017年，惠农网多次启动高端人才洽谈会，前往北京、上海、杭州、深圳等重要城市进行企业招聘，挖掘包括产品构造师、资深JAVA工程师、前端、Net架构师等在内的多种人才。另一方面，惠农网加大校园电商人才的培养和培训，与全国重点高校均建立了密切的关系。2014年，惠农网就被长沙市高校毕业生就业见习基地管理办公室授予“就业见习基地”的称号，也是湖南商学院定点合作的校外实习基地。2017年，中国电子商务协会人才服务中心更是授予湖南惠农科技有限公司为“中国电子商务人才服务商”，足见惠农网在人才培养和管理上的先进性。

事实表明，作为农村经济发展不可或缺的重要一环，农村电商正以前所未有的速度进入迅猛发展阶段。这也是培育新型农业经营主体、健全农业社会化服务体系的一股重要力量。以“让农民更富裕，让居民更健康”为己任的惠农网，一直以来积极践行发展农村经济，通过协同效应盘活农村存量市场，并通过创新模式吸引增量市场。这既是对农业供给侧结构性改革进行的深度实践，也是对农村互联网化、建设以农产品为生态链的有益尝试。

惠农网采取的是先服务、后商务的策略，通过提供产供销和农技指导“粘”住农民，推动农民参与农村信息化进程。惠农网对于促进农产品信息流通有很重要的意义，但这种模式只关注了农产品供给电子商务这一方面，对于如何满足农民生活消费电子商务问题没有涉及。

模式二：湖南娄底“实体＋网络”模式——网上供销社

“实体＋网络”模式是指消费者利用网络挑选产品，实体店铺负责收货、验货、送货、收款等职能。利用实体店的品牌和信誉，扩展线上销售渠道，实现线上线下协同发展。大多数农民对于现有的电子商务持不信任的态度，看不到实体的交易方式让他们非常担心，实体店大大减少了农民网络购物的风险，创造了良好的信誉评价，也解决了农村物流配送“最后一公里”的问题，在短时间得到快速发展。网上供销社“实体＋网络”模式致力于推动工业品下乡，农产品进城，实现涉农信息服务。“网上供销社”依托网络，主要进行日用品和农特产品的销售；“供销通”依托手机，采用会员制，着力解决买难的问题和农村信息匮乏的问题。利用加盟门店来实施农村电子商务。为了实现“工业品下乡”，公司接受在乡镇的集市主干道或人流集聚区的生活超市开办加盟门店，并为所有加盟门店提供统一的品牌标识，提供常管理咨询。加盟门店作为生活便利超市，提供农民日常生活用品购买服务。加盟门店可通过网络登录“网上供销社”订购商品，享受“分散订单、集中采购、统一配送”带来的便利和实惠，节省了自行去批发市场进货的时间和开支，同时缓解了过去为获得较低的采购价而大批量进货造成的资金占压问题。同时，通过将加盟门店打造成便民服务中心，物流快递集散地、农副产品收购点、信息采集点，在扩大门店影响力同时，方便农民生活。为了实现“农产品进城”，在城市建立农产品社区服务中心加盟店，消费者在网上选购农产品后，由加盟店派送上门，解决后期销售问题，同时，加盟店出售的农产品来自于大批量的基地直采、厂家直采、协议供货，缩短了流通环节，降低了加盟商采购成本，增加盈利。

在建设“数字湖南”和打造“数字娄底”大背景下，湖南娄底大力发展农村电子商务，加快推进现代化农村商品流通和信息化综合服务体系建设。2008年，娄底市供销社与省供销合作总社合作，投资建立娄底供销电子商务有限公司，联合市委组织部、市移动、市农行等部门，率先在全省开展湖南农村移动电子商务工程试点，着力打造娄底网上供销社——农村电子商务模式。网上供销社秉承“绿色、助农、至诚、共赢”的价值观，采取“实体＋网络”“手机＋电脑”相结合的农村移动电子商务运营模式，依托网上供销社农村移动电子商务省级平台（www.coop168.com）、全市供销社行业资源和农村移动电子商务中心实体网点，构建“供应商—乡镇加盟店—村级加盟点—供销通会员”的“工业品下乡”和“供销通会员—村级加盟点—乡镇加盟店—大型超市”的“农产品进城”流通网络。网上供销社利用信息化技术手段，加盟店通过开展电子商务、便民服务、信息服务、电子政务“四大服务”，成为集商品贸易中心、信息服务中心、物流集散中心、业务代办中心的“四个中心”。通过期货与现货商品交易、实体店与网店共存、手机与电脑共用的方式，逐步形成新型的“从田园到餐桌”的农产品进城和“从厂家到消费者”的工业品下乡的商品流、资金流、现代物流、信息流双向体系格局。

全国农村电子商务模式和平台有很多，均有不足，如功能不全、信息量不多、支付系统不强和保障不力等不足。相比之下，湖南娄底网上供销社——农村电子商务模式有很多优点。一是农民购物方便。网上供销社创新提出了“网络＋实体”“现货＋期货”两结合的运作模式，即网上供销电子商务平台＋网上供销社连锁实体店并存、现货购买与期货交易同步的方式，同时借助移动供销通等信息手段，拓展和延伸物流通道，主动将服务网点伸向农村，让农民在家门口就能放心体验网络购物的乐趣。二是网络体系严密。市供销社利用新型电子商务模式将传统网点改造成为网上供销社加盟实体店，形成了横向到全市各行政村的网络格局，网上供销社市级运营中心、县级综合服务中心、农村加盟店纵向运营格局。实体网点和网上供销社的网站平台相结合，让农村商业开始走向规模化、集约化、电子信息化之路。三是商品优势明显。通过中南大宗商品市场，组织网上供销社加盟店向供货商集中采购和团购，使商品采购价格下降，真正意义上实现了“从厂家到消费者”的直营模式。“网上供销社”已与省内外品牌供应商、市内经销企业、省市级农业产业化重点龙头企业、专业合作社建立了稳定的业务合作关系，为广大农民提供物美价廉的商品。四是物流配送便捷。顺丰、圆通、申通、邮政EMS等公司的快递业务终端在各县级以上城区，网上供销社县城的综合服务中心，有效对接各快递业务，延伸了各大快递公司的服务线路，将商品配送到各个乡镇加盟店，形成分布全市农村网点的配送体系，为城乡一体化提供物流服务。五是信用保障有力。通过的惠农卡和财付通、支付宝等第三方交易平台，从制度上健全信用机制，确保农民放心消费。网上供销社公司商品配送中心直接与厂家签订供销协议，统一进货渠道，保证了商品质量和安全。所有连锁加盟店点，实行统一价格，低于市场价格销售商品，让农民真正得实惠。农民可以通过实体店到“网上供销商城”开展网上购物，加盟实体店就是网购信誉的组织保障，让农民放心从网上购物。六是服务功能强大。网上供销社以电子商务平台为基础打造成农村电子电子商务、农村电子政务、农村便民服务、农村信息服务等“四大服务”活动，初步形成了农村信息化综合服务体系。中国移动“供销通”手机信息平台+“网上供销社”门户网站平台相结合的形式，汇集农产品进城、工业品下乡和农资服务双向农村电子商务活动，移动业务、彩票、车票、水电费代收和小额贷款等业务代办便民服务，远程医疗挂号、亲情视频对话和村务公开等农村政务服务，远程教育和农技培训等农村信息服务等。网上供销社的电子商务活动悄悄地改变着农业生产、农民生活、农村社会，不断地开创农村信息化新气象。

目前来看，“网上供销社”有其特有的优势，通过打造综合性较强的为农服务平台与实体加盟店体系，实现线上线下运营相结合的运作模式，但该模式的顺利实施要有专门的物流、运营、管理维护团队，要有实体加盟店作为支撑，前期所需投资规模大，建设周期长，维护管理难度大。

模式三：中国淘宝村发展模式——浙江义乌青岩刘村

浙江义乌青岩刘村是著名的淘宝村，有中国“淘宝网店第一村”之称，目前全村有 2 000 多家网店，2015 年线上交易额约 40 亿元。在丽水举行的首届中国“淘宝村高峰论坛”上，青岩刘村被阿里巴巴集团正式授予“中国淘宝村”称号，成为全国首批 14 个淘宝村之一。2015 年 11 月 19 日，中国国务院总理李克强到访义乌市青岩刘村，更是增加了这个村的名气。

在过去六七年间，青岩刘村这个位处义乌城西南角的村庄里，诞生了一个个创业神话，被称为“中国淘宝第一村”，引领着这里的“意识形态”。至今仍有一批批白手起家的创业者被“神话”吸引，在这里租房、开网店，期待通向“理想的王国”。“电脑—睡觉—电脑”是这里的集体生活模式，繁琐、枯燥但心中有梦。然而，他们中的许多人，却低估了路途的艰辛，梦想与现实之间，光暗交错。2008 年，金融危机，边缘化的青岩刘村 200 多栋房屋出租困难，房租便宜。正好那时，以义乌工商学院学生为代表的青年草根群体，需要一个简单、廉价的硬件环境，承接就业压力之下的创业需求。于是，村民与创业者的利益诉求完美对接，具备了利益共生的可能性。青岩刘模式的设计者们看到，这个村子离江东货运市场仅一路之隔，离义乌商贸城仅 6 千米左右，货源和物流枢纽都在身边。天时、地利、人和皆备，真是时势造英雄。到 2010 年，许多从青岩刘村起步的草根创业者，已成为义乌当地电子商务行业举足轻重的人物，他们成立了自己的实体公司，或者创建了自己的贸易网站。然而，义乌商贸城是个批发市场，生产企业也不接零散小单。青岩刘村的人们想到，把分散的小网商的订单集合起来，进行“小额混批”，搞定了货源。快递成本太高，小网商再次联合，以集体力量降低了快递价格。此外，义乌当地有大量依靠出租电动三轮车、黄包车为生的底层体力劳动群体，他们能够为进货、出货提供低廉的运价。就这样，货源和物流的低成本成为现实。

随着电子商务发展，更多配套行业出现了，销售纸箱、快递袋的，制作网页、装修网店的，专注产品摄影的，做淘宝技术培训的，出租交通工具的，等等。作为生活配套的零售业、餐饮业也一并繁荣。青岩刘木地村民不到 2 000 人，而现在官方估计该村人口已超过 1.5 万人，拥有超过 2 000 家网店，30 多家快递公司。

青岩刘村 B 区，创业不足一年的杨耀辉，2014 年 11 月在“双十一”带动下，网店月销量已超过 20 万元，是一个大卖家，他 2015 年就要搬出去。11 月 19 日，到访青岩刘村的李克强总理与他进行了亲切交谈。“总理来了之后，青岩刘更出名了，房租又要涨了。”杨耀辉说，“不知道涨多少，500、1 000 的问题不大，很多小卖家担心的是一涨好几千。”租金是创业者最重要的成本之一，这对创业者而言，意味着启动成本不断增加。每年，甚至每个月，都有很多人离开，也有很多人进入。离开的人中，极少数是“笑着离开”的上规模的大卖家，而绝大部分是因无法生存而放弃的小卖家。在青岩刘村功成名就，往往以能笑着搬出去为标志。一个创业者，如果能笑着从青岩刘村搬出去，就是一个万众歆羡的成功者。如果搬出去之后能继续发展壮大，成为义乌电商行业有名有姓的人物，那就算是加入了青岩刘村神话中的“神谱”。青岩刘村是一个“孵化器”，用网络语言来说，从这里走出了一批批的“大神”，但

“大神”本身不在青岩刘。“小额混批”曾经是青岩刘村保障低成本的货源的重要方式，但其基础在于卖家的普遍弱势。然而几年发展之后，青岩刘的卖家已经出现巨大分化，成长起来的大卖家销售量大起来之后，具备了单个进货还能保持低价的能力，于是小卖家就被抛弃了。厂家或者批发商乐见这一分化，因为它可以瓦解小卖家联盟形成的议价能力，以提高利润。

摇身变为成功的大卖家是创业者的梦想，而成为大卖家之后客观上又会不断挤压小卖家的生存空间，不但在青岩刘村，在国内诸多“淘宝村”，这都是残酷的现实。“要想生活好，赶紧上淘宝”这句话，被镌刻在青岩刘村广场冰冷的石墙上。冬天的风很冷，但每天仍有许多人带着梦想到来。

模式四：甘肃成县农村电商模式

“互联网＋”的兴起，引领和驱动了农村电商发展，在“三农”领域掀起了一场有声有色的“运动”。农业部、商务部等推出“示范县”工程，既引爆了“互联网＋精准扶贫”，更引爆了“互联网＋农业”。那么，在新常态下，地方政府如何把握导向，有效参与推动？成县作出了响亮的回答。作为很有代表性的模式之一，成县模式是“一个核桃的逆袭”。面对人才匮乏、交通不便、信息闭塞的地区现状，成县突出问题导向，实施强有力的一把手工程，转变千万草根的思想观念，激发百姓大众的创业激情，汇集自媒体的引擎动能，让“烫手”的核桃带动千年古县登上致富的“天梯”。

成县隶属甘肃陇南市，位于甘、川、陕三省交界，地处秦巴山地与岷山山脉、黄土高原交汇地带，居西秦岭余脉徽成盆地、长江流域嘉陵江水系，是东出陕西、南下四川的交通要冲，2007 年被联合国地名专家组授予“千年古县”称号，2011 年被国家林业局命名为“中国核桃之乡”。目前，全县已形成以核桃为主导，中药材、养殖、蔬菜、鲜果、烤烟为支撑的农特产业体系。2015 年全县农业特色产业总产值达到 8.8 亿元，农民人均纯收入中特色产业收入达 3 000 元以上。几年来成县的电商发展卓有成效。它是阿里巴巴确定的“千县万村”计划在西北的首个试点县、农村淘宝创新型示范县，财政部、商务部确定的全国电子商务进农村综合示范县，农业部认定的全国农业农村信息化示范基地、农业电子商务示范单位；其电子商务产业孵化园被商务部列为国家电子商务示范基地；“成县模式：一颗核桃引发的电商扶贫之路”案例荣获全国电子商务百家案例二等奖。同时，作为全国唯一受邀参会的县域，成县县委书记李祥参加了由国务院副总理汪洋主持召开的“互联网＋现代农业”座谈会，代表成县就县域农村电商发展情况作了汇报发言，并就加快农村电商发展提出建议，为国家制定农村电商发展战略提供了有益的借鉴和参考。

1.“成县模式”的发展阶段

“成县模式”电商发展初始阶段主要表现出三个效应，樱桃效应、传播效应和书记效应。樱桃效应是指成县大樱桃通过网络微博、微信等新媒体途径传播后，引起了网民广泛关注，在圈子里开始购买，促使了一种商业机会的发现。樱桃效应作为成县走上电子商务之路的偶然事件，是互联网发展的必然产物。传播效应是指成县的大樱桃以及原始生态美景，通过网络自媒体传播扩散，让更多人感知成县生态好景、提高了成县的知名度。传播效应为核桃的逆袭起到了铺垫作用。书记效应也可以说是成县核桃效应，这种效应是成县独有的，具体是指成县县委书记“@成县李祥”实名注册认证新浪微博，通过微博叫卖成县鲜核桃，瞬间微博转发量攀升，个人关注度超预期，个人粉丝量突破20多万，成县核桃知名度和成县影响力在网上迅速扩散，各类网络媒体也关注报道，称其为“核桃书记”。这样利用新媒体渠道和特殊的个人身份，“成县核桃”及“成县”逐渐成为全国热度很高的词汇，起到了整体推介成县、宣传成县特色农产品的作用，成县——中国核桃之乡的知名度和影响力前所未有地提高。这三效应之后，成县核桃、成县土蜂蜜、成县柿饼等主要农产品通过电子商务形式热销全国各地27个多省份。成县模式的发展可以分为四个阶段：

（1）摸索阶段——播撒火种（2013年5月至11月前后）。自5月成县樱桃效应开始到成县核桃节阿里巴巴农村电商讲习所首期培训班成县开班，这一阶段成县从政府到草根对于电子商务这种新事物不太熟悉，属于由政府带动探索宣传、播撒火种阶段。期间7月份成县电子商务协会成立，开始了各种尝试和摸索，各种请进来走出去交流学习和推广，包括李祥书记亲自带队到北京分享交流推广，自媒体传播起到关键引爆效果。

（2）探索阶段——辛勤耕耘（2013年11月至2014年2月）。成县开始以行政推动手段助推电子商务大力发展，先后组织成县电商协会工作人员、成县政府考察团先后赴浙江遂昌电商协会、江苏沙集、浙江义乌、福建世纪之村集团、阿里巴巴集团等调研学习，这一阶段主要表现出行政推动力量明显；此外，2013年12月份成县电子商务协会培训中心成立，开展了电子商务普及培训和提升应用培训，成县开始了探索出一条鼓励人人开办网店，大学生村官开网店助农增收的新路子。同时，成县对17个乡镇的中小企业、农业生产合作社以及农村群众代表进行了电子商务宣传、普及和培训。

（3）求索阶段——深耕推动（2014年3月至2014年底）。成县电商协会自建“陇南美”微信公众信息发布平台及“陇南美”网站，开始了自建平台和利用平台的思路；同时，在扩充电商团队和普及电商知识方面有所作为，集中时间开展了多层次电子商务人才培训，邀请兰州等外地电子商务企业运营人才开展深层次的针对性培训课程，并且开始了电子商务平台建设的探索，整合人力、物力、财力各类资源；县商务局设立了电子商务工作领导小组，制定了《成县电子商务奖励扶持办法（试行）》，于2014年6月1日施行，由县财政预算了电商专项发展资金；并且多次赴阿里巴巴集团谈判淘宝“特色中国—陇南馆”平台建设，并于2014年8月8日正式上线运营。

（4）模式成型——立体发展（2015年初到现在）。这一阶段，县域电商生态建设（包括推进体系、配套体系、公共服务体系三大体系建设）已经初步建成，各种基础设施基本到位，电子商务带动产业升级以及推动新“三农”发展成绩显著，干部群众积极性高涨；政府、龙头企业、合作社、草根创业者（包括农村网店、本土电商企业、本土电商平台三种类型）共振的良性循环生态基本达成，全县 17 个乡镇都有自己的特色产品，成县电商以核桃为主，土蜂蜜、柿饼、土鸡、大樱桃、草莓、油桃、金银花、油牡丹等各种土特产品百花齐放的局面基本形成。

“成县模式”起源于三个效应，经过四个阶段的发展，“摸索中前进，探索中发展，求索中突破、创新中发展”逐步形成具有良好生态体系以及内源动力的“成县模式”。“成县模式”是一个进行时，是一个不断与时俱进的良性电商生态。

2. 成县模式的核心内容

成县电子商务发展自 2013 年开始，引爆于“核桃书记”的自媒体矩阵，成就于政府强有力的引领、驱动下建立的县域电商生态，发展于电商扶贫的大格局。无论哪一种版本的总结，成县电子商务的起步都绕不开“核桃书记”和他的自媒体团队。

（1）八面“微”风：成县的“微”部队们。在农人圈活跃的微博主们一定能充分领略到甘肃成县微团队的风采，他们是 2013 年下半年微博农人圈中一道亮丽的风景线。“@成县李祥”“@猪爹王宗军”“@成县农民小段”“@核桃姑娘—小程程”“@成县朋友王海锋”“@陈东平微博”“@成县村官小芳芳”“@高波学习”，等等，成县的微博团队从不同的角度，把成县的美丽风光、健康土特农产品、质朴勤劳的农民、丰厚历史底蕴的乡土文化、与时俱进的成县政治经济发展全方位展现给世人，让人们从心底向往游在成县、吃在成县、工作在成县、交友在成县，创业在成县、养老养生也在成县。微营销凝聚了世人对中国地图几何中心地位但交通不便原来知晓不多的甘肃成县的关注。

（2）“微”风拂煦：政务微博引爆成县电子商务“核”效应。说到成县的电子商务，必须说到成县县委书记李祥。新浪实名认证微博“@成县李祥”通过自己写微博体会到了微博对沟通联系群众等政务工作具有很好地促进作用，通过“@猪爹王宗军”用微博微信销售成县樱桃的实践，敏锐地感知到采用这种社会化自媒体营销农产品是个好途径。为探索成县农业支柱型产业核桃的创新营销之路，2013 年 6 月初，李祥邀请农人圈的活跃博主“@毕慧芳农业”等人到成县传经送宝，并一起策划了以成县核桃营销为主打产品，以助农增收为目标的成县电子商务模式。2013 年 6 月 10 日，“@成县李祥”发出了这样一条微博：“今年核桃长势很好，欢迎大家来成县吃核桃，我也用微博卖核桃，上海等大城市的人都已开始预订，买点我们成县的核桃吧!”。当日此微博仅“@人民日报”就有了 100 多次转发与跟评：“支持县委书记微博卖核桃。”这条微博的访问量达到 50 多万次，成为成县核桃网络营销的先锋。“成县核桃”瞬间成了当时网络的“热词”，通过微博、微信、网络等新媒体，成县青皮鲜核桃很快在上海、兰州等地的一些大型超市上架，其他 20 多个省通过网络销售，深受消费者的喜爱。面对电子商务的蓬勃发展及社会化媒体的崛起，作为县委书记，李祥意识到网络销售的广阔空间和助农增收的巨大潜力。在他的倡导下，利用网络推广销售成县核桃形成热潮。2013 年 6 月底，成县按照品牌、物流、网店、宣传“四位一体”跟进的发展思路，组织种植大户、销售大户联合起来，成立了全省首家农林产品电子商务协会，注册了“山泉牌”电子商务品牌，一系列电子商务知识培训也紧锣密鼓地进行，县上出台了扶持电子商务的《意见》，促进了核桃等农林产品电子商务销售队伍的迅猛发展。成县利用电子商务销售核桃所产生的热能效应初步显现。

可以说成县电子商务发展的主要特点就是新媒体“微营销”。通过设置微博话题、开设微信栏目、讲述电商创业故事，宣传特色农产品、推介本地网店、开展网络预售。截至 2016 年 3 月，全县已开通单位政务微博 629 个，个人政务微博 3 500 个，政府微信公众平台 90 多个。其中，陇南美微信公众号的订阅用户已超过 62 000人，总阅读量超过 2.1 亿。

3. 成县模式的核心体系

自媒体引爆，让成县走上了电商发展之路，但成县电商的良性发展，是政府强有力的引领、驱动，建立了县域电商生态建设（包括推进体系、配套体系、公共服务体系三大体系建设）。

（1）强有力的工作推进体系。在成县，围绕确保电子商务在基层农村“有人抓、有人管、有人推”这一目标，重点构建“成立一套机构、出台一套政策、形成一个机制”的“三个一”的工作推进体系。成立一套机构。把电子商务作为县乡村三级党委政府的“一把手”工程来抓，成立了以县委书记任组长的县电子商务工作领导小组专门负责全县电商发展的协调和领导工作，成立电子商务中心负责全县电商发展规划和业务指导，全县17个乡镇也分别成立了以乡镇主要领导为组长的电商领导小组、抽调专人组建了电商办负责电子商务在农村的推进。出台一套政策。出台了以“一意见一方案两办法”为主的一系列政策文件，在网商创业扶持、物流快递补贴、供货商奖励等方面分门别类地制定了二十四条真金白银的配套奖补政策，累计投入本级财政资金1 100多万元支持电商发展。“一意见”即《关于加快电子商务发展实现集中突破的实施意见》，“一方案”即《成县电商扶贫试点工作实施方案》，“两办法”即《电子商务工作奖励扶持办法》和《电子商务工作督查考核办法》。形成一个机制。有效整合政府、企业、协会等六个方面参与主体的力量，明确职责分工，形成了“政府推动、社会参与、协会引领、市场推进、金融支撑、媒体助力”六位一体的工作推进机制，在解决最初“没人干、不会干、干不好、干不大”等问题方面发挥了重要作用。

（2）立体配套服务体系。在产业链基础设施方面，启动建设并部分建成了包括特色中国·陇南馆、陇南电子商务产业孵化园、顺通电子商务物流园和陇南农产品（核桃）交易中心等在内投资达10多亿元的“一馆两园一中心”重大项目建设，电商全产业链发展的条件更加成熟。在通信物流基础设施方面，也加大投入力度，截至2015年底，全县245个行政村实现无线宽带网络全覆盖，197个村实现有线宽带网络覆盖，农村有线宽带网络覆盖率达到80%。同时，加快完善县、乡、村三级快递物流体系。投递业务范围覆盖全县196个行政村，行政村覆盖率达到80%，大大加快了农村电商物流“最初一公里”和“最后一公里”难题的破解。同时，协调县内主要快递企业成立了成县支持电商发展物流快递联盟，使成县快递平均费用从 2013 年的平均 10 元/千克，降低到目前的平均 4 元/千克，有效降低了网商经营成本。在人才培训方面，2015 年 3 月，甘肃首家电商学院——陇南师专电商学院落户成县，学院设有陇南市电子商务培训中心，承担着陇南及全省电子商务人才培养工作。在网货供应方面，已涉及核桃、土蜂蜜、金银花、樱桃等 30 多类 100 多个品种，初步形成较为健全的网货供应体系和运作机制，有效缓解了网货供应不足问题。

（3）遍布乡镇的公共服务体系。结合国家电子商务进农村示范项目和阿里巴巴“千县万村”计划的落地实施，逐步构建了包括县级电子商务服务中心、17 个乡（镇）电子商务服务站、91 个村级电子商务服务点在内的县、乡、村三级电子商务公共服务体系，在网商组织管理、代购代售、技术培训、创业孵化等公共服务配套方面发挥积极作用，有效确保电子商务在基层农村“有人教、有人用、用得好”。

4. “核桃的逆袭”带动核桃产业升级

成县的电商发展源自“一个核桃的逆袭”，核桃也是成县特色主导产业。成县是全国 37 个千吨核桃产量县之一，成县核桃栽培历史悠久，分布广泛，品种繁多，是全县农村经济支柱产业之一。从 1997 年起，成县坚持栽植核桃，用坚韧和毅力再造 50 万亩①“绿色银行”。2001 年，成县被国家林业局命名为“中国核桃之乡”，2014 年“成县核桃”获得国家地理标志保护产品认证。为了打开成县核桃的知名度，首先确定寻找差异化，面对新疆、云南、山西的强势营销，成县首先在网络上为核桃找“鲜”，用鲜核桃撬开了市场的关注，加上“核桃书记”微团队的矩阵宣传，成县核桃知名度迅速扩大，到 2013 年 9 月 12 号核桃节开幕，成县核桃通过网络热销到 27 个省、市、自治区。为了打好核桃牌，让核桃真正成为农民的致富果，成县确定了围绕打造核桃产业“规模化种植，

① “亩”为非法定计量单位，1 亩＝1/15 公顷。——编者注。

品种化栽培，园艺化管理，产业化经营”全国重点县的目标，举全县之力建基地、强管理、抓改良、重示范、树品牌，加大土地流转、扶持合作社发展、培育龙头企业、开展电子商务，大大提升了核桃产业的发展层次，同时也使全县核桃基地规模迅速扩大，经济效益不断提升。目前成县逐步形成了以县城为中心，城关至纸坊、城关至宋坪、城关至黄渚、城关至二郎的四条万亩核桃林带，辐射带动全县 17 个乡镇 245 个行政村实现了核桃全覆盖。总面积达到 50 万亩、1 100 万株，2015 年坚果产量超过 2 万吨，人均核桃收入达到 2 300 元。

5. 大众联动释放电商创业活力

鼓励返乡青年、农村致富带头人、未就业大学生、大学生村官等草根创业目标人群通过开办个体网店、创办电商公司、自建电商平台等方式开展创新创业活动。目前，全县共开办网店 902 家，电商企业 22 家，创办电商平台 8 个，形成以农产品电商、旅游电商、文化产品电商、本地生活服务等为主的农村电商发展业态，累计电商销售总额 5.16 亿元。涌现出来一批草根网商代表，其中最有代表性的是返乡创业青年农民小段和大学生村官张璇。本地生活服务类电商——陇南生活网，目前注册人数突破 10 万人，在 2015 年“双十二”期间举办的陇南汽车 O2O 网络购车节上，销售汽车 358 辆，总销售额高达 2 158.5 万元。本土农产品电商平台——农村市集，是围绕电商扶贫，于 2015 年 9 月自建的农村市集区域农特产品 B2C（商户面向顾客）交易平台，建立一村一品，一乡一产，建立产品线与本地农产品企业合作的同时，也与贫困户建立了结对帮扶关系，为贫困户建立电商扶贫档案，发放便民联系卡，将贫困户产品通过平台对外销售。还有由协会自建的西北首家专业旅游电商平台“村玩儿”，以“乡村游”为主题，为游客提供涵盖吃、住、行、游、购、娱等出行一站式旅游服务。在网货供应方面，依托县内华龙恒业公司、麦源香面业等传统农产品龙头企业，绿源电子商务公司等电商企业，县乡电商协会等市场参与主体，共发展各类网货供应平台 24 家，通过加大网货开发力度，不断优化设计包装，目前网货已涉及核桃、土蜂蜜、金银花、樱桃等 30 多类 100 多个品种，初步形成较为健全的网货供应体系和运作机制，有效缓解了网货供应不足问题。其中绿原电子商务公司供货种类由 2014 年的 4 种拓展到目前的 40 多种，在 2015 为全县 335 个网商供货，销售额达到 180 多万元，并在陇南市首届青年电商扶贫创业大赛中荣获亚军。

6. 五条渠道让电商带贫、电商扶贫精准到位

成县在利用电子商务助力精准扶贫、精准脱贫的过程中，逐步探索出了网店带贫、就业带贫、信息带贫、平台带贫、工程带贫五条电商带贫渠道。第一是网店带贫。鼓励乡村干部、大学生村官、扶贫志愿者、成县籍在校大学生开办网店，引导帮助群众开办网店，电商协会组织开办网店。这三类网店与贫困村户结对帮扶，签订带贫承诺书、发放便民联系卡，形成了“一店带多户、一店带一村”的带贫体系。第二是平台带贫。引入了农村淘宝等第三方平台，自建了农村市集、蚂蚁市集、村玩儿、同谷商城等电商平台，将其作为电商扶贫的又一途径，帮群众代销代售“赚钱”、为群众代缴代购“省钱”，实现了网货下乡和农产品进城双向流通、双重受益。第三是信息带贫。即推进农村信息化和电子商务融合发展，在有条件的乡村创办集电子商务、政务、农务等为一体的农村信息化综合服务平台，实现电子商务富民、电子政务便民、电子农务惠民。第四是就业带贫。即通过发展电子商务，驱动电子商务产业链延伸，在打造农村电商生产、加工、包装、物流、营销等全产业链各个环节的过程中，不断创造新的就业岗位，提供更多的就业岗位，优先吸纳贫困人口就业。目前，电商相关产业已带动就业 7 100人。第五是工程带贫。把农村电商发展作为促进农村全面发展的“助推器”，结合成县确定的 17 项精准扶贫重点工程，启动实施了水、电、路、网络、金融等基础设施建设工程，有效促进了农民思想观念转变、农民收入增加、农业特色产业结构优化、农村基础设施改善和农村内生发展动力增强，扶贫方式由传统的“输血型”向“造血型”转变，加快了贫困村的整体脱贫进度。

7. 电商赋能迎接“三农”的春天

成县通过发展电子商务，加快了实现“农业更强、农村更美、农民更富”的发展目标。第一是通过加快电子商务在基层农村的普及应用，鼓励扶持有一定知识文化水平的农村参与电子商务创业，使农民思想观念得到较大转变，依靠自身发展改变命运的志气和自身发展能力得到提升，培育了一批“互联网+”时代“新农民”和新型电商创业“网军”。第二是倒逼了农业特色产业结构调整和农产品标准化生产，通过开展电商扶贫工作，有效拓宽了农产品销售渠道，把更多的农产品转化成了促农增收的商品，极大地激发了种养殖大户调整种植结构的积极性，在持续做强做优核桃产业的同时，引入了大樱桃、草莓、油桃、金银花、油牡丹等效益更高的特色农产品，并形成了一定规模，提升了农村经济发展的内生动力，农业生产方式由原来“种什么卖什么”逐渐向“市场需要什么生产什么”转变。第三是倒逼了农村水、电、路、宽带网络等基础设施的改善，加快改变贫困农村落后面貌。而这些踏实的工作，为迎接“三农”的春天做好了准备。

成县模式的经验：成县模式在西部欠发达地区特别具有价值。自媒体的引爆力，一把手代言，超级大单品的差异化打造，政府推动电商生态体系建设都非常有价值。在知名度和影响力较低的情况下，县域电商的可信度有赖于权威的背书，当地政府是重要的权威之一。在资源有限的情况下，县域电商可集中优势兵力做好“单品突破”，然后带动其他商品共同发展。开创了书记挂帅“协会主导+全民微营销”的“成县”模式，政府制定标准，农户、合作社、企业生产，签订购销协议，网商和电子商务协会收购，并在淘宝、天猫、京东、1号店开店销售，全年销售青皮核桃、干核桃、枣夹核桃加工品，以单品引爆，带动其他农特产品网上销量的增加，实现了核桃产业链条的有效整合。

模式五：陕西武功农村电商模式

陕西武功县是传统的农业县，产品资源丰富、交通物流便利，一直存在农特产品“买难卖难”问题，为了解决这个问题，2013

年武功县政府开启了电子商务之路，采取“买西北、卖全国”的模式，汇集西北名优农特产品，通过网络卖向全国。认真贯彻落实中央、省、市关于精准扶贫工作的相关会议和文件精神，武功县将电子商务作为实施精准扶贫、促进群众增收致富、增加高校毕业生就业的创新举措，充分发挥电商人才在精准扶贫一线的积极作用，立足特色产业优势资源，积极搭建电子商务创业创新平台，不断强化政策扶持推动，全力打造经济发展新引擎，实现了农民增收、企业增效、就业增加的阶段性目标，为深入推进精准扶贫提供了强有力的人才保障和智力支撑。

1. 聘请人才专题研讨，为电商脱贫指明方向

2016 年 1 月 11 日，西部电商扶贫理论与实践专题研讨会在武功县召开。会议邀请中国社会科学院信息化研究中心主任汪向东、共青团陕西省委农工部部长魏延安等 30 多名电商专家参加电商扶贫专题研讨。会议指出电商扶贫将成为农村金融的新突破、精准扶贫的新平台、民生工程的新载体、城乡统筹的新通路、社会扶贫的新接口、供给侧改革的新动力。这次会议的举办给武功县开展电商扶贫工作指明了方向，理清了思路，为武功县打赢电商精准扶贫、脱贫攻坚工作奠定了坚实的理论基础。

2. 强化信息宣传引导、营造电商扶贫氛围

县委宣传部、县信息办、电视台、电商新媒体运营中心等部门在报纸、电视、广播和网络等主流媒体上开辟专栏，充分发挥微博、微信等新媒体的作用，灵活运用微博话题、微信栏目，对电商扶贫工作和县委、县政府发展电子商务扶持政策、电商脱贫先进典型事迹持续开展宣传报道，同时发挥村级组织和群众在电商扶贫中的重要作用，为及时总结和宣传推广电商扶贫工作中的好做法、好经验，营造了良好的电商扶贫浓厚舆论氛围。

3. 发挥农村电商人才作用，改变农村生产生活

通过发挥农村电商人才作用，武功县已建成村级服务站 66 个，服务内容包括代购、代销、物流、金融、阿里教育、阿里公益、在线医疗等，2017 年，帮助村民代购金额 8 000 多万元，为农民节约资金700多万元，同时为120多户农民代销农产品，及时解决了22户农业养殖户、合作社资金短缺问题，开设网上英语、语文、数学阿里教育班100多次，服务留守儿童3 200人次。全年共服务村民4 000人次，其中帮助贫困人口60户250余人。

4. 整合资源多措并举，开展培训“授人以渔”

县农发办、农林局、人社局、电商办等部门结合部门职能，联合印发电子商务免费培训通知文件，针对贫困人口，制定培训方案。2017年，开展各类电子商务培训活动20期，培训人数1 000余人，其中培训贫困人口近150人。同时依托县电子商务运营中心、镇、村服务点，帮助贫困人口开设淘宝、微店100余家，并提供运营、策划、培训、美工等专业服务，积极探索一店带一户或多户、一店带一村或多村等电商扶贫模式，推动贫困户开展网销。残疾贫困人口经过培训后，在县供销联社村淘办、残联和电商办的帮助下，“农村淘宝”店已经开业，运营良好。

5. 引进人才龙头带动，促进贫困人口就业

武功县通过不断优化人才服务环境，努力营造人才竞相涌入、人才致力创新创业的良好氛围，全力打造县域电子商务人才“洼地”。电商人才聚集和培养对电商产业发展起到积极推动作用。目前武功县聚集电商企业189家，快递公司40余家，辐射带动物流、仓储、包装等上下游产业200余家。这些企业大多数是劳动密集型企业，特别是在下半年电商销售旺季，从业人员需求量大。针对这一现状，武功县积极实施“电商扶贫就业工程”，组织电商企业召开会议，认真学习县委、县政府扶贫相关文件精神，号召县全体电商企业积极参与电商脱贫攻坚工作，积极为身体健康、吃苦耐劳的贫困人口安排工作岗位。同时，发动镇村干部，强化宣传组织，优先推荐有劳动能力、愿意从事电商工作的贫困户到电商等相关企业就业。2017年电商企业实现贫困人口就业86人，为贫困人口增收开辟了新渠道。

6. 依托人才资源优势，帮助贫困家庭增收

结合网络营销的形势和要求，依托人才资源优势，积极扶持贫困家庭发展地方特色产品，帮助贫困户提高农产品、手工艺品商品化程度，帮助代开网店、帮助代销产品。依托陕西美农种植基地，根据贫困家庭所在区域推荐种植优质红薯、彩色小麦等特色农产品，由电商企业负责包销，增加贫困家庭收入。目前，长宁镇焦胡村 20 户贫困家庭 82 人（其中稳固户 8 户 41 人）参与 150 亩黄桃种植，10 万千克黄桃全部由陕西美农包销，实现销售 100 万元；游风镇焦阳村 24 户贫困家庭 104 人入股参与美农 100 亩黑柿子种植，挂果收益后，贫困户每年年底可以享受到 500 元企业分红。

人才聚则事业兴。如今，越来越多的人才集聚武功县，一个区域性电商人才高地正在筑成，一座宜居宜业跨越式发展的县域城市正在不断释放巨大的发展活力。成立了县电子商务运营中心、电子商务协会，农特产品经营者协会，先后吸引陕西美农、淘宝西北联盟、赶集网等 106 家知名电商企业入驻，20 家快递公司参与合作，整合西北 30 余类 300 多个农特产品，300 多个网店上线，2015 年全县电商日发货近 5 万单，每天交易额 300 多万元，年销售额超过 10 亿元，武功农特产品电商销售额陕西省县域第一、全国第二，荣获陕西省电子商务示范县，中华全国供销合作社电子商务示范县。武功模式主要做法是："12345" 模式，即一套领导机构、两个协会、三个关键、四大平台、五免政策。以县长张小平和县副书记为组织领导，成立了农产品协会及电商行业协会统筹协调武功县电子商务发展；做好运营中心、物流配送、奖励扶持三个关键，建设电商孵化、产品质检、健康指导及数据保障四大平台中心，免费提供办公场地、网店注册、货源信息、商品上架、培训人才、无线上网，构建电商全产业链。同时，武功电商运营中心采用分销模式，对农户、网商、大学生等提供产品网上代理分销业务，由运营中心统一发货配送，政府对外统一宣传，让电子商务真正走进千家万户、带动农民致富，着力打造西北电子商务第一县。

第四节　相关案例研究

农村电商的发展，不仅有利于解决农村富余劳动力的就业问题，直接增加农村的就业机会，真正实现农民“离土不离乡、经商不进城”的目标，还能够在一定程度上规避“谷贱伤农”现象的发生，解决个体农户“农产品卖难”的现实问题。在农村电子商务方面，浙江丽水一直走在我国农村电商前列，这归功于丽水的梧桐工程。丽水的梧桐工程就是全力打造区域电商服务中心，帮助电商企业做好配套服务，让电商企业顺利孵化成长壮大。中心四大功能：主体（政府部门、企业、个人）培育、孵化支撑、平台建设、营销推广，承担了“政府、网商、供应商、平台”等参与各方的资源及需求转化，促进区域电商生态健康发展。这是丽水农村电商的最大特点。丽水的建设模式为“政府投入、企业运营、公益为主、市场为辅”，要把政府服务与市场效率有效结合，吸引大量人才和电商主体回流。近年来，丽水市电子商务公共服务中心在市商务局领导下、在省电子商务促进中心指导下，积极践行“绿水青山就是金山银山”战略、“创新、协调、开放、共享、绿色”发展理念，坚持立足丽水、辐射全国，从培训创业、营造氛围、搭建平台、坚持公益等方面开展工作，成效显著，被评为浙江省优秀市级电子商务公共服务中心。积极开展培训，培育创客，壮大电商队伍。踊跃搭建平台，举办活动，营造良好氛围。加大宣传，警示提醒，加强行业自律。丽水梧桐工程成功培育出一批优秀农村电商企业，下面就浙江丽水梧桐工程培育的部分优秀农村电商企业案例进行分析。

案例一：浙江山山网络科技股份公司——B2B2C 战略

浙江山山网络科技股份公司就是丽水梧桐工程培育的主营农产品电商的企业之一。浙江山山网络科技股份公司原名浙江财源网络科技有限公司，成立于 2011 年 11 月，从开创至今山山股份公司踏踏实实，兢兢业业，取得了优异的成绩，为农产品电子商务的发展添上了浓墨重彩的一笔。山山股份公司的主要历程如图 3－4 所示。

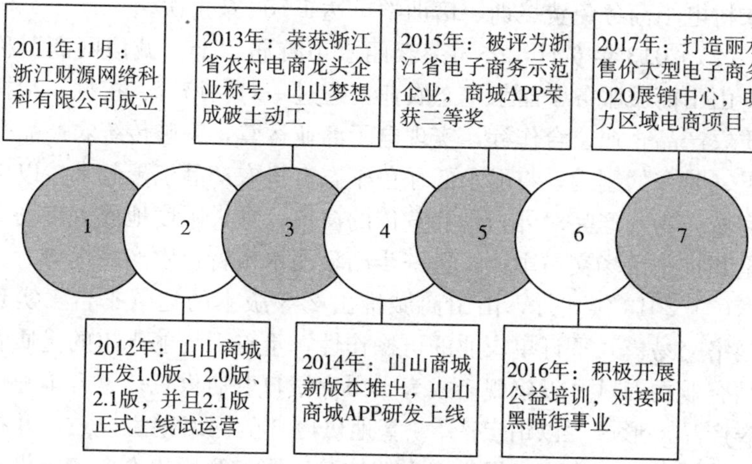

图 3-4 山山公司主要历程

1. 企业历程详解

(1) 2013 年 4 月，畲乡景宁传统的“三月三”盛会。公司总裁毛庆龙通过努力取得了“山山商城杯”第七届畲乡传统体育节暨民族体育一条街活动的冠名权。并在活动中开设“山山商城体验卡”等内容，客户在山山民族特产美食一条街购买产品，就可以在物流公司服务点现场打包发货送到家。游客出来玩，大多会带点特产回家，打包发货这样的好事受到一致好评，吸引了众多参与者，活动也获得了良好的社会效应。有了成绩，就会得到社会的关注与肯定。以山山商城所取得的业绩，理所当然成了当地主流媒体的宠儿——“山山商城，一群青年人梦想开始的地方”“景宁县农产品网购‘航母’扬帆起航”“打造全国最专业的农产品网购平台”“山山商城是 365 天永不落幕的农产品商铺”等各种赞誉文章屡见报端。山山商城还受景宁县网商协会委托成立“山山培训中心”举办电商运营培训，为来自农村的 30 多名青年系统讲解电子商务运营的基础知识。他们积极倡导“一台电脑、一根网线，实现零库存开网店”的农村电子商务创业就业模式，帮助失业人员、大学毕业生创办网店，实现就业创业。不到一个时间，该中心已累计开展 17

期农村电子商务免费培训，培训学员达1 500余人次。

(2) 2013年6月，公司荣获丽水市首届“十大诚信网商”称号。山山商城服务于丽水生态农业，通过一对一培育、挖掘、帮扶优质农产品企业、合作社，实现电子商业运营，突破传统农产品受地点、时令的制约，将丽水的绿色生态有机农产品汇聚起来，以山山商城作为农产品对外营销和宣传的窗口，最大限度地放大市场交易量和扩张市场交易主体，进一步凸显丽水市特色农产品优势。

(3) 2013年6月，山山商城推出2.3版本的运营平台，实现了网络交易模式下订单农业的可操作性，重点引导丽水市的优质农产品企业在商城开设旗舰店或为山山商城自营店供货，整合本地优质农产品，形成“以销定产”“基地供应”的网络销售模式，并推出区域精品馆，为客户提供“农业体验”服务和原生态农产品供货服务。迄今为止，山山商城已经过多次升级改版，页面美观，功能完善，有专业的类目细分、完善的售后服务，获得软件著作权证书和第三方软件评测报告。商城推广、招商、平台运营状况良好，入驻商家呈不断上升趋势，现积累用户数800万人，活跃用户数100万人。

(4) 2013年8月，山山商城，代码50 095在浙江股权交易中心正式挂牌。2013年11月，山山大厦破土动工。2014年，山山商城重点开拓移动端市场，手机APP山山商城于2014年6月上线，简化了购物流程，与微信深度合作，结合微信登录、微信支付等功能，方便用户以最快捷的方式在山山商城客户端上线，给网购群体带来了更加方便快捷的购物体验。

(5) 2014年12月，浙江山山网络科技股份有限公司山山商城网购平台被评为浙江名牌产品、丽水名牌产品。

(6) 2015年2月，公司推出了新版山山商城APP，给网购群体带来了更加方便快捷的购物体验。公司被评为浙江省电子商务示范企业。同年6月，被评为浙江省农村电商龙头企业。入选《浙江省电子商务服务企业名录》（第一批）。2015年6月，山山商城APP荣获中国青年APP大赛浙江赛区第二名。在第三方平台事业部，同时提出了全网营销概念，积极拓展入驻平台渠道，先后在京东、天猫、百度微购、苏宁易购、1号商城上开设了山山商城旗舰店。

（7）2016年，为了让山山商城用户有更好的购买体验，山山商城通过依托强大的技术团队和丰富的线上线下资源，推出视频+直播网购模式。通过自媒体的方式，自己挖掘各地好的农特产，拍摄视频建立专辑，并在每一个农特产品的原产地构架视频直播，全天直播原产地产品的生长制作及包装过程，保证产品的原汁原味、安全可靠。通过在传统农业中加入科技元素，在源头质量上把关、在生产环节上监控，让每个人都能远程实时监控农产品生长、生产。

（8）2016年，公司为客户一对一定制打造的南极电商柔性供应链系统、曙光商城、丽水山水集团拍卖系统等皆获好评。2016年1月7日，阿里喵街事业部团队对丽水市万地广场、金汇广场、百货大楼三大商圈O2O应用模式开展最后一次实地考察工作后，“喵街”项目正式通过阿里巴巴集团内部评估进驻丽水。山山公司积极行动，与阿里喵街事业部团队成功对接。目前，丽水市喵街应用平台APP下载量已达1.5万多个，其中，万地广场粉丝达11 155个，百货大楼粉丝9 466个，金汇粉丝达8 733个，入驻喵街平台丽水商户访问量累计达15万多次。“喵街”项目在丽水市的落地推广，有效促进了丽水传统商贸企业转型O2O，提高了丽水电子商务发展的知名度，有效缓解了丽水传统零售行业在互联网销售模式下的竞争压力，让传统零售行业尝试一种全新的商业模式，带领传统零售行业进入“互联网+”时代，实现电子商务产业与实体企业的深度融合。山山公司还积极组织了“2016丽水金秋购物节开幕式暨喵街欢乐购活动”，且在双十一、双十二都在平台上开展线上抢购活动。本次活动紧扣“新消费、新生活”主题，努力挖掘新热点，积极拓展消费新领域，为全市消费者打造了一场有声有色的消费新盛宴。由丽水市电子商务公共服务中心举办的“丽水喵街欢乐购”活动获浙江省2016金秋购物节优质活动奖。

(9) 2016年11月4日，丽水市创业创新基地（以山山梦想城为依托）入选浙江省电子商务创业创新基地。22日，山山商城视频直播系统在景宁县创业创新项目大赛评比中获得第一名。2016年12月，公司运营的丽水市电子商务公共服务中心被评为浙江省市级优秀单位。

(10) 山山股份旗下子公司浙江旭铭信息技术有限公司在2012年11月12日成立，浙江旭铭信息技术有限公司是一家致力于为政府、企业提供高技术含量的各类应用解决方案，软件开发、网站建设，微信公众平台搭建订制开发，微信营销，APP开发的专业的互联网服务技术提供商。旭铭信息自主研发了电子商务平台系统X-mall（图3-5)，同时也是微信公众平台开发服务商，自主研发了微信第三方营销平台—微助力（图3-6)。旭铭信息开发建设的线上平台有浙南茶叶市场（茶叶类目多店交易平台)、正大e购（建材类目多店交易平台)、爱优比商城（母婴购物平台)、洋洋海购（进口商品多店交易平台）等。微助力的全国客户已经超过1 000家，遍布各个行业，包括一汽大众、LV、米奇林中国、美特斯邦威、奥克斯空调等。

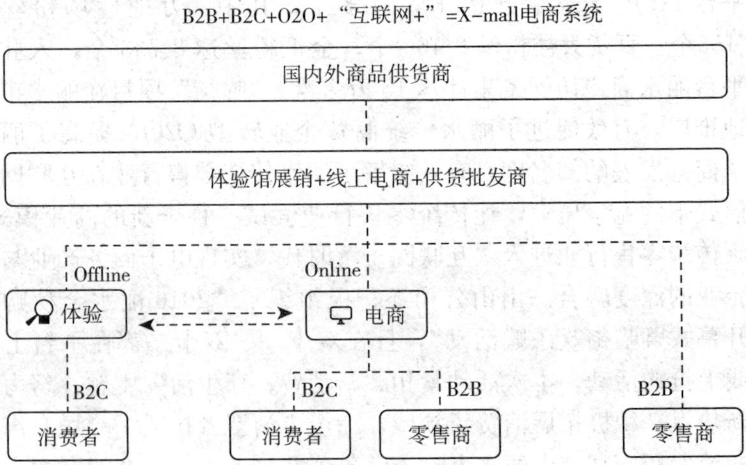

图3-5 X-mall电商系统

X-mall 多店系统可快速打通门店、分销、PC 端、移动端全面的多触点销售渠道，满足多用户形态，打通上下游供应链，搭建属于自己的多用户商城系统平台。目前，X-mall 根据不同的市场，将其划分为 C2C、B2B2C、B2B、O2O 等多种商业模式。

图 3-6　微助力营销平台

旭铭微助力于 2014 年正式上线，经过一年的努力，2015 年 7 月成为注册商标，目前服务企业达 4 285 家，通过微信公众号开发、电子商务（B2C、B2B、C2C）网站、手机 Wap 站、手机 APP 应用四大类产品，提供不同行业的微信营销解决方案。浙江旭铭信息技术有限公司是国内第一家上线微助力企业，也是国内第一家上线微砍价企业。商家只需在后台设置好促销内容，粉丝即可分享，邀请朋友助力或砍价，排行榜一目了然。这种砍价活动传播呈几何级增长，适合各行各业的商家促销，餐厅抵价券、购物抵价券、免单名额等传统线下促销活动都可以搬到线上，通过社交媒体的传播，让促销变得更好玩、更与时俱进。

2. 企业发展概况

山山股份于 2013 年取得丽水政府挂二号地块，成立全资子公

图 3-7 微助力相关内容

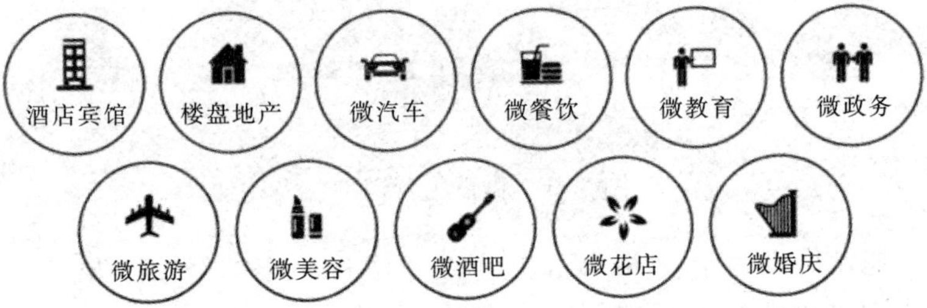

图 3-8 微助力相关活动

司丽水财源信息科技有限公司，总投资 1.5 亿元，占地面积 14.5 亩，建筑面积 23 500 平方米；将建成一个集互联网信息服务、电商服务、电商产业研究、农产品展销和品牌策划为集群的电子商务金融综合体。目前山山梦想城已经全面落实，其中包括了一楼 O2O 体验中心、2～3 楼创梦空间、4 楼山山股份、5～6 楼跨境电子商务创业孵化中心、7～8 楼创新工场。

山山商城是由浙江省山山网络科技股份有限公司全新打造的 B2B2C（Business to Business to Consumer）农产品网络购物平台，于 2012 年 8 月 23 日测试上线，开始运营。迄今为止，山山商城

图 3－9　山山商城

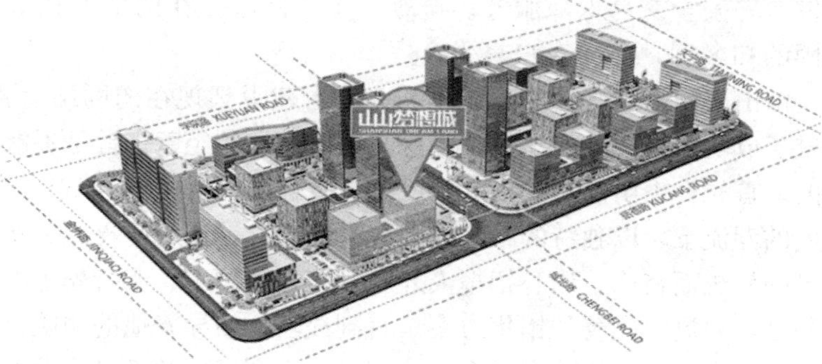

图 3－10　山山商城位置图

已整合了数千家农产品牌商、生产商、经销商。山山商城的目标是成为农产品电子商务的基础服务提供商，让农产品商家通过山山商城把产品推向全国、走向世界。让居住在都市里的人们足不出户就可以通过山山商城购买到绿色、安全、优质、营养、健康的农产品。将山山商城打造成全国先进、专业、诚信的农产品网络购物平台。其宗旨是立足于特色农产品资源丰富的浙江省，以浙江丽水的特色农产品资源作为起点，以透明、诚信、公开、开放的运作方式，不断吸收全国优质农产品商家加入，对商家负责，让消费者满意。迄今为止，山山商城的商家数量已经有了明显的增长，从农产品、零食到酒水、新鲜果蔬等，分类齐全，还开发了山山团的团购优惠频道。山山商城比其他平台更有吸引力的是他的服务，他不仅是农产品、零食大品牌的集合，同时也提供比其他平台更加周到的服务。山山商城作为一个农产品网络购物平台，利用互联网技术，整合了数千家农产品品牌商、生产商、经销商，依托互联网购物平台，为商家和消费者提供一站式解决方案。现阶段，我国农产品电子商务的应用还处于起步阶段，正是因为在电子商务领域中这样一个空缺，使山山商城有了成功的机会。另外，山山商城没有与其他平台一样采用 C2C 或者 B2C 的模式，而是全新打造 B2B2C 模式，为商家和消费者之间提供一站式解决方案，并提供正品保障、七天无理由退换货、提供发票等安全交易保障服务。至今，山山商城已在网络上扎下了稳固的知名度，深受客户喜爱。

山山商城由刚开始的理念构想、平台建设到现在的网站运营，变成了成功的农产品交易网站，这与山山商城的经营宗旨是不能分开的。首先，山山商城的创立者毛庆龙及他的团队在电子商务不断发展的潮流下，以独特的眼光以及先进的理念，勇敢无畏地为实现自己的梦想而奋斗，用心招揽人才，刻苦完善技术，实行先进的管理制度，并制定完善的销售方案。直到成功地领导着他的团队打造出诚信、安全的网络销售平台。这都是山山商城成功不可或缺的力量。山山商城立足于特色农产品资源丰富的浙江省，以浙江丽水的特色农产品资源为起点，以透明、诚信、公开、开放的运作方式，不断吸收全国优质农产品商家加入，对商家负责，让消费者满意。其次，山山商城能够成功很大的原因是地理位置占有很大的优势。浙江省农业经济发达，丽水有着丰富优质的农产品资源，借助电子商务营销方式对传统农业进行现代化改造，实现农产品的品牌化、标准化、信息化、订单化生产，让城市的人们足不出户就可以在山山商城购买到优质的农产品。浙江也是中国电子商务发展的源头，在理念和技术上都比其他地区更加成熟。公司通过组织多品类农产品上网，对生鲜产品的尝试，与境外农产品结合，探索了“农产品电商如何做大做强，如何获得消费者信任”等问题。随着山山商城的销量不断上升，逐渐摸索出他们的经营之道。再次，通过经营和完善，山山商城由最原始的基础网页到品质商城，变得更加便捷、更加贴近人们生活，2014 年山山商城网络平台重点开拓移动端市场，新版手机山山已于 2014 年 6 月上线。手机山山与微信深度合作，结合微信登录、微信支付等功能，简化购物流程，方便用户以最快捷的方式在山山商城挑选到自己喜欢的优质特产。现在，山山网络科技股份有限公司形成了山山商城、旭铭科技、丽水市农村电子商务公共服务中心三方联动发展、协同发展的良好势态。当前山山股份的主营业务大致可以划分为山山商城官网运营、网站开发服务、丽水市电子商务服务中心三大模块。山山商城的主营业务在经过不断完善与发展后，影响力不断扩大，从此带来的收益也是显著的。

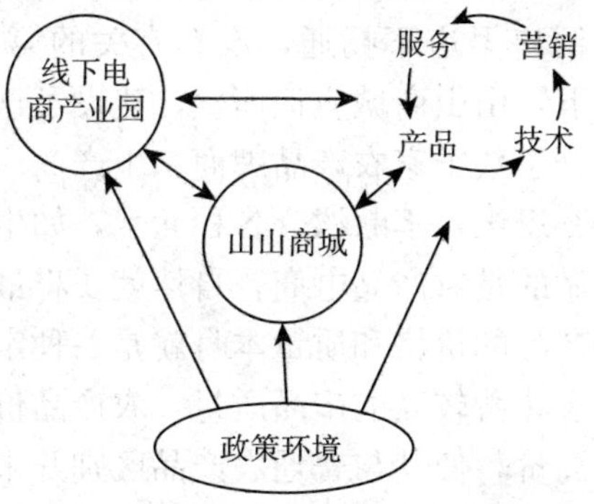

图 3－11　山山商城运营模式

3. 企业成功经验

通过在农产品电子商务中发现的诸多问题、对公司发展历程的各种阐述以及对影响山山商城农产品销售因素的仔细剖析，我们不难发现，许多农产品电子商务问题在山山商城的运营中均不同程度地给出了答案或注解，而这些背后，各种关键因素延伸或映射出的规律性的东西，就形成了农产品电子商务发展中的山山商城模式。我们将这种模式总结为：以特色化产品、技术、营销、客户服务作为驱动，带动山山商城这一农产品销售平台全面发展，从而促进线下的电商产业园发展，当然，政府政策在这过程中也发挥着至关重要的作用。这其中，特色化电子商务综合服务是山山模式的核心，网上商城是山山模式的基础，线下产业园是山山模式的动力，而政策环境则是山山模式的催化剂。“农产品电子商务综合服务＋线上商城＋线下产业园”相互作用，在政策环境的催化下，形成信息时代的农产品经济发展道路。正因为其优秀的理念和前景及地方政府的大力支持，山山商城顺应可持续发展的主流，不断快速发展壮大。公司的成功可归结为：

（1）市场定位准确。农产品卖方市场已经转变为买方市场，对于丽水这一欠发达地区，农产品电子商务就成为发展当地农业产业的契机。但是，丽水的农产品电子商务还存在着诸多问题，如没有提供标准化和量化的农产品，农民整体文化水平比较低下，产品供求信息不对称，销售渠道不畅通，没有有关的第三方电子商务平台。在这种情况下，山山商城应运而生，建设了这样一个农产品电子商务平台，整合了数千家农产品牌商、生产商、经销商。利用已有的“互联网＋”思维，不断糅合各种元素，如生态、绿色、土特产品。山山商城做的是农产品电商，自然就要将最优质的产品传递给消费者，然而产品的价格和质量本身就是一种定位，在消费者看来，较高的价格意味着较高的产品质量，农产品价格普遍偏低，对优质农产品实行高价，使其与普通农产品区别开来，满足消费者对优质农产品的需求，从而达到在市场上定位的目的。因此，商城价格略高显示了产品的质量高，也表明了做优质农产品电商的决心，毕竟电子商务改变的不仅仅是传统农产品的营销模式。在山山商城中成为入驻商家有许多严格的标准，商城需要对品牌需求以及公司经营状况、服务水平进行审查，并且在结合行业发展动态、国家相关规定及消费者购买需求后，不定期更新招商标准。山山商城暂不接受个体工商户的入驻申请，也不接受非中国大陆企业的入驻申请，暂不接受未取得国家商标总局颁发的商标注册证或商标受理通知书的品牌的开店申请（部分类目的进口商品除外），也不接受纯图形类商标的入驻申请。山山商城对于企业的资质也有非常高的要求，对于企业经营的食品种类也有不同要求。这些都是山山商城为了打造品质商城、服务消费者而给自己的定位。

（2）市场渗透战略。市场渗透是指实现市场逐步扩张的拓展战略。该战略可以通过扩大生产规模、提高生产能力、增加产品功能、改进产品用途、拓宽销售渠道、开发新市场、降低产品成本、集中资源优势等单一策略或组合策略来开展。其战略核心体现在两个方面：利用现有产品开辟新市场实现渗透、向现有市场提供新产品实现渗透。山山商城的微博开通之后，每天会定时更新自己的产品信息，利用微博庞大的用户群体扩大的自己的影响力，现在的新媒体营销功能非常强大，能够及时有效地推广自己。微博营销是社交媒体赋予企业的巨大商机，也是无数电商企业在苦苦寻找转化率最高的用户群体，社交媒体上的活跃用户是帮助企业启动口碑传播的关键人群。如何发现他们，并且在第一时间，把企业相关的信息传递给他们，在互动中与他们建立情感连接和信任关系，是社交媒体赋予企业的下一座金矿。山山商城正在这座金矿上不断挖掘，收获颇丰。山山商城所属的浙江山山网络科技股份有限公司还建立了一所电商创业基地——山山梦想城，山山梦想城以“互联网＋”的生态思维重新定义电商基地，制定基地规划方案、招商方案、运营计划，提供电商服务、人才培养、技术服务、物流仓储等增值服务。另外，山山梦想城还联合阿里巴巴蚂蚁金服，为入驻的电子商务企业提供金融服务。联合阿里巴巴一达通，为入驻的电子商务企业提供一站式外贸全流程解决方案。联合互联网金融领域的开拓者——中信银行为入驻的电子商务企业提供全方位周到的综合金融服务。基地积极建设电子商务统计监测体系，出台入驻企业管理办法，要求根据企业自身情况，应按月、按季、按年向基地如实填报不涉及商业机密的报表和统计数据。入驻企业生产、经营、研究、开发计划应报送基地备案，并根据运行情况，按时向基地报送计划完成情况。丽水市电子商务服务生态圈是由政府、山山公司、服务商共同提出的建设发展目标，倾力打造区域电商生态体系，从传统电商、农村电商、移动电商、跨境电商、智慧商业五大电商业态入手，旨在成为丽水市电子商务发展的“擎动力”，以山山梦想城为电商产业集聚，整合各方资源共建电子商务服务生态圈，让每一家“触电”的企业都有生态圈中的服务商提供相应的专业服务，由政府提供政策支持引导和监督管理，在2016年底完成生态圈的架构体系建设并在2016年底完成电子商务企业的入驻招商。这些都是山山商城在不断地发展市场渗透战略。

（3）发展战略。企业地处浙江省西南部的丽水市景宁县，响应习近平主席提出的“绿水青山就是金山银山”的“两山”战略，山山商城的名字就是行动的第一步。依托于得天独厚的地理位置条件，山山商城励志建设成为规模完善、功能设施齐全的电子商务创业创新基。从农户、商家、自身和消费者四个角度来发展壮大自身的同时，为解决“三农”问题做出贡献。①农户。选取纯天然绿色种植、养殖农户的农产品，帮助农户提高利润，扩大合作农户数量，增加平台在现库存。②商家。通过进驻山山商城，可以使农产品经销商摆脱往日面对面复杂、低效的交易方式，提高各商家品牌知名度，使商家可以与更多农户建立合作关系，同时提高平台流量。③平台本身。山山商城不仅仅是一个商业平台，而且是一个农村电商网络技术人才的孵化基地。在平台发展的同时吸收、培养更多的专业电商人才可以使农产品在电子商务中进一步渗透市场。④消费者。生活品质、绿色健康是消费者如今最看重的事物，山山商城已经在消费者心目中建立了良好诚信的口碑，通过农产品溯源技术和完善的售后服务可以使消费者更加放心地购买农产品，享受生活，提高山山商城的品牌形象。

（4）产品战略。①优化升级本土产品。充分发挥企业地方优势，将其貌不扬的农户手中的土特产品进行系统的标准化采集、分拣、包装、宣传，使得农产品品牌化蜕变为优质绿色的电商新宠、自用赠礼佳品。②整合地方产品资源，形成统一产业链模式。丽水特色的产品资源主要以菇类、木耳为主，但也不乏被人忽视一些小众精品，山山商城将其全部收入商城类目之中，可以使农户、品牌商、平台之间形成统一产业链模式，将地方产品资源完全消化利用。③打造电商供货与产品开发的一体化平台。如今，山山商城已成功整合上千家农产品品牌商、生产商、经销商，通过商城这个平台，不同身份的商家可以互相或者直接与技术人员协商讨论，使得供货与产品开发的一体化成为现实，极大地加快了发展的速度。

（5）销售策略。通过新兴社交平台推广，山山公司运营官方微博，发布一些山山公司最新动态以及一些新上架产品的广告。根据 CNNIC 发布的报告显示，截至 2014 年 6 月，微博用户量为 2.75 亿，虽然近几年微博用户明显下跌，但总体使用人群还是巨大的。旗下的子公司浙江旭铭信息技术有限公司是微信公众平台开发服务商，自主研发了微信第三方营销平台——微助力。目前，微信的使用已经广泛普及，微信覆盖了国内 94%以上的智能手机，用户覆盖 200 多个国家、超过 20 多种语言；在使用时间上，50%用户使用市场超过 90 分钟，超九成用户每天都会使用微信；活跃用户数达到了 8.89 亿；用户年龄 97%集中在 18～50 岁，具有一定的购买能力。据此，山山商城开发了山山商城微信公众号（图 3－13）。

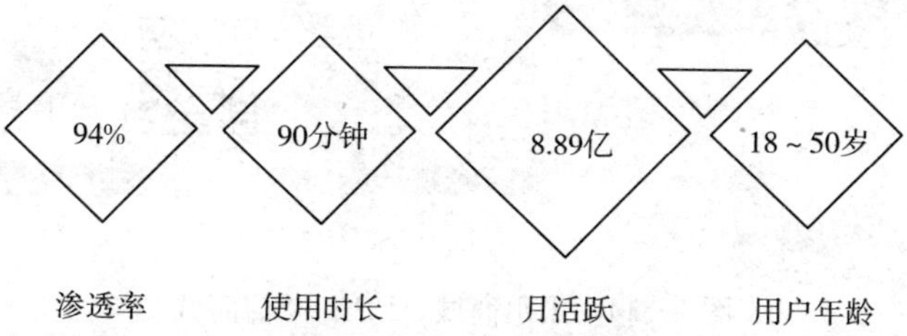

图 3－12　微信使用情况图

图 3－13　山山商城微信公众号

图 3－14　山山商城 APP 和微信商城

除此之外，在移动消费越来越普遍的时代，山山商城的手机APP自然也必不可少。可以直接下载山山商城的APP，也可以通过微信扫描二维码进入山山商城移动端，给消费者更加实用、方便的服务。

（6）企业技术。①全新打造的B2B2C模式，使得平台绝非简单的中介，而是提供高附加值服务的渠道机构，拥有客户管理、信息反馈、数据库管理、决策支持等功能的服务平台。买方同样是逻辑上的关系，可以是内部也可以是外部的。融合了“阿里巴巴”和“淘宝网”的全新B2B2C模式，不存在物流、配送和库存等瓶颈。中国的电子商务发展并不成熟，还存在多种缺陷，导致网站经营者不能准确预测社会对商品的需求，实际生活中的配送物流体系同样处于起步尝试阶段。而全新B2B2C模式正适应了中国电子商务的发展环境，使“阿里巴巴”巧妙避开了由于商品积压、配送、物流体系建立不完善而产生的风险。全新B2B2C模式不同于传统B2C模式，会建立一种多维的供应和需求网络。传统B2C交易模式（一对多）提高了商家的生产和营销成本，同时在一定程度上限制了消费者的选择，典型的例子就是“亚马逊”和“当当网”。而全新B2B2C模式不仅为生产商赢取更多的订单，而且减少了生产商由于积压和库存而产生的成本，更扩大了消费者购物时的选择范围，使消费者不出家门就能买到自己称心如意的商品。②推出“视频+直播”网购模式。通过自媒体的方式，自己挖掘各地好的农特产，拍摄视频建立专辑，并在每一个农特产品的原产地构架视频直播，全天直播原产地产品的生长及制作及包装过程，保证产品的原汁原味、安全可靠。通过在传统农业中加入科技元素，在源头质量上把关，在生产环节上监控，让每个人都能远程实时监控农产品生长、生产的魅力。③旗下的子公司浙江旭铭信息技术有限公司自主研发了电子商务平台系统X-mall，同时也是微信公众平台开发服务商，自主研发了微信第三方营销平台——微助力。旭铭信息开发建设的线上平台有浙南茶叶市场（茶叶类目多店交易平台）、正大e购（建材类目多店交易平台）、爱优比商城（母婴购物平台）、洋洋海购（进口商品多店交易平台等。微助力的全国客户已经超过1 000家，遍布各个行业，包括一汽大众、LV、米奇林中国、美特斯邦威、奥克斯空调等。④2016年，公司为客户一对一定制打造的南极电商柔性供应链系统、曙光商城、丽水山水集团拍卖系统等皆获好评。

(7) 客户服务。客户服务（Customer Service），主要体现了一种以客户为导向的价值观，它整合及管理在预先设定的最优成本——服务组合中的客户界面的所有要素。广义而言，任何能提高客户满意度的内容都属于客户服务的范围。（客户满意度是指：客户体会到的他所实际“感知”的待遇和“期望”的待遇之间的差距。）客服基本可分为人工客服和电子客服，电子服务是以现代软件及互联网技术为基础，采用集约的服务模式，整合有形设备和场所以及无形的技术和服务，为用户提供更为高效和专业的服务形式，是现代服务业发展的必然。山山商城作为一个网购平台。在成立之初，创始人毛庆龙和他的团队，每天在“火线”上“拼杀”。网站设计、宣传口号、前期招商、用户体验反馈等都要没日没夜地摸索。经过无数次的交流，无数次的尝试，最终解决了山山商城1.0版本的开发。从中可以看出客户服务不仅仅是单纯的与客户交流，还包括售前、售中和售后的相应服务，比如前期的宣传、推广，中间的与客户沟通、交流，售后的回访服务等。由此可见这个客户服务的内容是很广泛的。山山商城在客户服务上也作了很多努力。

(8) 企业文化。企业文化是企业中不可缺少的一部分，优秀的企业文化能够营造良好的企业环境，提高员工的文化素养和道德水准，对内能形成凝聚力、向心力和约束力，形成企业发展不可或缺的精神力量和道德规范，能使企业产生积极的作用，使企业资源得到合理的配置，从而提高企业的竞争力。而山山商城的成功自然也与它的企业文化密不可分。山山商城的创始人毛庆龙于2011年末创办了浙江山山网络科技股份有限公司，创业初期的艰难是可想而知的，招贤纳士、制定发展方针与路线，经过不断的奔波、找寻，毛庆龙组建了公司初期的专业团队。在一个公司发展的起步阶段，遇到任何的困难，都是公司众人一起努力闯过各个难关，一步步发展壮大。公司提出企业精神：实现理想，唯有坚持。核心价值观：客户至上、诚信、团队、开放、创新。作为最具代表性的青年电商创业典范，这些是他们共同为公司付出的努力，不难看出这个企业的欣欣向上，也看出了年轻人绝不服输、奋力拼搏的精神。在农村电商的发展热潮中，山山商城也发展迅猛，年轻人朝气蓬勃、追逐梦想，一切都无不彰显着这个年轻企业的活力与属于年轻人不畏惧、不退缩、敢于探索的精神。

山山商城模式的可贵之处在于，它不像一些发达地区，电子商务是在当地发达的工业产业集群基础上发展起来的，而是由电子商务催生了当地农产品网商，并带动了特色农业的发展。对于相当一部分以农业为主要产业的县级区域来说，山山商城电子商务的成功具有示范意义，对于农产品电子商务的普及推广意义十分深远。山山商城模式具有较高的可复制性。“电子商务综合服务商＋网商＋传统产业”的模式，在许多地区具有复制的可能性。我们已经看到，在安徽宁国等地，山山商城模式的种子已经发芽生根，显示出了其模式的可复制性。以山山商城模式为代表的县域电子商务，有望迎来一个新的发展高潮。山山商城模式的意义主要体现在两个方面，①山山商城模式是农产品电子商务的新尝试。农业是“三农”问题的重中之重，农产品则是农业的核心，发展农产品电子商务对于促进农村地区经济发展、改善农民收入、促进农业产业升级具有重要意义。与以往政府自上而下主推的农村电子商务不同，山山商城模式是一次自下而上、自发投入、依托第三方平台所进行的电子商务活动。究其原因主要在于，2005 年以来，国家推动新农村建设，配套出台了包括信息化在内的一系列政策，促使了社会力量的跟进；以淘宝为代表的第三方平台获得了长足发展，海量卖家和买家的云集，使得农民可以直接对接市场；中国互联网发展到今天，已进入从城市拓展到农村的发展阶段。山山商城模式在通过网络销售农特产品、尤其是生鲜农产品方面积累了非常有价值的经验，对于全国其他县域开展农产品电子商务，促进农业升级，具有重要的参考价值。②山山商城模式是县域经济发展的新途径。县域经济是连接国家宏观经济与基层微观经济之间的重要环节，它不仅构成了国家宏观经济发展的基石，在解决区域性的“三农”、城镇化、产业结构调整和社会管理等问题中也发挥着越来越重要的作用。同时，县域经济发展也存在着县域产业“低、小、散”，尚未形成良好的产业生态，资源环境压力大等问题。在信息时代，电子商务经济体为发展县域经济提供了新的思路。在山山商城，通过政策环境的引导与催化，以电子商务综合服务商为核心的服务驱动型县域电子商务发展新模式逐渐形成，成功促进了当地农业、服务业的快速发展，也拉动了当地内需，给发展县域经济赋予了新的内涵。

案例二：浙江博士园生物技术有限公司——农产品标准化行业先锋

1. 公司简介

浙江博士园旗下有浙江博士园生物技术有限公司、浙江博士园农业科技有限公司、景宁硕园爱心灵芝专业合作社，位于千年神秘畲乡——景宁畲族自治县和中国木质玩具城——云和县，是集食用菌生物技术研究、产品深加工与销售、进出口贸易于一体的农业科技型企业。公司拥有一支高素质人才队伍，现有院士 1 人，教授 2 人，副教授 1 人，研究员 1 人，硕士 3 人，其他管理人员全部拥有本（专）科以上学历。现与国际生物技术服务中心、华中农业大学和吉林农业大学实现了全方位联合对接。公司立足于科研，通过不断的探索以及与相关高校、科研单位的不断合作，实现了经贸合作、人才培养、基地共建、信息交流等全方位、长期性、互动式的产学研合作，注重科研、重视人才、注重科技创新已成为博士园人的共识，同时产学研联合在企业内已成为一种理念和品牌，形成了多方位、多种操作方式的合作模式，提出了“以人才为根本，以科研为出发点，以企业长远发展考虑”的企业产学研思维方式指导公司的发展，取得了长足的进步。公司已与 8 家高校、科研院所建立了广泛联系和合作，引进先进技术成果 2 项，技术水平全部达到国内先进水平，部分技术达到国际先进水平。取得国家专利5项，合作产品获省重大科技成果1项，与高校合作成立实践基地3个，合作开发新产品、新技术4项，承担省级以上科技项目5个，引进外国智力成果推广示范基地1个。灵芝复合茶、北冬虫夏草工厂化栽培等多项国际国内先进水平的高新技术成果转化为实际生产力；北冬虫夏草优良菌株选育及工厂化栽培技术研究通过省科技厅成果鉴定。鉴于公司在产学研合作上的卓越成绩，公司荣获了中国产学研合作促进会产学研合作创新与促进奖励委员会颁发的首届“中国产学研合作促进奖”，2011年浙江省农业丰收奖三等奖，2012年度浙江省农业厅技术进步奖一等奖、丽水人民政府农业丰收二等奖和丽水市科技兴林奖三等奖。公司成立以来一直致力于灵芝、北冬虫夏草等食药用菌的研究开发和深加工，拥有丰富的产品深加工生产经验，并严格遵循绿色食品标准、ISO9001：2008国际质量体系认证的要求对产品进行控制，实现规范化管理，现为浙江省骨干农业龙头企业、浙江省农业科技企业、浙江省绿色食品示范企业、丽水市农业龙头企业、林业龙头企业。公司主导产品“硕园”牌北冬虫夏草干（鲜）品，包括铁皮石斛、灵芝、猴头菇、北虫草等提取物，为国内外制药企提供优质中间体，特别是灵芝、猴头菇多糖深受消费者信赖和喜爱，产品出口美国、新加坡等地。产品投放市场以来，获得了广大消费者的认同与肯定。2015年全年销售收入达5 189.7万元。

在省委政策研究室及党委、政府领导的正确指导下，公司积极参与农业产业化建设，为实现农产品转化增值和带动农民致富做出了积极的贡献，实现了经济效益和社会效益的双丰收。公司的做法曾三次登上《丽水日报》头版头条；还被《浙江日报》《钱江日报》大幅报道，产生了良好的社会舆论效应；与此同时，得到了省、市、县三级领导的肯定。2009年7月、2010年5月，公司副总经理刘宇两次受到了时任浙江省委赵洪祝书记的亲切接见，赵书记对公司的发展给予了肯定。2009年8月，中国人民政治协商会议、中国商业企业管理协会商业农业考察团莅临公司考察，考察团负责人全国政协常委原民建中央副主席陈明德对公司的快速发展和产品质量给予了高度的赞赏。2010年3月4日，时任浙江省委副书记的夏宝龙到博士园考察，听取了公司负责人汇报了《食用菌产业发展农业循环经济的探讨》，由衷地赞叹说："博士园，真博士!"。在一段时间的发展中公司逐渐形成了"求真"的企业文化，这不仅是对生产质量可靠产品的要求，也成为公司员工的道德诉求，还是博士园定位于食药用菌保健行业的坚定决心。公司将强力打造"硕园"品牌，作为长期战略目标，为人类的健康、快乐、长寿做出自己的贡献。

2. 公司主要做法

（1）抓人才，树形象。一个企业的最大优势最终必将是人力资源的优势，而一个企业的成功也肯定是人才战略的成功。如何让优秀人才为我所用实现共同发展，一直是我们不断探索的管理问题。目前公司拥有一支高素质人才队伍，有院士1人，教授2人，副教授1人，研究员1人，硕士3人，其他管理人员全部拥有本（专）科以上学历，正是他们的不懈努力和创新发展理念推动博士园走向了一个又一个高峰。公司特聘请澳籍华人，"国际药用菌之父"、香港中文大学荣休教授张树庭院士为高级顾问；聘请原华中农业大学植物科学技术学院副院长、中国食用菌协会常务理事长、湖北食用菌协会副理事长、《中国食用菌》编委——吕作舟教授担任公司首席专家。有了好的人才队伍，需要让他们充分发挥自己能量，建立适宜的用人机制显得尤为重要。企业针对每个员工制定了个性化的人才培养方案，充分利用当地的人才支持政策，树立了"做人为先，做事为重"的理念，鼓励员工参与社会公益活动。同时，科学优化企业内部人事制度和工资分配制度改革，保持企业生产经营活动的健康发展。公司组建了景宁博士园研发中心，成立了以公司执行董事刘卿命名的"刘卿丽水市技能大师工作室"，入选浙江省第一批省博士后工作站、丽水市企业博士工作站，现有技术骨干5名、质量安全控制技术骨干3名，其中有两名员工分别获得2009年景宁畲族自治县"十大杰出外来（进城）务工青年"和"十大优秀外来（进城）务工青年”荣誉称号，公司副总经理刘宇荣获第十届“浙江优秀青年称号”，2010年浙江首届青年年度人物，浙江省151第三层次人才，丽水市138第一层次人才。公司顾问张树庭教授荣获2008年浙江省“西湖友谊奖”。在中华人民共和国六十华诞之际，张树庭教授再次荣获2009年国家“友谊奖”，时任国务院副总理张德江为其颁奖。在人民大会堂，温家宝总理亲切接见，他们获得的认可是公司全体员工的共同荣誉，也是公司人才引智计划的成功。

（2）抓基地，带农户。在景宁县委、县政府的关心和支持下，公司利用科技优势，成立“硕园爱心灵芝专业合作社”，首创“科研＋公司＋合作社＋农户”的惠农模式，获得了良好的社会和经济效应，解决了部分弱势群体的生活困难，也为企业关注社会、感恩社会、扶助公益事业探索出一条可行的新路子。合作社涵盖了鹤溪镇的周湖、双后降、三枝树三个民族村农户，梧桐乡低收入农户，农村残疾人家庭。农户社员秉着“自愿、民主、平等、互利”原则，以现金入股，生产经营管理由合作社生产管理人员操作，并承诺每年股金分红。而农户不需参加任何生产经营活动即可确保每年可领股金分红。宗旨是发挥龙头企业的人员、技术、资金、信息等优势，第一期在景宁县鹤溪镇三枝树村金山垟建立标准化灵芝栽培基地。公司以投身社会公益为出发点，关注社会弱势群体的生存状况，入股景宁硕园灵芝爱心专业合作社，积极为景宁灵芝硕园爱心专业合作社提供资金、技术、信息的支持，同时凭借其产品需求消化了硕园灵芝爱心专业合作社所产的大部分灵芝产品，解决了其市场销路问题。而硕园爱心灵芝合作社作为公司与弱势群体之间的纽带，通过标准生产解决了博士园公司的原料问题，保证了原料来源与质量，同时与我们的社会公益诉求契合，实现了资源配置与优势互补。硕园爱心灵芝专业也规避了一般的农民专业合作社所面临的技术、资金、市场等风险，体现除了爱心专业合作社的独特之处。爱心专业合作社的模式是一个多赢的合作模式，既达到政府的要求，又满足企业的发展，最终也完成了扶贫任务。通过该模式的实施，将改变以往由政府拨款的单一扶贫方式和以往重复性扶贫的局面，实现从“授之以鱼”到“授之以渔”的跨越。如今，经过一段时间的发展，硕园爱心灵芝专业合作社取得了一定成绩，被认定为“浙江省百强合作社”“浙江省省级专业示范合作社”“浙江省扶贫开发实用人才实训基地”“浙江省引进国外智力成果示范推广基地”“市级林业示范性专业合作社”“景宁县十佳农民专业合作社”。

（3）抓认证，保品质。公司以“产品质量是企业生存的唯一保障，诚信营销是企业发展的永恒之道，回报社会是巩固企业的最终目的”为企业宗旨。努力做好产品质量体系认证，大力推行农业标准化，确保产品质量，做到质量有标准，生产有规程，产品有标志，市场有监测。规范产前、产中、产后的配套生产技术标准，制订严格的产品质量标准，稳定公司产品的内在品质。积极采用国际标准和国内同行领先水平的标准，开展国际通用的良好生产规范（GAP）、质量管理体系（ISO）等体系认证。经过努力，公司通过了 ISO 9001：2008 质量体系认证，公司八项产品获得绿色标志认证。值得一提的是，由公司联合县内多个部门起草的浙江省地方标准《北冬虫夏草栽培技术规程》已于 2009 年 5 月 13 日由浙江省质量技术监督局批准发布，并入选供销合作社行业标准制定、修订计划项目。在 2016 年 12 月 31 日，北冬虫夏草地方标准又重新修订发布。丽水日报曾盛赞公司通过制定标准，做一流企业，掌握行业话语权。公司志在做北虫草行业规范的标准先锋，从行业高度考虑企业问题。通过认证，公司建立了一套系统化、科学化的管理体系，规范了相关的管理活动和职责，理顺了内部管理关系，确立了“职责明确、进程控制、预防为主、不断改进”的管理模式，保证公司产品质量，为消费者提供优质、绿色、健康的产品。

（4）抓市场，促发展。生产经营什么最重要？是市场！市场是企业的根本。公司结合发展实际，以“公司—代理商—零售商—专卖店”为基本市场体制，渠道建设以终端建设为中心，让产品、信息、服务直接面对消费者，有效防止广告浪费、窜货、降价倾销，快速收集市场信息、做好销售服务和各种促销活动。公司和商家共同投入市场运作，优势互补、互相促进，资源信息共享，形成鱼水关系。公司为商家提供顾问式服务。市场管理以网络、渠道与售点管理为主。根据市场规模设置管理机构与人员（如营销经理、销售代表等），基本要求是克服空白市场，避免浪费市场机会，同一区域市场同步启动、协同成长。公司在拓展国内市场同时积极开拓国外市场，经过五年的品牌营销，灵芝孢子粉等产品已逐渐被越来越多的国外客商认可，并已经顺利打开南美及东南亚市场。公司在拓展市场的同时，还不忘市场宣传。近年来，公司积极参加省、市、县各部门组织的展会，先后参加了“第五届国际药用菌大会”“中国绿色食品2009烟台博览会”“2009中国义乌国际森林产品博览会”“2009中国食品博览会”“2009、2010浙江农业博览会”“2010中国特色农产品博览会”及“第三届中国义乌国际森林博览会”等。公司产品在各展会上受到了广泛的好评，其中公司产品破壁灵芝孢子粉分别于2009年、2010年、2011年、2012年、2013年连续五年在中国义乌国际森林博览会上被评为金奖、优质奖，并在2010/2011年度中国特色农产品博览会、2010/2011年度浙江农业博览会上荣获金奖，2012/2013年度浙江农业博览会上荣获畅销产品奖。

（5）抓党团，促和谐。公司根据发展实际情况，并在县团委的关心与支持下，于2008年3月成立团委，积极引导公司青年员工全面提高青年员工素质，为大学毕业生创造良好就业平台与机会，改变他们的就业创业观念。在组织建设方面，认真执行党的路线、方针、政策，积极响应党的号召，建立健全团组织，努力发展共青团青年的主观能动性，积极做好先进团员和先进团干部的“推优”工作，共青团作为党的助手和后备军，肩负着为党输送合格人才的重任。为加强做好此项工作，确保补充和充实党的队伍，团支部对“推荐优秀团员的发展对象”工作做了进一步的规范，组织团员做好非团员的思想政治教育工作，激发他们奋发向上的积极性和工作热情，提高自身素质，帮助他们早日加入党组织，积极为党输送新鲜血液，两名优秀团员推选为“入党积极分子”。公司八名青年员工获得初级专业技术职称，对于员工本身乃至公司全体员工都有着巨大的鼓舞作用。团委书记刘宇被评为景宁县“十佳创业青年”，并入选为第七届丽水市“十大优秀青年”，第十届“浙江优秀青年”“全国优秀共青团员”充分发挥青年团员的先锋模范作用，增强了企业的向心力与凝聚力。为方便工作和加强党员管理，充分发挥基层党组织在经济建设中的战斗堡垒作用和党员的先锋模范作用，公司于 2009 年 11 月成立了党支部。公司发展源于效益，效益创造源于人才。党支部喊响“让支部成为公司的‘人才库’和‘英雄榜’，让党员成为公司员工的‘标杆’和‘旗帜’”的口号，引导全体党员和入党积极分子在公司经营中发挥先锋模范带头作用。党支部完善党员贡献率评估机制。注重加强对党员的经常性教育，不断增强党性观念和服务企业的意识，定期评定党员、入党积极分子在为公司经济发展和企业文化建设中的贡献。开展主题实践活动。在公司全体党员和积极分子中开展“争做思想上的先锋、工作上的骨干、经济上的能人、政治上的红人”的“四争活动”，牢固树立“有为才有位、有位更有为”的意识，以实际行动展示党员的先进性。社会是企业的土壤，企业是社会的细胞。党支部坚持真情服务员工，努力实现公司内部的人文和谐，坚持公司回报社会的宗旨，塑造良好的企业形象。一是关心员工思想，打造积极向上的团队。党支部贴近员工思想实际，定期组织开展篮球比赛、技能比赛等文娱、生产竞赛活动，鼓励党员、入党积极分子参加上级组织的各项活动，拓展了党建工作的阵地，增强了公司内部的交流，在员工中形成了快乐学习、快乐工作、快乐生活的良好氛围。二是关心员工生活，打造互助互爱的团队。党支部充分发挥组织优势，积极协调业主、管理者、职工三者之间的关系，注重落实和维护员工的合法权益，积极帮助员工解决生活中的实际困难，引导全体员工互助互爱，在员工中形成了信任党组织，热爱公司、努力工作的良好氛围，为公司的发展打下了良好的群众基础。

（6）抓投入，上硬件。为了使企业健康快速发展，运用科学发展观，增加企业科技创新的投入，同时构建现代新型体制，完善管理制度，稳步发展企业。在新形势下，企业如何上档次、上水平、上规模，无论是企业硬件设施的改进，还是员工专业技术的培训，都不断加大科技投入力度，实现新的超越和提高。自入驻景宁七年以来，公司已具备把企业做大做强的能力与实力。经过不断的努力，现有“破壁灵芝孢子粉”“铁芝草”两个产品已经进入国家食品药品管理局“健字号”审批程序。目前，已在景宁澄照农民创业园置地 22 亩，计划投资 6 000 万元，用于新的符合 GMP 认证的食用菌深加工流水线建设，扩大企业产出规模、打破周期性生产规律，使食用菌深加工技术趋于标准化生产，是食用菌产业转型的重要一步。通过提升博士园生物技术研发中心与规范化实验室的建设，满足产品质量检验和保证企业科研创新的需要。同时注重生物技术的创新研发，服务于景宁食用菌产业。建成符合 GMP 要求的食用菌深加工萃取流水线，提升产品附加值，同时利用科技优势，抢占行业先机。

3. 公司发展经验

浙江博士园公司坚定不移地走高科技、高效益、无污染、生态型的科学发展观的新路子，坚持科学发展企业，逐步成为当地直接带动农户增收最多的农业龙头企业之一。目前公司研发了硕园牌北冬虫夏草、灵芝、黑木耳、猴头菇等系列精加工产品，产品投放市场后以其优良的品质和独特的功效得到了广大消费者的认同和喜爱。随着人民生活水平的提高，追求高质量生活水平的要求及愿望日益增强，很多地区的人们每天的生活都离不了高营养、具有保健功能的食品。博士园公司产品符合国家国民经济与社会发展的长期规划目标和高效农业的发展方向，国家政策也大力支持。目前市场上滋补虫草货源奇缺，国家大力提倡人工培育种植业，现代化农业应该是高效的生态农业，高效生态农业是农业发展的必然选择。

（1）创新与特色。公司主打品牌硕园牌北冬虫夏草，在生产中积极导入 ISO 质量管理体系、绿色食品标志等认证，先后制定了芝多糖胶囊、北冬虫夏草胶囊等产品企业标准，以超出行业平均要求的标准要求其产品。进一步规范和促进浙江省北冬虫夏草的标准化生产。公司创新技术，用剥离废弃的茭白叶茎栽培食用菌，不仅可有效解决废弃的茭白叶茎对环境的污染问题，而且还可以节约木材，保护林木资源，有效缓解当地“菌林矛盾”，降低生产成本，变废为宝，产生更大的经济效益。

（2）产品与服务。公司主打产品北虫草为麦角菌科真菌北虫草的菌核及子座，又名北冬虫夏草，是我国名贵中药材之一。人工虫草比天然虫草成本更低，且便于控制品种质量，食用安全，营养丰富。食用菌是世界公认的一种营养、卫生、保健食品，其质地细嫩、味道鲜美、营养丰富，具有很高的食用和药用价值。随着公司的不断发展，产品范围也会不断扩大，现今公司将消费人群对准那些注重于养生保健的中老年人，了解他们最近食用产品后的感受及对本公司产品的建议，进行有效的售后服务。

（3）运营模式。公司采用线上、线下、线上和线下经营相结合的运营模式。①线上运营：公司建立了较为完整的电子商务体系，将网站（http：//www.zjbosye.com/）、网店有机地结合在一起为中老年人提供产品与服务。②线下运营：公司通过实体店、加盟店和代理商在各个地区构成了公司的线下运营体系，它能为中老年人提供直接服务，解决消费者的疑惑，弥补公司因时间和地域差异相关因素带来的服务延迟等缺陷，按季节产量实行促销活动，拉动线上的销量。③线上和线下运营相结合：公司利用电子商务体系将线上线下运营体系灵活结合以实现公司高效的运营，努力打造成一家混合运营模式的大公司。盈利模式：公司的盈利方式主要包括商品销售收入、网上购物平台、博士园会员消费积分制、在线广告费以及品牌加盟费等。为了鼓励商家加盟、拉动公司的信誉和声望，第一年采取不收取品牌加盟费和广告费的措施来提升加盟量，第一年免收 VIP 会员注册费以吸引客户注册，通过消费积分制拉动销售量。④营销模式：与传统销售模式不同，采用的是直销模式。直销模式实际上解决了企业外部资源引用，即战术资源和一线人力资源；对于中小、后进型企业。直销模式可作为市场启动可选模式。并且采取常规模式的大中型企业适时转化广告、品牌资源，以直销手段结合重点顾客管理进入高利润回报、市场份额加固时期。

浙江博士园生物技术有限公司还受邀重修一项全国供销合作社行业标准，近期完成了《北冬虫夏草栽培技术规程》等2项供销合作行业标准征求意见稿。体现了公司充分听取各方意见，确保标准公开透明、科学有效的优秀组织特点。作为国内为数不多受邀参与重修《北冬虫夏草栽培技术规程》供销合作行业标准的企业，浙江博士园生物技术有限公司早在2009年就组织起草了全国首个北冬虫夏草地方标准，占据了行业发展制高点，确保了云和县大部分北冬虫夏草在产前、产中、产后的各个环节中实施标准化管理，提高了北冬虫夏草质量及产量。公司的长期战略目标定位为应用食用菌生物科学技术，培育出更多蕈菌产品，从产品研究、模式整合，到中间运输，再到一线销售点销售，都在为人类的健康、快乐、长寿做出自己的贡献，体现了博士园人积极、进取的心态和崇尚自然健康的态度。

案例三：浙江景宁畲乡物流有限公司——综合物流战略

随着电子商务的飞速发展，以终端消费者为对象，个性化、多样化的物流体验将成为电子商务条件下消费者的核心诉求，这其中最重要的就是物流服务。而在浙江丽水景宁畲乡就有这样一家集蔬菜种植、农产品收购、配送、货运于一体的综合性物流企业，也是该县首家物流龙头企业。浙江景宁畲乡物流有限公司成立于2009年9月，是景宁县首家注册成立的物流公司，服务项目有国内快递、物流配送与仓储等。公司通过ISO9001：2008质量管理体系认证，现为国家综合服务型AA级物流企业，浙江省工商企业信用AA级“守合同重信用”单位，丽水市市级物流重点龙头企业，景宁畲族自治县县级物流重点龙头企业，中国物流与采购联合会会员单位，浙江省物流与采购联合会会员单位，浙江省交通运输协会联运物流委员会单位。并被浙江省电子商务促进会评为“AAA级电子商务企业”。目前，公司下设畲乡特色农产品配送中心1个、千亩绿色高山蔬菜种植基地、农村网络配送站26个、云和分公司、小件快递分公司、义乌托运部、永康托运部等下属机构。于2016

年10月在景宁开工建设的畲乡现代农产品冷链物流中心项目，在建成后还将为畲乡物流有限公司旗下“畲森山”品牌生态精品农产品提供高质量的冷藏、加工、包装、配送等方面的服务。公司致力加快完善景宁畲族自治县快递物流网络建设步伐，建立一体化物流专业经营体系，充分发挥营销、仓储、配送一体化的运作模式，为用户提供全方位的快递物流服务。同时，该公司还将在全县各乡镇建立农村物流配送网点，将每天收集的货物及时配送到客户手中，使农民在家门口就能办理全国货物托运和收货业务，改变了以往农村农民托运货物和收货都要跑到县城的状况，真正减轻了农民负担，为推进畲乡社会主义新农村建设起到了积极的作用。

电商行业日新月异，其下产生的物流行业也需要不断地调整，才能立足于这个竞争日益激烈的市场。浙江景宁畲乡物流有限公司就是抓住了这个重要点，稳固自己实力的同时不断调整经营模式。众所周知，乡村一带农民比较多，景宁畲乡物流有限公司看到了这一点，致力于农产品的推广与销售，物流公司成立后，加快了完善该县快递物流网络建设的步伐，建立了一体化物流专业经营体系，充分发挥营销、仓储、配送一体化的运作模式，为用户提供全方位的快递物流服务。同时，该公司还在全县各乡镇建立了农村物流配送网点，将每天收集的货物及时配送到客户手中，使农民在家门口就能办理全国货物托运和收货业务，改变了以往农村农民托运货物和收货都要跑到县城的状况，真正减轻了农民的负担，为推进畲乡社会主义新农村建设发挥了积极的作用。这样不仅自己获得了利润，也给整个畲乡创造了可观的收益，团体的力量是强大的，齐心协力更是事半功倍。

2014年，景宁物流与电商接轨成立了自己的网站，用于宣传、销售自己的特色农产品。可见景宁物流领导人是一个善于抓住时代信息发展的敏锐之人。2015年，很多人生活达到了小康水平，开始追求绿色高端的农产品，就在这时景宁在线商城正式上线，全国各省的人可以通过在线商城购买景宁的高山蔬菜，景宁物流为自己的发展又添一笔。2016年，景宁物流顺利竞标浙江省景宁物流有限公司，这标志着该县首个物流仓库用地成功挂牌。经过后期发展，将承担运输、存储、装卸搬运、包装、物流信息处理等多项功能，最后实现流通方式的创新。景宁物流一步一个脚印，走出自己的特色，走出自己的一条健康发展大道。

1. 经验做法分析

景宁畲乡物流有限公司依托景宁县得天独厚的高山气候条件，发挥自身物流配送优势，突出“农与商”的有机结合，大力发展绿色高山无公害蔬菜种植、配送业务，以“蔬菜基地＋收购网点＋农产品包装＋连锁销售＋产品配送”的新型模式开展生产经营。2012年，浙江景宁畲乡物流有限公司决定在巩固原有农村物流配送工作成绩的基础上，将公司运输业务从单一业务模式向多种业务模式转变，将物流工作重点转移到绿色无公害蔬菜种植、收购、配送上。专门成立特色农产品配送中心，依托景宁县得天独厚的高山气候条件，建立高山绿色蔬菜种植基地，全面推广高山绿色蔬菜种植。以“蔬菜基地＋收购网点＋农产品包装＋连锁销售＋产品配送”的新型模式开展生产经营，在沙湾镇高海拔地区建起了200亩高山绿色蔬菜种植示范基地。目前，公司与沙湾镇旺水、上处垟、林坑、叶桥、流坑、东堡、李处、何处、陈田、莲川、陈司坑、本岱、水井；英川镇凤垟；鹤溪街道浮丘、包凤、张村、鹤溪、半垟；澄照乡双港、三石、翁边、大赤洋、徐山等24个村3 000多农民签订农产品种植收购协议，扩大蔬菜种植面积达5 000多亩。2013年，景宁畲乡物流有限公司特色农产品配送中心在沙湾镇叶桥村等高海拔地区建起了300亩无公害绿色高山蔬菜种植示范基地，扩大蔬菜种植面积达5 000多亩，直接带动沙湾片区1 000多农户3 000余人就近就业，使农户年人均收入增加5 000余元。在产业化经营中，浙江景宁畲乡物流有限公司与农户结成利益的联合体。农户种植出来的蔬菜不但在销路上有充分保障，而且享受公司提供的蔬菜种子、绿色有机肥和农技人员技术指导，所有蔬菜公司均以高于市场批价进行回购。公司与农民突破了单纯的买卖关系，建立目标一致、分工协作、优势互补、利益共享的产业合作关系，使农产品生产和销售联结成一个有机整体，让农民真正得到实惠。2016 年 11 月景宁县大量应季生姜集中上市，出现滞销卖难现象。景宁畲乡物流特色农产品配送中心为切实解决菜农的销售难题，主动与农业部门沟通联系，上下联动、产销对接，以收储、加工、配送、加快交易服务速度等多种措施，减少田间生姜的积压。该配送中心一方面加大产销联系力度，扩大销售渠道，另一方面通过“畲森山”在线商城、参加农产品展销会、团购、会员配送、增设临时销售摊点等方式加大销售力度，并将销售市场重点放在杭州。该配送中心已成功为景宁县姜农销售生姜 2 万余千克。针对外地生姜货源较多、竞争较为激烈这一实际，在销售过程中，该配送中心专门挑一些精良的生姜进行运输销售，确保广大百姓吃得安全放心。下一步，该配送中心还将通过“引导农民调、指导农民种、帮助农民销”等手段，积极引导菜农把握种植和销售的时机，努力做到产销信息的对称，使农民受益、市民得实惠。2017 年 9 月景宁畲乡物流有限公司与景宁光大生态经济产业基金管理有限公司签署了投资协议。双方一致同意将合作关系提升到全面战略合作层面，景宁光大生态基金将直接以股权投资的形式注资畲乡物流，打通畲乡物流对接资本市场的通道。景宁畲乡物流有限公司充分发挥景宁的高海拔地理优势，开展高山特色农产品种植、销售和配送一条龙服务，走标准化、规模化、品牌化发展道路，通过品牌效应及重点物流龙头企业的带动引领，推动配送产业的联动发展，将高山蔬菜种植基地打造成为上海、杭州、宁波和温州等城市蔬菜供应的“菜园子”，既增加了本地农民收入，也提高了高山地区的种植效益，更促进了现代物流业与现代农业的创新发展。景宁县农业部门积极投身产业模式转型发展，把农产品生产和销售联结成一个有机的整体，通过专业化、市场化的运作，扩大了景宁县高山蔬菜的知名度和市场占有率，从根本上解决了高山蔬菜销售难的问题。

景宁县独有的高山气候自然条件，冬无严寒，夏无酷暑，十分有利于农产品的种植栽培、储存、运输、配送。农业与商业的结合模式，最大程度地发挥了自身的物流配送优势。物流快速发展的经济大环境也给畲乡的物流发展提供了强大的支撑。创新的业务模式为该地物流发展注入新生动能，将公司运输业务从单一模式向多种业务模式转变，依托电商物流，以诚信为本，完善物流网络体系，建立了一体化程度高的物流专业模式。产业化经营中，公司与农户达成良好合作，形成可持续发展利益链，突破了原始原有的单纯买卖关系，分工专业化合作，优势共补，取长补短，农户解决了蔬菜销路保障的担忧，获得公司提供的技术辅导和高品质的蔬菜种子。经过了漫长的两年摸索实践学习期，农民增收和企业收益稳定增长初见成效。然而时代和经济大环境总是充满无限挑战，畲乡物流公司秉承优良企业文化“忠诚，向善，责任，感恩”和强大的企业精神，弘扬艰苦奋斗、百折不挠、自强不息、追求卓越的企业精神，将继续与社会各界人士携手共进，共创美好未来。

2. 规划目标分析

面对充满希望和挑战的新机遇，畲乡物流决定不断提高自身素质和服务质量，秉承诚信务实、安全高效、合作共赢、永续发展的经营理念，弘扬艰苦奋斗、百折不挠、自强不息、追求卓越的企业精神，与社会各界携手共进，共创美好未来。企业文化是企业不可缺少的一部分。首先，畲乡物流公司的这样企业文化为企业营造良好的企业环境。其次，畲乡物流公司的这样企业文化提高员工的文化素养和道德水准。再次，畲乡物流公司这样的企业文化对内能形成凝聚力、向心力和约束力，形成企业发展不可或缺的精神力量和道德规范，从而对企业产生积极的作用，使企业资源得到合理的配置。最后，这样的企业文化加大了对消费者的吸引，对企业的经营活动产生巨大影响。

企业的经营理念是企业经营活动的指导思想。首先，畲乡物流公司这样的经营理念为本公司的生产经营活动提出了要求，让本公司的生产经营活动有了主要依据和标准。其次，畲乡物流企业的企业理念是对市场和本身核心竞争力的分析和总结，使本公司的生产经营更有效。畲乡物流公司“诚信务实，安全高效”的经营理念更是为消费者提供了保障，加大现有客户或潜在客户与本公司的合作，从而提高企业的竞争力。企业精神是企业经营宗旨、价值准则、管理信条的集中体现。畲乡物流公司这样的企业精神为全体员工提供了共同的价值观，对企业员工有着巨大的内聚作用。再次，畲乡物流公司这样的企业精神是企业管理理念和价值观去粗取精、去伪存真的过程，以此调整培育健康正确的企业精神能够促进思想政治工作的实效，使企业文化更好地为企业的生产经营服务。最后，畲乡物流公司这样的企业精神能够衍生出更严格的行为规范和道德标准，对员工的行为起到规范和约束作用。

为了适应新的不断发展的经济，物流公司早已不能拘泥于单纯的仓储和配送，如何能为用户提供全方位的贴心的快递物流服务成为物流业的终极问题。在这个问题上，我们可以借鉴浙江景宁畲乡物流有限公司的经验。作为浙江景宁县首家注册成立的物流公司，浙江景宁畲乡物流有限公司成熟的运行模式、健全的管理制度、可持续发展的经验做法和长远的战略规划目标都带给其他物流企业新的启发和思考。农村地区偏僻，不如城市交通发达，而畲乡物流在县镇建立农村物流配送网点，以农户县村为基点不断向外辐射，方便了用户收取快递，提供了令用户满意的服务，打出了良好的口碑，一定程度上也推动了新农村的建设。浙江景宁畲乡物流公司将不断提高自身素质和服务质量作为其今后的规划目标，相信浙江景宁畲乡物流凭借艰苦奋斗、百折不挠、自强不息、追求卓越的企业精神能在物流业里占领市场，打出一片属于自己的天地。

案例四：浙江讯唯电子商务有限公司——农村电商培训践行者

随着电子商务的快速发展，各种业态不断细分与创新，电商服务业作为生态圈建设的驱动力量被日益重视。作为农村电子商务平台的实体终端直接扎根于农村服务于“三农”，使农民成为平台的最大受益者。浙江讯唯电子商务有限公司是丽水市农村电子商务发展建设中涌现的区域综合服务型电子商务龙头企业，探索发展创新区域电商公共服务模式，形成具备市场竞争力的区域电子商务建设新型服务产品，为二、三线城市特别是电子商务初级发展区域提供了切实可行、容易复制推广的发展模式。浙江讯唯电子商务有限公司通过“主体培育、孵化支撑、平台建设、营销推广”四大体系帮助电子商务初中期区域实现生态建设。简单地讲是承担了“政府、网商、供应商、平台”等参与各方的资源及需求转化，促进区域电商生态健康发展。

讯唯电商创立于2012年，是2012年浙江省商务厅、浙江省电子商务领导小组办公室推荐的电子商务服务示范企业，首批列入《浙江省电子商务服务企业名录》及《浙江省电子商务培训机构名录》和《浙江省电子商务实践基地名录》，2012年丽水市农村电子商务示范企业，2014年浙江省电子商务服务10强企业，淘宝大学县域人才服务商，淘宝网丽水区域首家认证服务商，由丽水日报社与浙江讯唯网络发展有限公司（以下简称浙江讯唯网络）共同投资建立，2015年3月讯唯电商注册成立了丽水市讯唯电子商务职业技能培训学校。母公司浙江讯唯网络创立于2003年，注册资金5 000万元，是国家级高新技术企业、浙江百强重点文化企业，2012浙江省电子商务服务示范企业，2013浙江省电子商务服务10强企业，2014年浙江电子商务示范企业。丽水讯唯电商公司目前运营的项目有丽水市农村电子商务服务中心、千岛湖电子商务公共服务中心、山东省齐河县电子商务公共服务中心、淘宝网“特色中国·丽水馆”运营机构、淘宝大学丽水青年培训中心运营机构，成功为甘肃省陇南市、江西省新余市、河南省登封市等地提供区域电子商务建设教练式服务。丽水讯唯电商通过多地区域电子商务建设服务，通过“主体培育、孵化支撑、平台建设、营销推广”四大体系帮助电子商务初中期区域实现生态建设，是国内区域农村电子商务领先，创新的落地综合服务商。

丽水如一块镶嵌在浙西南绿色山区的璞玉，怎样把遍地的中药材、满山的食用山珍、精美的青瓷宝剑与经济社会又好又快发展，人民群众生活更加富裕画上等号，是一个值得不断深思和努力探索的问题。毫无疑问，浙江讯唯电子商务有限公司正在从事这件伟大的事业，它带动一方水土逐步富足，让巨大的自然资源转化为经济效益，利己更利民。浙江讯唯电子商务有限公司成立于2012年5

月，由浙江讯唯网络发展有限公司及丽水日报社共同投资，快速成长为全国领先的区域电子商务落地服务商。2013 年 3 月丽水市农村电子商务建设工作领导小组办公室通过招投标的形式，确定丽水市讯唯电子商务有限公司为丽水市农村电子商务服务中心主要运营方，开展具体的公共服务工作。公司是浙江省电子商务服务示范企业、丽水市农村电子商务服务中心运营机构、千岛湖电子商务公共服务中心运营机构、淘宝网“特色中国·丽水馆”运营机构、淘宝大学丽水区域指定合作机构、丽水市农村电子商务示范企业。通过培训提升，孵化支撑、平台建设、营销策划四个方面为区域经济构建新型电子商务公共服务体系。讯唯电商凭借县域电子商务服务方面的卓越运营表现，陆续荣获 2012 浙江省电子商务示范企业，2013 浙江省电商服务十强企业，2014 年浙江电子商务示范企业，2015 浙江省电商服务十强企业，2016 浙江省农村电子商务示范龙头企业等称号，2016 被评为省级电子商务 4A 级企业，并首批列入《浙江省电子商务服务企业名录》《浙江省电子商务培训机构名录》和《浙江省电子商务实践基地名录》。讯唯电商建立了新型电子商务公共服务体系，系统化地改变了电子商务产业发展依赖大型平台、难以落地生根的现状，以区域经济电子商务应用普及、品牌成长、主体繁荣为目标制定有针对性的实施方案，理顺政府与市场主体的分工关系。培训电子商务人才，为网店业主、传统企业提供多种服务，通过自营店铺及代理运营网店，构建以电子商务、团购、分销等为主的产品销售体系，还落地了五个公共服务平台。如今丽水农村电子商务模式日益成熟，农民日渐富足，离不开唯讯早期为农村电商垫的石、出的力。

公司组织机构高效率、分工明确，按照功能划分设有总经办、总经理服务部、人事行政、公共服务运营中心、业务运营中心、O2O 筹备组，建立了一个高效运转、运营机制完善、人力资源管理系统完整的组织结构体系，共有员工 37 人，成员平均年龄 25 周岁，大专以上学历 90%以上，其中电子商务专业 3 人、电子商务专职教师 4 名，设计专业 5 人、计算机信息工程专业 15 人，团队成员各怀专长，专业互补，有丰富的专业经验和较强的实战经验，为着共同的目标奋斗，为创业梦想而拼搏。主营电子商务咨询服务、人才培训，是国内知名电商服务品牌机构。控股山东齐河讯唯电子商务有公司、山西隰县讯唯电子商务有限公司、丽水市绿盒电子商务有限公司、浙江村村达电子商务有限公司、贵州盘州讯唯电子商务有限公司、六盘水讯唯电子商务有限公司、江苏镇江讯唯电子商务有限公司、丽水市讯唯电子商务职业技能培训学校等，参股丽水市农村电子商务学院。陆续为山西省隰县、山东省齐河县、杭州市淳安县、黑龙江省伊春市、重庆省云阳县、陕西省千阳县、黑龙江省佳木斯市等区域进行电商服务。

企业组织机构高效率、分工明确，按照功能划分设有总经办、企管中心、公共服务运营中心、营销中心、社群营销部，建立了一个高效运转、运营机制完善、人力资源管理系统完整的组织结构体系。公司是农村电商主体培育工作优质团队，凭借农村电子商务服务方面的卓越运营表现，是团中央、商务部培训中心合作单位，成功策划举办了多个全国性高级培训课程，如“全国首届农产品上行”高级研修班，“全国电子商务扶贫”高级研修班，“中国青年精英训练营”，“电子商务进农村示范县”高级研修班等，课程研发能力强，团队执行经验丰富。讯唯电商已在浙江、山东、山西、贵州等多地设立了 7 家子公司，为 15 个省、30 余个县区提供农村电商区域化服务。讯唯电商团队目前主要运营的项目有丽水市农村电子商务服务中心（荣获 2013—2014 年度全国青年文明号）、千岛湖电子商务公共服务中心、河南登封电子商务公共服务中心、山东省齐河县电子商务公共服务中心、淘宝网“特色中国·丽水馆”、淘宝大学丽水商学院等，并成功为甘肃省陇南市、江西省新余市、黑龙江伊春市、重庆市云阳县、陕西省千阳县等地提供区域电子商务建设服务。公司在绿谷信息产业园内自建大楼，建筑总面积 50 000 平方米，拥有 1 060 个停车位，前期合计投入 1.95 亿，第 11～12 层打造为全新的“特色中国·丽水馆”办公区域，装修总投资 180 余万元，2016 年 10 月投入使用。新办公区域将划出合计 500 平方米作为网商培训教室，分别为小培训室（50人）、电讯培训室（容纳50台电脑）以及大培训室（200人），以解决农村合作社、家庭农场等日益迫切的开店、运营、销售等电商服务。

讯唯公司还与丽水市农业投资发展有限公司、丽水市供销社合资成立丽水市绿盒电子商务有限公司，负责“丽水山耕”区域品牌线上线下结合的新渠道推动与营销，与淘宝农业、淘点点、顺丰等均有良好的业务合作，在杭州、温州、绍兴、上海等地设有22个O2O体验服务店，完成了超过120个品类的生鲜特色农产品互联网属性包装及物流规程。同时投资500余万元建设丽水市农产品电商化加工处理中心，配备了低压冷鲜设备、低温冷库、冷藏车、异型包装机等硬件设备，为农产品电商化进行前端供应链服务。项目被列入国家科技部农村信息化浙江省示范工程，目前一期已经投入使用。

公司针对性地开展区域电子商务需求的相关服务推动工作。通“主体培育、孵化支撑、平台建设、营销推广”四大体系助力丽水商企进军电商市场。①形成电子商务主体培育体系。电商主体的壮大与成长是区域性电子商务发展的根本与基石，通过和淘宝大学等电子商务专业教学机构合作，2013年3月以来开展创业基础班、电商精英班、政企宣讲班等各类课程百余次，培训人员达7 000余人，形成了市本级综合调配课程、师资，九县（市、区）巡回支撑的集约专业培训体系。同时与当地政府创新开展“丽水百家生态精品农产品上淘宝”“网络经纪人”“电商来料加工”“农村两创淘宝示范班”等主题课程教学。2014年，与淘宝大学、淘宝网生态农业部合作，定制开发全国首套农产品电商化课程体系。②构建电子商务孵化支撑体系。“开店容易运营难”是电子商务创业人员上手期遇到的普遍问题，通过四个方面构建孵化支撑体系，降低创业门槛，提升电商创业成功率。一是通过“丽水青年电商网”、QQ群、公共微信号、主题沙龙等形式，促进网创人员线上线下交流互助；二是设置专职“创业导师席”为网创人员即时动态的技术指导与咨询答疑；三是针对美工摄影等技术需求，开展免费及低成本的技术服务；四是向初级网创人员对接本地网货分销商或站点，实现“零库存，低成本，无风险”分销服务。③打造电子商务公共平台体系。通过政府授权开发运营区域性电子商务公共推广平台，打造互联网城市名片及营销载体。一是线上服务平台，2013 年 12 月 27 日与淘宝网合作上线浙江省首个地市级特色馆——“特色中国・丽水馆”，目前入馆网商 320 家，涉及网货单品 2 500 件，“特色中国・丽水馆”为丽水市的农业特色产业、网商、旅游、农家乐等网络营销推广提供聚集平台支撑。二是线下服务公共平台，与淘宝网生态农业落地实施全国首个乡村农业电商试点项目“一村一店美丽乡村触网记”活动，对丽水缙云土面、仁庄大米等 19 家农民合作社（家庭农场）的源头产品上线做了集体帮扶与推广，促进农业电商普及应用工作。④实施电子商务营销推广体系。针对区域特色产业开展电子商务平台营销推广，让更多的地标类商品扩展品牌、延展销售。陆续推出“景宁三月三”“丽水香茶节”“青田杨梅节”“处州白莲节”等数字化传统农事活动专题，为“电商换市”积极探索新型载体。

丽水特色馆内打造国内生鲜农产品的新商贸流通模式，完善公共服务，突出仓储物流。在 2014 年 1 月，浙江讯唯电子商务有限公司与丽水市农业发展有限公司、丽水市供销社、莲都区供销社合资成立丽水市绿盒电子商务有限公司，针对丽水农产品包装落后、没有基础设备进行采后处理，针对没有物流包装运输能力而设立具备公共服务性质的处理加工场所，专注农产品在电子商务渠道的解决方案，构建全新的互联网商贸流通体系。作为特色馆“丽水馆”供应链整合升级改造的重要部分，致力于解决丽水精品农产品的有效支撑，探索创新“三农”电子商务服务新模式，打造丽水生态精品农产品新型网络流通渠道。

“筚路蓝缕，以启山林。”依托丽水市丰富的人文资源、地理资源、物产资源，浙江讯唯电商公司走出了一条值得我们学习、借鉴的道路。丽水地处浙西南，“中国有青藏高原，浙江有丽水”，在地理位置上，丽水地处内陆，海拔较高，山地峻秀延绵，瓯水蜿蜒壮阔。如何在这样一种条件下发展电商，浙江讯唯有限公司给了我们答案。首先，讯唯旨在打造一个全方位地为其他电商企业或个体提供服务的平台，从培训开始就投入服务。①“丽水馆”依托丽水市特色资源，进行总结、规划，然后才设定发展方向。丽水资源丰富，有特色的“景宁三月三”“丽水香茶节”“青田杨梅节”，发展地区特色电商，可以依托地区优秀的物产资源，输出地区优势产品。②培训业务方面，讯唯为其他电商企业提供创业提升、精英培训、个性专题班及项目包装等服务，为电商企业和个体提供了便利，这样自然而然能够取得成功。③为丽水市开设特色中国县级馆及电商服务中心站，让更多的人体验电子商务，参与到电商这个大家庭中。讯唯公司得到政府的大力支持，通过政府，更好地为大家提供服务，既成全了别人也提高了自己的知名度，提升公司价值。再者，处理好政府、企业、市场之间的关系，对于电商企业的发展可谓不可小视。政府支持电商企业优先发展，给予电商企业政策补助，那么电商企业应紧紧抓住这一优势，加快发展，与此同时，企业的发展，又促进政府工作的建设，促进社会公共设施建设，可谓双向互利。加强与各个企业的联系，与各个企业取得合作，也是讯唯电商发展值得我们借鉴的一大经验。讯唯电商善于与其他企业取得合作，事实也证明了，合作共赢共发展。比如讯唯电商与淘宝大学合作，培养了一大批电商人才，这极大地促进了丽水市电子商务的发展，抓住经济效益的同时，产生了极大的社会效益，获得了良好的企业口碑。同时，讯唯电商团队注重自身的发展。不断吸收社会电商精英人才，壮大队伍，活水源源不断，整个团队自成立至今始终保持生机，充满活力，潜力巨大。

中国已经进入一个新的互联网经济时代。如何能够在新的经济条件下继续存在、成长，是时代为每个企业，尤为电商企业留下的难题。“我们该何去何从?”浙江讯唯电商每个人心里都已经有了答案。在新的经济条件下，新的时代下，“不忘初心，继续前进”，结合丽水市优秀的地理资源、人文资源、物资优势，发展具有地方特色的电商企业，推动当地新农村建设、社会基础设施建设，注重经济效益的同时兼容社会效益，必为讯唯的选择。同时兼顾其他企业的发展，推动合作的开展，结合当地政府政策优势，紧跟时代步伐，紧跟政策步伐，紧跟经济大形势，不断丰富自身团队建设，吸收人才，扩大队伍，以丽水为中心，向浙江乃至中国进行辐射。

案例五：丽水市绿盒电子商务有限公司——农产品品牌战略

1. 公司发展现状简介

公司充分利用丽水“中国生态第一市”和“丽水山耕”的生态优势和金字招牌，先后为丽水的菌、茶、果、菜、药、畜牧、竹笋、油茶、渔业九大主导产业成功代言。公司提升了原先丽水零散的山区农产品的包装形象设计、质量安全认证，实现了价格的回归，保证了销售的畅通。以“互联网＋农产品”的模式，通过农产品“标准化生产、品牌化营销、电商化经营”的手段，致力于打造新农产品商贸流通模式，让消费者品尝到最新鲜的原产地直供的安全健康农产品。针对丽水农产品包装落后、没有基础设备进行采后处理、没有物流包装运输能力而设立的具备公共服务性质的处理加工场所，专注农产品在电子商务渠道的解决方案，构建全新的互联网商贸流通体系，是特色馆“丽水馆”供应链整合升级改造的重要部分，是解决丽水精品农产品的有效支撑，探索创新“三农”电子商务服务新模式，打造丽水生态精品农产品新型网络流通渠道。公司下设发展部、产品部、市场部三大部门，以丽水好山好水好空气的优良生态环境为基础，以高品质的绿色生态农产品为重点，以传统农耕文化、科技成果和现代管理手段为支撑，以产品分级精选加工为重要环节，以现代流通业态为载体，发展农业新模式的理念，以生鲜农产品的科技成果探索与推广为核心业务，努力践行绿水青山就是金山银山的发展战略。

“靠弱小的单个主体去打响品牌实在是太难了，人力、财力、物力，样样都缺。”全市有 4 100 多个生产经营主体，2 800 多个品牌商标，但国家级农业龙头只有 1 家，著名商标屈指可数。创品牌要宣传，要包装策划，要大量资金，还要专业的品牌营销人才。作为相对弱小的市场主体，他们深感单打独斗创牌的无力感。

绿盒公司意识到，实施品牌化，不仅仅要引导生产主体创品牌，当前更需要政府直接参与创品牌。他们利用丽水一个覆盖全市域、全品类、全产业链的区域公用品牌“丽水山耕”，构建起一套比较科学、完善的“母子品牌”运行模式。实行农业企业子品牌严格准入和农产品溯源监管。

马云曾经说过：今天很残酷，明天更残酷，后天很美好，但是绝大部分人都将死在明天晚上，只有极少数人才能见到后天的太阳。而能看到后天太阳的都是那些企业都有自己的品牌优势。“靠弱小的单个主体去打响品牌实在是太难了，人力、财力、物力，样样都缺。”丽水市一些农业企业经营者说，全市有 4 100 多个生产经营主体，2 800 多个品牌商标，但国家级农业龙头只有 1 家，著名商标屈指可数。创品牌要宣传，要包装策划，要大量资金，还要专业的品牌营销人才，作为相对弱小的市场主体，他们深感单打独斗创牌的无力感。

绿盒公司意识到，实施品牌化，不仅仅要引导生产主体创品牌，当前更需要政府直接参与创品牌。他们利用丽水一个覆盖全市域、全品类、全产业链的区域公用品牌“丽水山耕”，并构建起一套比较科学、完善的“母子品牌”运行模式。实行农业企业子品牌严格准入和农产品溯源监管。2014 年 9 月，“丽水山耕”正式亮相后，在政府强力推动下，快速在浙江及周边省市叫响，以“母鸡带小鸡”的方式，降低生产主体进入市场的成本，实现子品牌产品溢价，走活扩大农产品有效供给之路。抱着以“丽水山耕”品牌为引领的抱团发展目标，绿盒迅速找到了一批优质的农产品生产基地，与之进行对接采购。“为了保证品牌质量，我们制定了三化规程：标准化，品牌化，电商化。”即以“丽水山耕”品牌为主导，所有产品必须符合标准的种植、采摘、加工要求，通过绿盒电商平台销售。按标准化生产的生鲜农产品流通到市场上后，获得了消费者的一致好评，虽然价格不菲，依然有很多消费者愿意为之买单。在三化标准农产品的同时，绿盒公司推出特色包装，满足特定顾客定制需求。抛弃传统农产品销售方式，公司提升了原先丽水零散的山区农产品的包装形象设计、质量安全认证，实现了价格的回归，保证了销售的畅通。例如丽水当地知名的优质农产品缙云麻鸭，以前的价格大约为60元/只，通过绿盒公司的运作之后，最高价格卖到了118元/只，溢价近50%。带动了本市土鸡，缙云麻鸭，高山蔬菜等一系列产品销量，为欠发达地区的农民增收作出贡献，受到老百姓的赞誉。

“丽水山耕”是全国首个覆盖全区域、全产品、全品类的地级市产品区域性公用品牌。由丽水市农业局主管，丽水生态农业协会所有，丽水农业投资发展有限公司日常运营监督。通过“丽水山耕”的品牌集聚效果进行丽水生态精品农产品“标准化、品牌化、电商化、生态化”的“四化”实施，促进丽水生态农业转型升级，创造新的丽水生态农业的商贸流通模式，实现“绿水青山就是金山银山”的战略目标。“丽水山耕”秉承着享纯真、法自然的发展理念，通过对农产品源头的探寻，把真正优质的、纯粹的、真材实料的农产品展现给消费者，让消费者能放心、安全地食用到大自然给的珍贵礼物。同时“丽水山耕”通过“标准化、品牌化、电商化、生态化”的“四化”实施，所有产品源头通过溯源体系接入，有码可扫，有源可溯。“丽水山耕”所有产品都经过第三方认证检测公司正式检测通过后，方进入加工体系。保证了产品的优质、生态、安全。“丽水山耕”致力于成为生态优质农产品的行业标杆，全力打造成为深受消费者信赖的品牌。

绿盒电商的定位是精品农业，将品牌打响，将利益还给农民，只收取提成。而农民们也省去了中间的溢价环节，但他们并不希望通过压低价格的方式来提高销量，所以定价比市场价贵了20%左右。因为是高山产品，“丽水山耕”出售的生鲜比一般产品味道更好，而且通过统一的检测标准和生产运输管理，保证了农产品的绿色、健康与新鲜。但因为产量不高，而农民又不懂得怎么运作，丽水生鲜产品一直“养在深闺人未识”。而绿盒要做的，就是将农民不会的步骤一一完成，从而将这些优质的农产品推向市场。绿盒不仅做到生鲜的标准化加工、标准化储运、冷链运输和保险仓储，也为产品做好包装设计和策划营销，让他们成为符合市场消费口味的优质网货，保证在线上和线下都能面向市场。绿盒在前期投入巨大，如一辆冷链车往返杭州一趟运费是 2 300 元，在销量不高的阶段，高额的成本让绿盒难以维持收支平衡。但后期的收益也是巨大的。目前，“丽水山耕”的销量正在以每月数倍的速度增长，在正式开始营业的第三个月，销售额就突破了三十万元。在人们越来越关注生鲜农产品健康问题时，“丽水山耕”的出现可谓恰逢其时。因此不菲的价格并没有阻止“丽水山耕”聚集起一批忠实客户群，素雅的包装和溯源系统的管控，全程物理加工和冷链运输，令消费者对其产品十分放心。只有高成本的投入，让客户购买到真正好的产品，他们才会愿意为这个价格买单。

绿盒在初期曾尝试走 B2C 的道路，但是由于生鲜购买量不固定，又极难保存，仓库问题难以解决，客户的生鲜消费心理是今天要吃什么今天就买，无法接受普通快递的运输方式。绿盒电商的团队花了三个月的时间尝试运行 B2C，最终发现这条路并不适合生鲜农产品的销售。而后，他们找到了更合理的解决方案。绿盒电商通过在各地建立保险仓库，定点运送，使得“丽水山耕”在杭州、温州、宁波、上海这四个城市建立了实体的线下体验店，顺利打开市场。“哪里下单，哪里发货，我们只需保证每天将产品通过冷链运输到各地仓库就可以，既解决了我们的库存问题，又解决了物流问题。”即便没有线上的销量，线下体验店也依然可以存在，保证“丽水山耕”品牌的运行。2015 年 9 月，“丽水山耕”计划把体验店增加至 15 个，为了能让消费者有更好的消费体验，绿盒创新性地提出了与 Uber 进行合作，提供专车送货上门服务，并已经在杭州实施，获得了不错的效果。接下来，这样的合作模式还将扩展到宁波、温州、上海等地。除了线下体验店，农旅结合也在绿盒下一步的发展计划中，“与农旅平台合作，入驻当地景点，利用马上淘的技术增加线上销量，同时扩大品牌知名度。”其实，“丽水山耕”现在的销售主要集中在线下、线上平台，包括淘点点，美团和微店，主要作用转变为产品展示和推广。目前淘宝也同意为绿盒开放这一模式。先将线下 O2O 模式做成熟，等积累了足够的口碑和人气，再做 B2C 就会变得事半功倍。

目前，“丽水山耕”已初步形成了在“农发公司”“生态精品协会”双主体的体制保障下，通过“电商平台”，解决“生鲜配送”，通过“专卖企业的门店窗口”同步推进。同时开展农家乐生态养生综合体结合旅游餐饮休闲的模式，与23家农产品基地建立合作机制，产品覆盖食用菌、水干果、茶叶、蔬菜、畜禽、笋竹、油茶、中草药八大产业，并与丽水下属的各县级区域品牌，如庆元香菇等实施母子品牌运作。虽然几个月来“丽水山耕”的销量呈现几何级增长，看似前景光明，但绿盒并没有大肆扩展的打算，反而计划将增长速度放缓。在发展的进程中也暴露出了绿盒的不足。首先是落地配送和前端物流的建设。在销量增长正式爆发之前，绿盒计划将门店的建设及其销售、库存、摆放、配送等标准建立起来，形成统一的品牌模式，以达到最佳的用户体验。随着销量的上升和品牌知名度的扩大，对规程把控和执行力的要求也会愈加严格。“所以我们必须将农民们的观念扭转过来，实现标准化储运。”此外，如何处理好点和点之间的联动、售后服务、统一推广、生产者之间的关系等问题，也是绿盒眼下亟需解决的。在解决这些问题之前，绿盒并不想盲目扩张，以防出现大面积问题，“我们近期的市场就集中在杭州、温州、宁波和上海，并没有布局全国的打算。”绿盒当下要做的就是将链路走通，然后实现盈利，为丽水农村电商树立标杆，并带动当地农业和电商的大发展。

2. 公司发展经验

随着“互联网+”时代的到来，农产品品牌的建设乘着电子商务的东风取得了巨大的成就。互联网在为农产品销售带来销售机遇的同时，又带来了严峻的挑战。丽水市绿盒电子商务有限公司成功抓住丽水政府打造的“丽水山耕”品牌机遇，实行农业企业子品牌严格准入和农产品溯源监管。从安全检测、包装设计、冷链运输等方面打造农产品新商贸流通模式，为农民致富增收，为消费者提供更加安全可靠的优质生鲜产品。绿盒公司面对丽水的地理生态特点的销售局限性，农产品市场规模小，标准化低，创品牌成本高等劣势，突破自我，不断创新，转型升级，带动区域内农产品向电子化、商务化发展。本案例分析希望能为全国农产品电子商务发展提供一种新思路，对农产品电商转型升级提供借鉴。

（1）通过“三化”工程保证品牌质量。抱着以品牌为引导的抱团发展目标，绿盒迅速找到了一批优质的农产品生产基地，并与之进行对接采购。为了保证品牌质量，绿盒制订了“三化”规程：标准化、品牌化、电商化。即以“丽水山耕”品牌为主导，所有产品必须符合标准的种植、采摘、加工要求，通过绿盒电商平台销售。“丽水山耕”是浙江省丽水市委、市政府深入实施“绿水青山就是金山银山”发展战略，坚持“生态立市”基本策略，于2014年9月创建的覆盖全区域、全品类、全产业链的地级市农产品区域公用品牌，经过两年多时间的发展，“丽水山耕”品牌已成为全国政府区域公众品牌的领头羊，同时，得到了省委、省政府的大力支持，并把它当做农业供给侧结构性改革落到实处的典范在浙江省予以推广。同时为了实现标准化运营，公司投入高成本建立农产品溯源系统，从源头进行把关，消费者可以通过产品二维码扫描看到产品从生产到流通的全过程。与公司合作的都是各地供销社组建的放心农产品基地，种植养殖过程不准使用不合标准的药物，就连如何采摘装箱也有严格的规定。

（2）高成本投入保证产品质量和销售畅通。我国传统的农产品销售模式是以农产品批发市场为核心的销售模式，是以农产品加工企业为核心的销售方式，是以农产品大型零售企业为核心的销售模式。传统模式主要问题是准入门槛低、营销方式粗放，难以形成标准化。而绿盒电商公司抛弃传统农产品销售方式，以“丽水山耕”品牌为主导，通过自家电商平台销售。公司相当于一个中介平台，既然消费者不能实地接触农产品，无法对产品的质量有很好的把握，那公司就通过一系列产品筛选标准，通过对农产品源头的探寻，把真正优质的、纯粹的、真材实料的农产品展现给消费者，让消费者能放心、安全地食用到大自然给的珍贵礼物。绿盒不仅做到生鲜的标准化加工、标准化储运、冷链运输和保险仓储，也为产品做好包装设计和策划营销，让他们成为符合市场消费口味的优质网货，保证在线上和线下都能面向市场。虽然绿盒在前期投入巨大，但后期的收益也是巨大的。由于人们越来越关注生鲜农产品健康问题，不菲的价格并没有阻止“丽水山耕”聚集起一批忠实客户群，素雅的包装和溯源系统的管控，全程物理加工和冷链运输，令消费者对其产品十分放心。只有高成本的投入，让客户销售到真正好的产品，他们才会愿意为这个价格买单。才能保证销售的顺利进行。

（3）销售模式灵活。丽水山耕在绿盒上的发展在初期曾尝试走B2C的道路，但是由于生鲜购买量不固定，又极难保存，仓库问题难以解决，客户的生鲜消费心理是今天要吃什么今天才去买，无法接受普通快递的运输方式。绿盒电商的团队花了三个月的时间尝试运行B2C，最终发现这条路并不适合生鲜农产品的运作。而后，他们找到了更合理的解决方案。绿盒电商通过在各地建立保险仓库，定点运送，使得“丽水山耕”在杭州、温州、宁波、上海这四个城市建立了实体的线下体验店，顺利打开了市场。保证顾客在哪里下单，就从哪里发货。绿盒只需保证每天将产品通过冷链运输到各地仓库就可以，既解决了绿盒的库存问题，又解决了货物的运输物流问题。这样即使没有线上的销量，线下体验店也依然可以存在，保证“丽水山耕”品牌的运行。2015年9月，“丽水山耕”计划把体验店增加至15个，线上平台更多地用于控制经销商，2016年将体验店增加到50个，使这种模式的作用更加凸显。为了能让消费者有更好的消费体验，绿盒创新性地提出了与Uber进行合作，提供专车送货上门服务，并已经在杭州实施，获得了不错的效果。接下来，这样的合作模式还将扩展到宁波、温州、上海等地。除了线下体验店，农旅结合也在绿盒下一步的发展计划中，与农旅平台合作，入驻当地景点，利用马上淘的技术增加线上销量，同时扩大品牌知名度。“丽水山耕”现在的销售主要集中在线下，而线上平台，包括淘点点、美团和微店的主要作用则转变为了产品展示和推广。目前淘宝也同意给绿盒开放这一模式，允许绿盒先发展线下体验店来提高知名度，先将线下O2O模式做成熟，等积累了足够的口碑和人气，再做B2C就会变得事半功倍。

（4）先规划后发展。丽水山耕品牌下的农产品应市场刚需，其高品质、高质量的产品受到了顾客青睐。为了打开更广阔的市场，开展农家乐生态养生综合体结合旅游餐饮休闲的模式，与23家农产品基地建立合作机制，产品覆盖食用菌、水干果、茶叶、蔬菜、畜禽、笋竹、油茶、中草药八大产业，并与丽水下属的各县级区域品牌，如庆元香菇等实施母子品牌运作，将其产品推销给来自各地的人，也为“丽水山耕”这个品牌打了一次高效益的广告。在传统销售渠道已不能满足更大的市场的同时，搭上了电商的快车，对于其产业下的分店，高效的电商平台为他们解决了“生鲜配送”，为各地分店提供及时货需，满足顾客对食品新鲜、高品质的要求。在产品市场蒸蒸日上的现状下，及时放缓脚步，查找不足。从产业链最薄弱的物流下手，将销售、库存、摆放、配送一体化，形成一条完整的产业链，对于不同的购买群体，有了相应的应对策略，着重将电商平台深入到消费群体观念中，将市场放在近区，不断地总结完善，为更大的国内市场打下坚实的物质和品质基础。踏实的发展、高效的物质、完善的服务体系为“丽水山耕”带来了好的口碑效益，保证了“丽水山耕”可以在如此多变的市场中稳健发展，慢慢进入现代人的消费世界。

（5）联合转型探索产业提升。①产品检测技术升级。为保障市民“舌尖安全”，丽水市市场监管局与丽水蓝城农科检测技术有限公司通过共同努力，使检测公司于通过了省级实验室资质认定及农产品质量安全检测机构考核，丽水山耕成为浙江省首家同时具备CMA、CATL两项资质的民营企业。②以深加工为抓手，促进融合化发展。紧紧把握住丽水市政府对农副产品经济发展的政策契机，加快建设农产品加工区规模，不断提升农产品增值空间。公司充分利用丽水“中国生态第一市”和“丽水山耕”的生态优势和金字招牌，先后为丽水的菌、茶、果、菜、药、畜牧、竹笋、油茶、渔业九大主导产业成功代言。公司提升了原先丽水零散的山区农产品的包装形象设计、质量安全认证，实现了价格的回归，保证了销售的畅通。带动了本市土鸡、缙云麻鸭、高山蔬菜等一系列产品的销量，为欠发达地区的农民增收做出了贡献，得到老百姓的赞誉。

第四章　新型生态城镇化与农村电子商务的协调发展

第一节　新型生态城镇化与农村电子商务协动机理

党的十八大报告指出，我国应该结合具体国情走有中国特色的四化同步的现代化道路，其中四化同步指的是工业化、信息化、城镇化和农业现代化的同步发展。最新的十九大报告仍然强调工业化、信息化、城镇化、农业现代化四化同步。四化同步重点强调的是加强信息化和工业化、工业化和城镇化、城镇化与农业现代化的融合互动，以促使其协调发展。在“四化同步”的目标中，农村的“信息化”是严重落后于其他三化的，这也严重制约了新型城镇化的有效推进。目前我们国家在新农村建设中也非常注重信息基础设施建设，从通讯设备的推广到互联网的部分覆盖，信息基础设施建设取得了较好的成绩。但是，信息基础设施建设并不等于农村信息化，很多农村的村民能够每天上网，但网上活动的内容则基本是游戏与娱乐，信息传播的功能尚待开发，更不用说农民运用信息来增进知识、开启思路、拓宽市场了。与城市的信息化发展相区别，农村信息化的发展缺少技术条件、存在观念障碍、缺乏自发刺激，在这种情况下来推进农村的信息化，缩小城乡的“数字鸿沟”，就需要牢牢抓住农民的兴奋点，从最直接的现实利益入手，只有这样，农民对信息化的热情才会得到提升。信息化如果能够跟产业化、工业化相融合，情况则完全不一样，农村电子商务正是两者结合的产物。以前，农民是被动地接受信息社会的到来，而通过农村电子商务，农民开始积极主动地学习新事物，开始注重自身信息化素质的培养。

"四化同步"中已经指出要"推动信息化和工业化深度融合"，在农村能实现二者的深度融合意义深远。农村电子商务将信息化融入产业化当中，让信息化更具诱惑力，更容易被村民所接受，同时在信息化与产业化融合的基础上，农民的身份发生转变，从以前的农民身份、地方工厂的雇员变身为独立的老板。他们可以学习网上开店技术，可以自主管理店铺，与不同类型的人进行商务往来，从而实现就地城镇化，实现"四化同步"中的"工业化和城镇化良性互动、城镇化和农业现代化相互协调"。这种通过互联网来实现农业产业化的农民被称为"新农人"，"新农人"代表着农民的信息化。农村电子商务的兴起会产生连锁反应，举例来说，在浙江省临安市昌化镇白牛村，随着电子商务的日益更新，村内还设置了电子商务公共服务网点，以方便村民代购、代缴水电费，代售农产品等。临安市还建立了便民服务中心信息系统，将多个与村民日常生活紧密联系的部门整合进系统中，实现了村民网上办事。从当地村民对信息化社会的接受过程看，农村电子商务所起的作用非常重要。

农业现代化的快速发展可以加快城镇化发展的速度，而城镇化的发展又可以为农业现代化创造更有利的条件。农业现代化的发展离不开信息化的辅助。这其中，电子商务作为一个非常重要的手段，既可以通过降低农业交易成本，提高交易效率，加快农业的现代化进程，又可以通过提供交互平台来加强生产者和需求者的联系，保证农户的利益。总的来说，电子商务可以加快农业现代化的发展速度，减少农业劳动岗位所需人数，增加农村剩余劳动力，同时又为这些劳动力转移到城市创造条件，推动人口不断向城市集中，从而加快了城镇化发展速度。而城镇化的快速发展又可以为电子商务的进步提供发展基础。电子商务通过商流、信息流、物流、资金流，为新型城镇化发展提供动力，而新型城镇化为电子商务发展奠定基础。二者相辅相成、相互融合，对产业升级、生态文明建设、缓解就业压力、城乡统筹发展产生重要的影响。

21世纪以来，我国城市的道路交通、互联网等基础设施在不断建设，教育、医疗和社会保障等公共服务方面也在不断完善，整体水平有所提高。城镇化的发展吸引了大量的农业人口转移到城市，这为国民经济的持续快速发展创造了有利的条件。我国城镇化发展现状，表现出一些较为显著的特点。①城镇化的发展速度快，且在不断上升。从改革开放到2016年来看，我国的城镇化率从17.9%上升至57.35%，每年平均提高了1.038个百分点。②空间上将主战场设定为东部沿海地区。自1985年起，由于改革开放等政策的支持，东部地区在城市建设、经济发展等各方面发展迅速，随之形成的优势条件都为当地的城镇化发展创造了极为有利的条件，因此，东部沿海地区省份的城镇化发展随之崛起。③农民工在城镇化进程中占重要地位。流动到城市打工的农民工的人数在不断增加，尤其是在北京等一线城市和东部沿海发达的省份，农民工人口的增加对于城镇化率的提高起到了重要作用。我国的人口城镇化并不是农村人口完全定居或落户到城市，而是以流动就业的形式存在的，并且，农民工进城务工，并不是举家迁徙定居到城市，而仅仅是主要劳动力的转移，所以说，农民工在我国的城镇化进程中占据重要地位。与农民工的切身利益息息相关的户籍制度、农村务工人员医疗等公共服务制度及其子女的教育的适当完善，对于我国的城镇化的发展有重要影响。④我国的城镇化还有潜力可挖。一个方面，从国际上一般的城镇化规律来看，我国还处于加速发展期。相关研究认为，城镇化率在30%～70%，属于加速发展期。我国2016年的城镇化率为57.35%，我国城镇化发展处于加速发展期阶段，也就意味着我国的城镇化还会快速发展一段时间；另一方面，我国在基础设施建设上也还有很大的潜力可挖，国内对于基础设施建设方面的投资还处于相对较低的水平，仍有很大的提升空间。⑤我国的城镇化存在区域发展不协调。中西部地区与东部沿海地区相比，城镇化水平较低，这与当地的自然资源，经济发展水平等息息相关，所以城镇化的地区差异问题不是一时就能够解决的，但现在正在进行的南水北调、西气东输，实际是针对现在城市的经济、人口、资源环境不相适应、不相匹配的情况，实现能源和资源大规模、长距离地调运，这对于协调城镇化的地区差异有一定的效果。

根据近几年阿里巴巴研究院关于我国县域电子商务发展状况的研究报告，全国各省市县域电子商务发展指数是在阿里巴巴平台的海量数据的基础上通过计算得出，可以从一个侧面反映各地电子商务发展情况。报告中对我国所有省份电子商务的发展情况进行了具体分析，并按照全国各省份的电子商务发展水平进行了排序，以直观地反映我国省域电子商务发展状况。从报告中的数据可以看出，我国各省份的电子商务的发展状况整体都较快，且增速趋势较为明显，但不同省份的电子商务发展水平存在较大差异。东部沿海地区的电子商务发展水平整体较高。西部、北部和中部地区的省份电子商务发展水平整体偏低。这种地区差异性的形成与资源环境及我国的发展政策有着密切的联系。

分析这些研究报告及相关数据，我们可以发现东部沿海地区是电子商务发展水平整体较高的地区，其城镇化水平较高；而西部、北部和中部是电子商务发展水平整体偏低的地区，其城镇化水平较低。这是因为电子商务的发展可以促进经济增长、吸引资金、增加城市就业机会、促进技术进步和改变消费观念等，进而推动城镇化的进程。反之，城镇化又可以通过基础设施的建设、经济的发展等来为电子商务的发展创造有利的条件。电子商务会影响产业结构，从而促使更多的人口迁移到大城市。电子商务进一步发展后会加剧“马太效应”，最终会引导人口继续向大城市集中。具体表现在电子商务的快速发展会创造更多的就业机会，并吸引更多的资金在大城市集聚，无论是劳动力还是资金的集聚，都会使大城市有更大的优势，并且伴随更加激烈的竞争和更多的创新，包括技术创新和商业模式的创新，电子商务的飞速发展得到更多机会，电子商务的发展对基层劳动力的需求又会促使更多人口迁移到城市，这种循环作用的结果是，为大城市吸引更多劳动力和更加多样化的产业。正是这种循环作用的存在，加剧了我国城镇化的地区差异和发展不均衡现象。

互联网与电子商务天然适合新型城镇化思路，应用互联网思维、采用电子商务等手段推进新型城镇化建设，建立面向“互联网＋”的新型城镇化国家战略，把国家信息化战略和国家新型城镇化战略规划统一起来，实现新型城镇化的和谐可持续发展。电子商务可以促进新型生态城镇化的发展，因为电子商务可以通过集中信息来重新配置资源，例如商品不必先进入大城市中的传统市场，而是直接借助物流的力量，直接从厂商到达消费者手中。在这种模式下，农村可以得到更好的发展，并且电子商务的广泛应用也可能促使农民返乡创业，甚至在农村形成规模，这对于就地城镇化的发展具有促进作用。实际上，这样的例子已经很多，如江苏的沙集、浙江遂昌等。

电子商务发展过程中，使得农村和城镇都发生了一些改变，而这些改变又作用于城镇化，进而影响城镇化；反之亦然，城镇化使得农村和城镇在很多方面发生变化，进而为电子商务的发展创造条件。本书引入推拉理论，旨在说明城镇化与电子商务的相互作用关系，而这种相互作用受到四个力量的影响，分别是电子商务的发展使得农村对城镇化进程表现出的推力；电子商务的发展使得城镇对

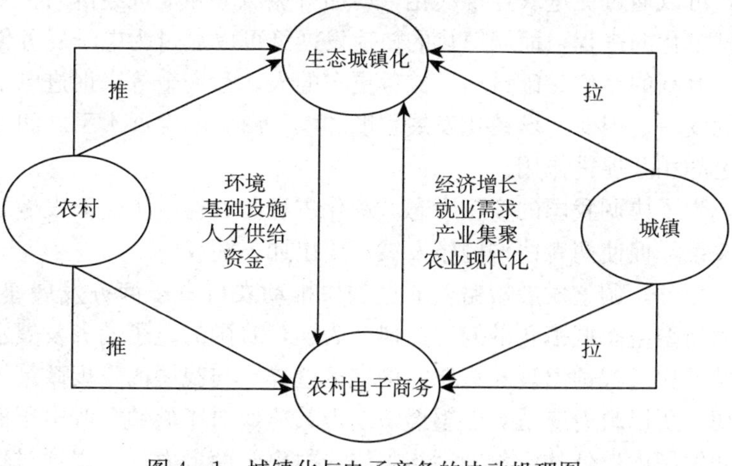

图 4－1　城镇化与电子商务的协动机理图

城镇化进程表现出的拉力；城镇化的发展使得农村对电子商务发展表现出的推力；城镇化的发展使得城镇对电子商务表现出的拉力。城镇化与电子商务的同步协调发展是这四个力量相互作用、相互博弈的结果。

城镇化与电子商务的相互作用关系具体表现为以下四个方面，电子商务的发展使得农村对城镇化的发展表现出的推力：电子商务的发展会通过促进农业现代化在农村的发展，增加农村的劳动力剩余，促使农村劳动力向非农产业转移，最终导致劳动力结构的改变，进而推动城镇化的发展进程。电子商务的发展使得城镇对城镇化进程表现出的拉力：电子商务的发展既可以通过在城镇创造更多的就业机会来促使更多的农业人口迁移到城市，又可以吸引更多的资金来促进经济增长，从而使城镇拉动城镇化的发展。城镇化的发展使得农村对电子商务发展表现出的推力：城镇化发展的过程伴随着农村人口向城镇的人口的转移，而这一转移的结果是可以更好地满足电子商务的发展对人才的需求，从而对电子商务发展表现出推动作用。城镇化的发展使得城镇对电子商务表现出的拉力：城镇化过程中基础设施的建设和经济增长所创造的资金等都可以为电子商务的发展创造条件，从而拉动其发展。总的来说，电子商务的发展，可以通过促进农业现代化，增加就业需求和促进经济增长来影响城镇化的进程；而城镇化的快速发展又可以通过为电子商务创造更为有利的硬件基础设施，储备更多的人才和资金等来促进电子商务的发展。因此，城镇化发展程度和电子商务的发展水平之间存在一定的相互促进作用。

为了协调我国的新型生态城镇化进程与农村电子商务发展之间的关系，促使两者协调健康发展，给出如下建议：

第一，调整发展策略，通过加快推动农村电子商务发展速度，推动新型生态城镇化的发展。研究表明，我国的电子商务发展水平和城镇化进程都出现较为明显的地区差异，与我国的发展政策关系密切。所以政府应适当调整经济发展策略，对于城镇化和电子商务协调发展度较低的省份，适当加快农村电子商务发展，以通过促进经济的发展、技术进步和改变就业结构、增加第三产业就业率等，推动新型生态城镇化的进程。

第二，加强高度协调省份的辐射作用，带动周边省份的发展。从上文可知，北京、上海、广州、浙江等省份，无论是经济发展状况、技术产业发展水平、城镇化建设、电子商务发展状况还是城镇化和电子商务的发展之间的协调发展水平，都优于其他省份。因此，应以这些省份为中心，加大其辐射作用，带动周边省份的经济发展、城镇化进程和电子商务的发展水平，进而提高城镇化和电子商务的协调发展程度。

第三，加快落后省份的发展，实现共同进步。整体来看，我国城镇化水平偏低的省份主要集中在江西、青海、安徽、广西、新疆、河南、甘肃、云南、贵州、西藏等省份。这些省份的经济欠发达、地理位置较偏僻、城市建设状况较差、电子商务发展水平也较低。所以，应加快欠发达省份的发展，缩小地区差异，从而实现共同进步。因此，应加大政府对落后省份的政府投资，加强交通、通信等基础设施的建设，为农村电子商务的发展创造条件，并加快新型城镇化进程，进而提高新型城镇化和农村电子商务的协调发展程度。

第四，以城市群的形态推动我国城镇化进程。书中提到电子商务的“马太效应”，认为电子商务的这种循环作用会使得优者益优，差者更差。所以，我们应该充分发挥大城市的优势，将其与周边省份的优势结合，充分发挥大城市的领导地位，以城市群的方式来有效地配置资源，最终达到共同发展这一目的。

第二节　农村电子商务推动新型生态城镇化发展

农村电子商务推动新型生态城镇化发展体现在如下几个方面：

1. 电子商务缩小城乡发展差距

一方面，电子商务平台将城市的生产和生活方式向农村扩散，互联网消费对农民生活的重要性逐步体现，城乡消费差距缩小。另一方面，电子商务缓解了农村地区大市场与小生产的矛盾，缓解了买卖双方信息不对称问题，城里人可以更优惠地购买到原生态农产品，农民的“卖难”问题也得到解决，收入不断提高，城镇生活的便利使得农民更乐意向城镇流动，在城镇生活。

2. 电子商务促进产业集聚和升级

第一，电子商务将特色产业集聚起来，如清河模式和成县模式，淘宝村、镇不断显现，产业集聚增加就业，实现人产城的融合发展。第二，发展新型城镇化，产业的转型升级很关键。电子商务打破了农业生产的闭塞性，有利于农产品标准化生产，农业现代化程度提高，农业就业岗位减少，推动人口进一步向城市集聚。为满足消费者日益多样化的需求，电子商务制造业需进行多品种小批量生产，同时，电子商务促进第三方物流、信息技术等服务业的产生与发展，创造更多的就业岗位。

3. 电子商务加快人口集聚

城镇电子商务园区的建立产生了洼地效应，吸引各类企业入驻，产业集聚促进人口集聚。同时，电子商务开阔了农民的眼界，影响了消费观念和收入，城镇的公共服务和基础设施的拉力作用促进人口向城镇集聚。

4. 电子商务推动生态文明建设

在传统的交易中买卖双方受限于时间和地点，交易的成本和费用相对较高，而电子商务的便捷性和协调性节约了交易时间和空间，促进了产业的升级转型，减少了对自然资源的消耗，更加顺应低碳经济的发展要求，也迎合新型城镇化的发展趋势——经济与环境的协调发展。

5. 电子商务可通过提供更多的就业和资金，给城镇化以拉力

电子商务快速发展过程中，需要方方面面的人才，其中既包括高层管理人才，也包括基层工作人员，如物流人员、仓储人员、客服人员等。所以说电子商务的快速发展会为社会创造更多的基层就业机会，这些就业机会都可能吸引更多的农村人口迁移到城市。这既改变了我国城镇人口在总人口中所占的比重，也提高了我国服务行业的就业人口比重。这也就说明电子商务通过提供就业拉动了城镇化的发展。电子商务的快速发展还会吸引更多资金，包括国内的资金和外来者的投资。这都会促进经济的增长。与此同时，更多的资金投入到电子商务行业，电子商务行业快速发展，也会在一定程度上改变我国的产业结构。

6. 电子商务对产业布局正向影响作用十分显著

电子商务作为一种新兴的商业模式，它对组织变革产生了深刻的影响，它用信息技术打破贸易保护的壁垒，并在世界范围内呈现出“管理的高层次集聚，生产的低层次扩散”趋势。韦宏（2014）通过对苏州休闲农业产业品牌的研究发现，电子商务对推动农业产业集群有重要作用，同时他也提出了“三农”问题的有效解决办法。陶安等（2014）以问卷调查的形式对珠三角集群内 300 家中小企业进行研究，得出集群内企业电子商务应用能力能通过供应链管理来提升集群竞争优势。电子商务使得经济管理等高技术含量的活动向大城市集中，而劳动密集型的生产活动从大城市向中、小城市扩散，工业生产的空间组合方式也在发生变化，以地域上的分散化分布取代成片工业区的方式，也成为全球制造业发展的新趋势。①电子商务也会强化区域的现有特色产业。区域特色产业具有资源、地域或文化优势，但在工业时代由于缺乏信息交流，多沦为初级产品的生产地，产品附加值较低，在以电子商务为代表的信息时代，只要是优秀的受市场青睐的产品，经过产品包装及网上营销的推广，能大幅度提高其销售规模，切实巩固整个地区的特色产业发展。②电子商务对产业结构有强烈的正向影响。电子商务对农产品流通模式的变化产生了巨大影响，各类生产者积极转变自身角色，将生产直接对接电商平台，传统批发商和零售商也主动变革原有的经营方式，线上线下互动经营，消费者由被动变主动，订单农业快速发展。这些变化提高了整个社会的流通效率，节约了社会成本，改变了农民弱势地位，提高了农民收入。电子商务更是激发、释放了消费者的个性化消费，对制造业转型升级形成倒逼之势。例如，从淘宝网零售到1 688在线批发，再到“淘工厂”，电子商务对中小企业的快速成长起到了重要的推动作用。支撑电子商务产业的电子商务服务业迅速发展，直接和间接创造了大量就业机会，成为现代服务业的重要力量。③产业布局对就业、消费方式、公共服务都有积极影响，产业结构对就业、公共服务有积极影响都得到了验证。产业结构对消费方式的积极影响在模型中没有得到验证，但是并不能说明产业结构对消费方式没有影响，而是产业结构对城镇化的影响更多地体现在就业和公共服务上，产业结构对就业的影响尤为巨大。电子商务对第一、二、三产业的升级转型都有促进作用，特别是对第三产业的促进更为明显，电子商务发展需要物流、包装、美工、网店装修等大量人才，也会吸引大批创业者直接就业。产业结构调整促进就业，就业人数增加，居民收入增加，消费方式也会随之改变。也可以理解为，没有就业的保障，产业结构的调整也很难促进消费的变化。

7. 电子商务对产业结构的影响

一是推动产业结构优化升级，二是促进产业融合、渗透。电子商务为农产品交易提供了广阔的平台，农产品不光有更多的销售渠道，也有了更新的销售模式，例如，淘宝联合安徽省绩溪县的“聚土地”模式：在该模式下，买家可以免费到当地住宿旅行，每月还可以收到土地产出的有机蔬菜水果；卖家通过土地流转、返聘务工和提供农家乐餐饮的方式，农民每亩增收达2 000余元，卖家的耕种热情也大大提高。

8. 电子商务通过促进农业现代化，给城镇化以推力

农业现代化与城镇化这两者之间有着非常紧密的联系，农业现代化可以促使农村经济实现快速增长，进而加快城镇化的进程。齐红倩认为农村经济增长的实现需要城镇化的支撑，反之，城镇化的发展又可以为农业现代化创造更有利的条件。周庆元提出，农业现代化的实现，可以通过减少对农村劳动力的需求来为农村向城市的迁移创造条件。电子商务则作为农业现代化中非常重要的一个手段使得传统农业在以下几个方面有所改变：

（1）电子商务可以解决农业生产与市场需求信息不对称问题。电子商务可以为农业生产和市场需求提供一个交互的平台，为两者建立有效的联系。这样农户在进行生产时就可以针对市场的需求有所选择，做到按需生产，充分满足市场的需求，保证生产出来的农产品有市场价值。电子商务还能将分散的小农户集合起来，使得他们的生产形成一定的规模优势。另外，也使得其农产品销售不仅仅局限于小农户的自产自销或者是某一收购商的低价收购。让销售过程也形成规模化，以有效的降低农户的销售成本并有效的保证其价格。

（2）电子商务有助于降低农业交易成本，优化供应链，提高效益。电子商务能够为农产品的交易提供一个更为便捷的虚拟市场，在这个虚拟市场里进行农产品的交易，不仅可以有效减少交易过程中的环节，大大降低成本，缩短交易时间，提高效率，还可以让农产品的供应商及时与需求方进行有效的沟通，从而保证农户可以及时了解市场，按照需求合理生产，降低其在生产的过程中所承担的风险，从而避免因盲目生产或对市场价格不了解而受到损失。

（3）电子商务能够有效催生新的农业营销模式，促进相关行业的发展。电子商务自身的特点及其交易过程的特殊性使得农业在应用电子商务的过程中也要有所创新，这一创新就会催生出多种新型的农业营销模式，如农业的预售模式、体验消费以及团贩模式等；与此同时，还会带动与农业电子商务相关的运输业、客户服务业、市场分析业及通信行业等的快速发展，从而推动农业现代化的发展。总的来说，电子商务可以加快农业现代化的发展速度，减少农业劳动岗位需求的人数，增加更多的农村剩余劳动力，为这些劳动力转移到城市创造条件，推动人口不断向城市集中，从而加快城镇化的发展速度。

9. 电子商务促进城市基础设施建设，增加大城市的辐射力

电子商务的快速发展会带来更多的基础设施方面的投资，例如高速公路、地铁、高铁等基础设施的建设，尤其是像宽带这类的信息化基础设施的建设。从 2013 年国务院发布的“宽带中国”的战略实施方案来看，国家对接下来的8年我国的宽带要发展到什么程度，以及如何来发展进行了详细的规划和安排，这一战略的正式提出代表着“宽带战略”成为了我国的国家战略，意味着宽带等基础设施的建设受到了很大的重视，宽带初次成为我国战略性公共基础设施中相对重要的一部分。公路等基础设施的快速建设既可以降低人流及物流成本，又可以大大提高物流行业的工作效率，而信息化的快速发展以及信息的快速传播和扩散，需要以“宽带中国”战略的实施为前提。从以往的规律来看，这种基础设施的建设可以增加大城市及城市群对周边区域的辐射力，从而进一步促进农村人口和相关产业向大城市聚集。

10. 电子商务对消费方式的改变

通过调查发现，尽管网上购物方便快捷，但是网络交易仅通过线上信息对商品进行识别，需要对商品有较高的辨识度，这也大大限制了人们的购物积极性，因而，需要线下体验店的兴建来解决这一问题；此外，电子商务提供的旅游、在线学习等消费方式多种多样，但是受制于农村观念及经济文化的制约，这些新兴的消费方式尚未广泛流行，需要政府加以引导，电商等深入发展农村战略，开拓引导农村市场。

第三节　新型生态城镇化促进农村电子商务创新

（一）新型生态城镇化促进农村电子商务发展

1. 新型城镇化推进基础设施建设，促进电子商务服务业发展，为电子商务的发展提供更有利的硬件基础

电子商务的发展离不开互联网等通信设施的建设，更离不开良好交通运输状况。而城镇化的过程中，基础设施的建设是其中非常重要的一个方面，包括交通设施建设、通信设施建设等。这些都可以为电子商务的发展提供较为便利的硬件基础。新型城镇化成为城乡沟通的桥梁，将辐射功能作用于郊区和农村，农村的基础设施和基本公共服务的建设力度加强，金融、物流、现代信息技术等逐渐向农村延伸，农村电子商务发展的物流成本降低，信息化程度提高。

2. 新型城镇化转变消费观念，扩大电子商务消费市场

新型城镇化通过促进城乡经济、文化、技术、信息的交流与协作，有效地实现城乡市场的统一与对接，消费观念支配着消费行为，农村居民的消费日渐市民化，愿意尝试各类新鲜事物，而电子商务作为足不出户的最佳选择受到普遍欢迎，新型城镇化为电子商务吸引了农村消费者，而农民通过电商平台将特色产品输送到城市。

3. 新型城镇化是电子商务发展的资金基础

仅仅是城镇人口的增加，不是一个健康状态的新型城镇化，要想实现真正意义上的新型城镇化就得实现经济的增长。所以，新型城镇化也是一个经济增长的过程。电子商务的快速发展需要相应的资金做支撑，经济的增长会为电子商务的发展创造出更多的资金，并且经济的增长会为电子商务吸引到更多的外来投资，所以说新型城镇化的发展可以为电子商务的发展提供资金。

4. 新型城镇化为电子商务输送各类人才

电子商务的发展离不开方方面面的人才。上至高层的管理人员，下至辛勤工作的物流、仓储人员。人才缺口是各地电子商务发展的一大难题，新型城镇化以人为本，保障人们的切身利益，更多的人进入城镇接受教育和培训，电子商务作为新业态为转移人口提供就业，且农村就地城镇化使当地居民致富，促使大量人才逆流，农村电子商务缓解了“剪刀差”的压力，“淘宝村”就是一个有力的例证。

5. 农村电子商务作用巨大

新型城镇化中的农村电子商务模式，是站在“四化同步”的高度，旨在摆脱现代化思维范式陷阱、彰显农村优势，缩小城乡“剪刀差”、推动农村电子商务的产业化升级，从而让农村实现“四化同步”、让农民实现就地城镇化的发展模式。这种模式的中心内容是：借助信息产业化改变城乡的“剪刀差”，让农民通过电子商务在实现致富的过程中实现农民向市民的转变，同时又不是单纯模仿市民，而是彰显农村的先天优势、文化优势，从而实现农村的特色城镇化之路。

（二）新型城镇化中的农村电子商务模式的特点

一是这种发展模式重在抓住城乡二元结构的症结即产业链上的不对等关系，从问题的核心入手才具有战略意义。

二是该模式重在抓住农民神经的刺激点即信息化与产业化相结合，根据农民的特点推进模式创新才能够发挥农民的主观能动性。

三是该模式重在通过现代化的优势即信息来弥补地域局限，实现农民的就地城镇化。信息社会的城镇化不应过度强调地域优势，因为互联网能够有效地拉近时空距离，城镇化的实现也能够借此实现农民的就地转变。

（三）农村电子商务的兴起虽然能够克服传统城镇化的一些不足之处，实现新型城镇化的发展目标，但也存在一些局限性：

1. 农村电子商务发展前景不确定，农村电子商务的发展目前还存在很多问题

如产品质检问题、恶性竞争问题、市场饱和问题等，这些问题中产品质检问题是可以通过技术的手段解决的，但恶性竞争问题与市场饱和问题则是不容易解决的。恶性竞争问题源于农村电子商务销售产品的同质性，也就是说农村电子商务的竞争力不够，多元性不足；市场饱和问题源于农村电子商务在产品研发和创新性方面不够。这两方面的问题都要求农村电子商务的推广需要找准市场、找到自身特色，避免简单移植、盲目模仿。从整个电子商务的发展态势来看，电商高速增长的时代已趋于结束，导致过去这些年来每年翻番的条件（市场红利与人口红利）已经减弱。受整体市场环境的影响，农村电子商务发展前景更是未知，这决定了“新型城镇化推进中农村电子商务模式”不能在短时间内随意推广，一旦市场萎缩、缺乏竞争力、效益低下，该模式便无法实现预期效果。

2. 农村电子商务模式对农民的能动性要求较高

如今代表农村电子商务发展势头的“淘宝村”大多集中于东部地区。一方面是因为这些地区的产业基础较好，很多地区在农村电子商务兴起之前，已经具有多年线下经营的丰富经验；另一方面是因为这些地区的农民能动性较强、市场意识浓厚、前瞻能力较好，他们肯吃苦、善经营、愿学习、胆大心细，这些能力不是所有农民都具备的。反过来，如果不具备这方面的能力，农民很难在电子商务的激烈竞争中赢得一席之地，单纯实现农民向“新农人”或“市民”身份的转变是没有现实意义的。“新型城镇化推进中农村电子商务模式”的效果取决于农民在信息社会中的竞争能力，也需要政府的配套支持与培育。

第五章　新型生态城镇化背景下的农村电子商务创新应用研究

第一节　遂昌县新型生态城镇化规划思路

本节以遂昌县为例，剖析新型生态城镇化规划思路。为加快推进新型城镇化，充分发挥城镇化在经济社会发展中的引领、辐射和带动作用，全力推进山区科学发展示范区建设，以党的十八届三中全会、中央城镇化工作会议为指导，根据《国家新型城镇化规划（2014—2020 年）》《中共浙江省委浙江省人民政府关于印发〈浙江省深入推进新型城市化纲要〉的通知》（浙委〔2012〕96 号）、《中共丽水市委丽水市人民政府关于加快新型城市化进程的意见》（丽委〔2012〕15 号）、《中共丽水市委丽水市人民政府关于积极探索山区新型城市化路径加快推进"美丽县城"建设的实施意见》（丽委办发〔2014〕4 号）、《遂昌县国民经济和社会发展第十二个五年规划纲要》《中共遂昌县委遂昌县人民政府关于加快推进新型城镇化的实施意见》精神，结合遂昌实际，制定了《遂昌县新型城镇化发展规划（2015—2020 年）》。规划按照"既要积极，又要稳妥，更要扎实，方向要明，步子要稳，措施要实"的要求，突出"新型城镇化的核心是人的城镇化""城镇化需要产业支撑"等关键性问题，正确把握政府与市场、传承与创新的关系，为走出一条有深厚内涵、有遂昌特色、有现代品位的新型城镇化发展道路提供行动纲领。该规划是指导遂昌县城镇化健康发展的战略性、基础性规划。

一、规划背景

（一）意义

社会发展的过程，是一个城市化的过程。遂昌，作为一个“九山半水半分田”的山区县，更应顺势而为，以推进新型城镇化为核心，加快建设美丽县城的步伐。近年来，遂昌深入贯彻全省新型城镇化发展战略，统筹推进撤镇设街道、中心镇培育、村规模调整等各项工作，城镇化步伐逐步加快。但从总体上看，遂昌城镇化进程仍然明显滞后，还存在城市化率偏低、市民化进程滞后、城镇特色不鲜明、综合承载能力和辐射带动作用不强等突出问题。

1. 加快推进新型城镇化，是现代化的必由之路

城镇化、工业化、信息化和农业现代化同步发展，相辅相成，是现代化建设的核心内容。工业化处于主导地位，是发展的主动力；农业现代化是重要基础，是发展的根基；信息化具有后发优势，为发展注入新的活力；城镇化是载体和平台，是承载工业化和信息化的发展空间，是农业现代化的有力支撑，对遂昌实现现代化具有重要推动作用。

2. 加快推进新型城镇化，是解决“三农”问题的重要途径

遂昌地处浙西南山区钱瓯两江源头，全县“九山半水半分田”，人均耕地仅 0.64 亩，远远达不到农业规模化经营的门槛。城镇化总体上有利于集约利用土地，为发展现代农业、特色农业腾出宝贵空间。随着农村人口逐步向城镇转移，农民人均资源占有量相应增加，可以促进农业生产规模化和机械化，提高农业现代化水平和农民生活水平。城镇经济实力提升，会进一步增强以工促农、以城带乡能力，加快农村经济社会发展。

3. 加快推进新型城镇化，是推动城乡一体化发展的有力支撑

目前遂昌县常住人口城市化率为 46.5%，远低于我国平均水平。城镇化水平持续提高，有利于城镇消费群体不断扩大、消费结构不断升级、消费潜力不断释放。城镇要素集聚和城乡生产要素优化配置，有利于大力提高劳动生产率和资源利用效率，增强创新能力，促进产业优化升级。

4. 加快推进新型城镇化，是提升县域经济竞争力的重要抓手

城镇化是带动区域协调发展的重要途径，全国县域经济竞争力百强县市也证明，县域经济发展走在前列的，都是城镇化走在前列的。城镇化带来的创新要素集聚和知识传播扩散，有利于增强创新活力，驱动传统产业升级和新兴产业发展。专家测算，我国城市化率每提高 1 个百分点，将拉动 GDP 增长 1.5%；每吸引一户农民进城，拉动消费 20 万元；每吸引一户农民入住新农村社区，市政设施投入 1.5 万元。

5. 加快推进新型城镇化，是促进社会全面进步的必然要求

城镇化关系经济社会发展全局，推进新型城镇化是现代化建设的必然趋势，是遂昌“美丽县城”建设的重要内容。遂昌要全面建成小康社会，迫切需要强化新型城镇化的战略地位，为推进经济社会持续健康发展提供强大引擎，为实现全县人民共享改革发展成果奠定坚实基础。

（二）发展现状

近几年来，遂昌县大力实施城镇化发展战略，积极稳妥推进城镇化，坚持走以人为本、生态优先、城乡统筹、经济高效、特色发展的城镇化道路，取得了令人瞩目的变化。

1. 城市化率逐年提高

2014 年全县城镇常住人口 8.75 万人，比 2005 年增加 2.24 万人，增长 36.21%；县域城市化率为 46.5%，比 2005 年增加 15.65 个百分点，年均增长 1.6 个百分点，处于城市化快速发展时期。

2. 城镇综合服务功能不断增强

城乡统筹实现新突破，遂昌统筹城乡发展水平综合得分高于丽水市总体水平，处于基本统筹阶段，达到整体协调水平。教育、医疗、文化体育、社会保障等公共服务水平明显提高，2014 年达到“国家义务教育基本均衡县”标准，城镇登记失业率控制在

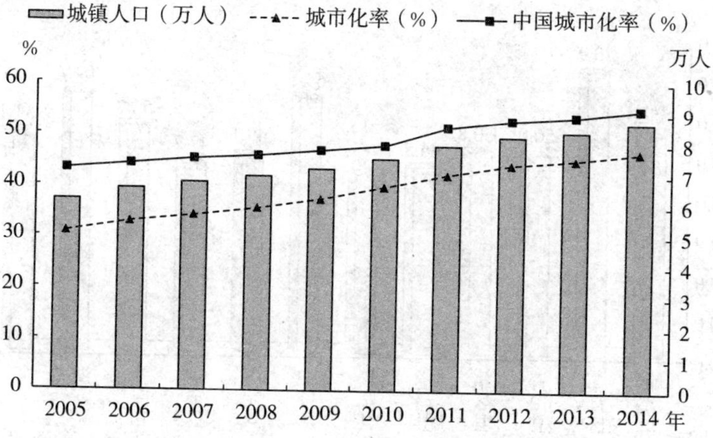

图 5－1　2005—2014 年遂昌城市化水平

2.91%，“五保合一”大社保体系建设全面推进，城乡居民养老保险参保率为 98.5%，医疗保险参保率为 98.4%，“五保”“三无”人员集中供养率为 95%。人均住宅、公园绿地面积大幅增加。

3. 城镇发展环境不断改善

发展环境软硬件条件不断优化，全社会固定资产投资从 2010 年的 21.81 亿元提高到 2014 年的 47.92 亿元，年均增长 29.93%。城市水、电、路、气、信息网络等基础设施显著改善，基础设施水平进一步提高。城乡功能布局日趋完善，县城、中心镇、集镇、中心村梯度发展格局初步形成。美丽乡村建设不断深化，深化“六边三化三美”行动，制定全国首个农村垃圾分类标准化体系，打造“洁净乡村”升级版。

（三）主要问题

1. 城市化发展水平相对较低

2014 年，遂昌县城市化率相对偏低，比全国平均水平低 6.9 个百分点，比浙江省平均水平低 18.2 个百分点，比丽水市平均水平少 8.7 个百分点，比全市最高的莲都区少 24.4 个百分点，仅比松阳县高 1.5 个百分点，位居九县市倒数第二。

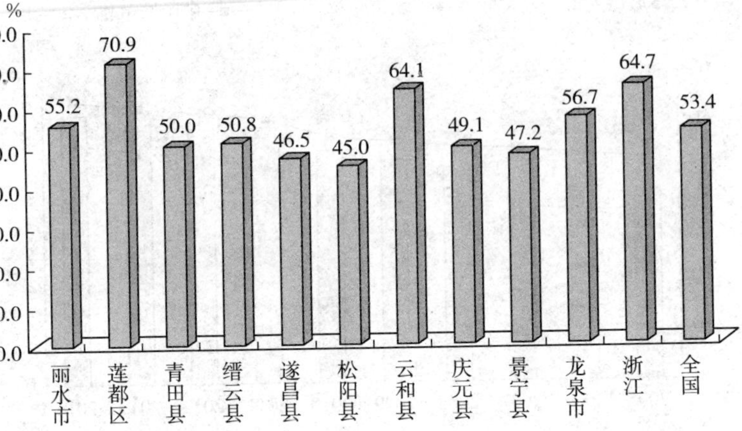

图 5-2 2014 年遂昌县城市化水平在省、市中排名比较

表 5-1 丽水市各地区城市化率

单位:%

	2010 年	2011 年	2012 年	2013 年	2014 年
丽水市	48.4	50.5	52.5	53.8	55.2
莲都区	65.1	66.5	68.4	69.6	70.9
青田县	43.1	45.0	47.2	48.6	50.0
缙云县	42.9	45.7	48.3	49.5	50.8
遂昌县	39.6	42.0	44.0	45.0	46.5
松阳县	35.8	38.3	41.2	43.1	45.0
云和县	58.1	60.4	61.5	63.1	64.1
庆元县	46.0	46.7	46.8	48.1	49.1
景宁县	40.4	42.5	44.1	45.6	47.2
龙泉市	50.0	52.5	54.1	55.3	56.7

2. 市民化进程滞后

受城乡分割的户籍制度影响，目前遂昌常住人口城市化率与户籍人口城市化率还有一定差距，还差 8.96 个百分点，被统计为城

镇人口的 4.5 万多农业转移人口难以融入城镇，未能在教育、就业、医疗、养老、保障性住房等方面享受城镇居民的基本公共服务，产城融合不紧密，产业集聚与人口集聚不同步。城镇内部出现新的二元矛盾，农村留守儿童、妇女和老人问题日益凸显，给经济社会发展带来诸多风险隐患。

3. 产业结构矛盾突出

2014 年遂昌三次产业比例为 11.5∶45.9∶42.6，从三次产业发展状况看，第一产业、第二产业增加值增速同时下降，其中第二产业增加值增速大幅度下降，从 14.2%下降至 7.3%，规上工业产值增速度仅为 0.3%，且过度依赖元立、凯恩两家集团，抵御外部风险的能力较弱，县域经济竞争力不强。目前遂昌服务业增加值占 GDP 比重为 42.6%，低于我国服务业增加值，占国内生产总值的比重为 46.1%，与发达国家 74%的平均水平相距甚远，与中等收入国家 53%的平均水平也有较大差距。就业吸纳能力不足，生产性服务业发展滞后，制约了企业创新发展和产业转型提升。

4. 要素缺口较大

土地和资金要素依然是遂昌产业发展和城乡建设的最大瓶颈。国家对新增建设用地审批日趋严格，遂昌县低丘缓坡开发项目规划面积 584 公顷，而目前上级下达给的指标只有 300 公顷，缺口达 284 公顷，新增建设用地指标严重不足，影响项目的落地实施。目前遂昌仍处于资本推动期，投资需求依旧较大，但工业投资和民间投资持续下滑，企业经营困难，财政收入增长乏力，资金保障依旧不足。

5. 公共服务需求矛盾突出

近年虽然养老参保的人数增长较快，但基本养老保险的参保率仍不高，各类群体间的社会保障水平不均依然存在。同时，随着人口老龄化的加剧和社会保障待遇逐步提高，社保基金支付压力不断增大。义务教育均衡发展任务仍然艰巨，城乡之间、学校之间，在学校管理水平和教育教学质量方面差距日益明显。区域文化综合实力亟待提升，文化产业对经济总量的贡献份额较小，文化产业人才与科技制约明显。

（四）发展突破口

新型城镇化是现代化的必由之路，也是经济社会发展的重要标志。从现状分析来看，遂昌城市化率偏低，基础设施还不完善，公共服务离群众的需求相距较远，要让城镇基础设施和公共服务在三五年内迅速向农村地区和人口延伸，几乎不太可能。那么，让更多农民“在家门口就业”，实现就地就近城镇化，成为遂昌新型城镇化的突破口。

1. 规划引领

目前遂昌城镇化还面临着很多难题，如城市功能和集聚能力较低、市民进城化滞后、发展方式粗放、区域发展不协调、城乡差距较大等。在这种形势下推进新型城镇化，要求城镇规划要从局限于传统的城市规划趋向城乡一体化协调发展的规划转变，从平面扩张到合理布局，从无序蔓延向科学紧凑转变，要把农村城镇化与城市化放在同等重要位置，把新型农村社区纳入到城镇化建设体系。坚持以人为本、因地制宜编制农村城镇化发展规划，并与产业发展、土地利用、基础设施及公共服务规划相衔接，使城镇规划从热衷关注经济效益的物质空间转向关注公共利益和城乡公共服务均等化上来。

2. 产城融合

传统的城镇化以牺牲生态环境为代价，高消耗、高污染，模式粗放，客观上不具有可持续性，必须创新发展模式。遂昌未来的城镇化发展，应从“以人为本”出发，走城镇化引领、工业化主导、农业现代化筑基、信息化深度渗透的“产城融合”之路。城镇化发展的重点应当是乡镇，逐步形成由电子商务驱动的地方特色产业的新生态，从而促进农民返乡创业和就近就业，同时加大农民技能培训力度，提高农村人口素质，为农村居民自由流动谋职创业创造条件；而城区发展的重点不是资源和人口要素的进一步聚集，而是创新性产业发展和功能性调整完善，推动产业向多点支撑的立体城市型经济转型，真正实现产城融合。

3. 配套服务

“人的城镇化”是新型城镇化的核心和关键。经过近几年的发展，遂昌城市化率逐年提高，但仍有一部分农业转移人口进城务工却没有安家，同时已在城镇安家的部分转移人员存在生存困难、生活不适应、认同感不高等各种问题，这种“人的城镇化”远远低于城市化率的现状，带来许多社会矛盾和隐患。就地城镇化的基础是农村公共服务的普遍覆盖与普遍享有，应加大养老、医疗、教育、就业、住房、社会救助等民生项目的建设投入，持续改善农村的交通、物流、电信、电力等基础设施，同时要加大就业培训力度，助力农民就业方式转型，实现从二元分割到城乡一体化发展的转型，使农民能够真切地享受新型城镇化建设带来的红利。

4. 制度创新

遂昌新型城镇化建设不能局限于依赖政府的推动，更应发挥市场、社会的作用。新型城镇化发展要在政府主导基础上调动企业、社会及城乡居民参与城镇建设的积极性，避免城镇化建设企业缺位、社会失位、民众无位情况的发生。同时，要创新体制机制，创新社会治理手段，着力破解户籍管理、土地管理、社会保障、投融资、社会管理等发展难题，最终实现农民、企业、合作社融合，城镇、农村融合，生产、生活、生态融合。

二、指导思想和发展目标

（一）指导思想

贯彻落实党的十八大和十八届三中全会、四中全会精神，围绕省委“八八战略”和市委“绿色崛起、科学跨越”战略总要求，坚持“绿水青山就是金山银山”和“三生融合”的战略指导思想，按照“经营山水、统筹城乡，全面建设长三角休闲旅游名城”的战略总要求，围绕“五行遂昌”的区域品牌，把“以人为核心的城镇化”作为根本方向，以“目标强县富民、空间东进西拓、产业扬长补短、民生与时俱进、社会和谐幸福、发展科学持续”为路径，通过优化城镇空间布局和发展形态，大力推进“县城、中心镇、中心村”三位一体空间布局。转变城镇发展方式，加快推进具有遂昌特色的新型城镇化进程，走出一条以人为本、组团发展、产城融合、生态文明、文化传承的具有遂昌特色的新型城镇化之路，加快建成县城美、乡村美、生态美、生活美、事业美的“五美”特色新山城。

（二）基本原则

1. 以人为本，公平共享

以人的城镇化为核心，合理引导人口流动，有序推进农业转移人口市民化，稳步推进城镇基本公共服务常住人口全覆盖，不断提高人口素质，促进人的全面发展和社会公平正义，使全体居民共享现代化建设成果。

2. 生态优先，绿色低碳

倡导“保护生态环境就是保护生产力、改善生态环境就是发展生产力”，注重生态保护与发挥生态优势，加快生态资源向生态资本转化，着力推进绿色发展、循环发展、低碳发展，节约集约利用土地、水、能源等资源，强化环境保护和生态修复，减少对自然的干扰和损害，推动形成绿色低碳的生产生活方式和城镇建设运营模式。

3. 四化同步，统筹城乡

加强创新驱动，加快经济发展方式转变，走高端化、绿色化、集约化的产业发展道路。推动信息化和工业化深度融合、工业化和城镇化良性互动、城镇化和农业现代化相互协调，促进城镇发展与产业支撑、就业转移和人口集聚相统一，促进城乡要素平等交换和公共资源均衡配置，形成以工促农、以城带乡、工农互惠、城乡一体的新型工农、城乡关系。

4. 优化布局，组团发展

根据资源环境承载能力构建科学合理的城镇化宏观布局，以综合交通网络和信息网络为依托，科学规划建设中心镇与中心村，走组团发展之路，突出城镇组团功能互补优势，强化各自产业功能，增加就业岗位，提高城镇公共服务能力和居民生活质量，促进经济发展、人口布局与资源环境承载能力更趋协调。

5. 文化传承，彰显特色

根据不同地区的自然条件和历史文化脉络，突出地域特色和文化特征，提倡形态多样性，防止千镇一面，发展有历史记忆、文化脉络、地域风貌、民族特点的美丽城镇，形成符合实际、各具特色的城镇化发展模式。

6. 市场主导，政府引导

正确处理政府和市场关系，更加尊重市场规律，坚持使市场在资源配置中起决定性作用，更好发挥政府作用，切实履行政府制定规划政策、提供公共服务和营造制度环境的重要职责，使城镇化成为市场主导、自然发展的过程，成为政府引导、科学发展的过程。

（三）发展目标

坚持走以人为本、生态优先、城乡统筹、经济高效、特色发展的城镇化道路。规划期内，实现经济发展水平大幅提升，居民生活明显改善，城镇化空间格局明显优化，产业发展水平得到明显提升，推动城镇户籍与公共服务体制创新、土地制度创新、城市融资体制创新、社会管理体制创新、政府管理服务创新。在政府管理模式、农村集体建设用地制度等方面的改革取得突破性进展。

表 5-2　遂昌县新型城镇化主要指标

指　　标	现状	2015 年	2016 年	2017 年	2020 年
经济发展实力					
地区生产总值	90.92	97.74	105.07	112.95	140.32
人均生产总值（元）	48 491	52 273	56 350	60 746	76 098
服务业增加值占生产总值比重（%）	42.66	43.85	45.07	46.34	50.34
地方财政收入（亿元）	6	6.48	6.99	7.56	9.52
固定资产投资（亿元）	47.92	56.55	66.72	78.73	129.36
城镇常住居民人均可支配收入（元）	31 478	34 216	37 193	40 429	51 925
农村常住居民人均可支配收入（元）	12 908	14 496	16 279	18 281	25 890
二、三产业从业人员比重	58.57	59.74	60.94	62.15	65.96

（续）

指　　标	现状	2015 年	2016 年	2017 年	2020 年
城镇生态建设					
常住人口城市化率（%）	46.5	48.5	50.5	52.5	58.5
户籍人口城市化率（%）	37.5	39.5	41.5	43.5	49.5
城镇人口（万人）	8.72	8.98	9.25	9.53	10.41
城镇新增就业人口（人）	2 926	3 014	3 104	3 197	3 494
城镇登记失业率（%）	2.91	<3	<3	<3	<3
建成区自来水普及率（%）	—	100	100	100	100
垃圾和污水集中处理率（%）	—	≥90	≥93	≥96	100
全年空气质量指数处于Ⅰ、Ⅱ级比例（%）	88	≥90	≥90	≥90	≥90
公共服务提升					
义务教育普及率（%）	—	100	100	100	100
等级幼儿园覆盖率（%）	73.48	80	82	83	90
农村有线电视、广播入户率（%）	—	100	100	100	100
城镇失业人员、农业转移人口、新成长劳动力免费接受基本职业技能培训覆盖率（%）	—	80	82	87	≥95
城乡居民养老保险覆盖率（%）	98.6	98.7	98.8	98.9	99.2
新型农村合作医疗保险覆盖率（%）	98.5	98.7	98.8	98.9	99.2
公共满意评价					
群众满意度（%）	—	≥95	≥95	≥95	≥95

三、有序推进农业转移人口市民化

按照尊重意愿、自主选择，因地制宜、分步推进的原则，有序推进农业转移人口市民化，统筹推进户籍制度改革和基本公共服务均等化，让农业转移人口真正能在城镇安居乐业。

（一）完善流动人口管理

完善流动人口服务管理，有序解决农业转移人口的落户问题。

一是着力解决高技能人才及其家属落户问题，加大对高技能人才的吸引力。二是要将有合法住所、稳定职业、缴纳社保等作为农业转移人口市民化的基础条件，规范农业转移人口的市民化行为。三是在县域内开展相关社会福利和权利与户籍制度剥离的探索。四是户籍制度改革要充分尊重农民意愿，转户后要依法参加城镇社保。

（二）加快农村转型发展

目前，遂昌农村仍有大量需要转移的富余劳动力，因此，通过农村转型发展、农业产业“接二连三”和功能拓展、产城融合发展，实现农村富余劳力就地就近转移与市民化。一是发挥块状经济优势，加快农村工业转型发展，大力培育和发展农村商贸、物流、信息等服务业，引导农民在农村从事二、三产业，实现就地“转产”就业。二要大力发展高效生态现代农业和乡村休闲产业，推进农业高效化、生态化、休闲化和产业化，促进农民由“自耕农”向“经营大户”或“职业农民”转变，引导农民“转身”就业。此外，通过农村新社区的建设，引导农民向中心村、中心镇集中居住，促进其生活方式、价值观念向城镇居民转变，实现农村人口就地城镇化和市民化。

（三）推进基本公共服务覆盖

增强县城教育资源承载能力，吸纳更多农业转移人口子女在县城就读，并享受免费义务教育。鼓励用出租屋、企业自建等市场化方式解决外来务工人员居住问题。加大对外来务工人员聚居区升级改造支持力度。充分利用现有“新民居”工程，实现住房资源有效利用。逐步完善外来务工人员参加社会保险制度，加强对企业缴纳社会保险的监管。完善县级职业技能培训基地建设，做好职业技能鉴定工作，打造集职业技能开发、实训评价和就业服务于一体的服务基地。探索建立“校企合作”培养人才模式。将外来务工人员纳入社区服务体系，增强他们对社区的归属感。

（四）探索城镇化成本分担机制

合理测算农业转移人口市民化成本和转移支付标准，建立健全由政府、企业、个人共同参与的农业转移人口市民化成本分担机制。县政府主要承担义务教育、劳动就业、基本养老、基本医疗卫生、保障性住房以及市政设施等方面的公共成本；企业要加大技能培训投入，依法为建立劳动关系的农业转移人口缴纳职工养老、医疗、工伤、失业、生育等社会保险费用；农业转移人口依法缴纳养老、医疗、失业等社会保险费，积极参加职业教育和技能培训，提升融入城市社会的能力。

四、优化城镇化布局和形态

进一步强化遂昌中心城区的区域带动作用，坚持组群式、集约式、内涵式发展，形成以中心城区为龙头、中心镇为骨干、中心村为依托的城镇体系结构。

（一）县域城镇化总体格局

立足县域空间特点，按照既服务现在又支撑未来的原则，实施“以城带乡、以东带西、东部优化提升、中部集聚拓展、西部生态保护”的空间开发策略，构建“一心、一副、两轴、四组群”的城镇体系架构，加快形成布局合理、分工明确、功能互补、城乡互动的现代城镇体系。

“一心”：妙高—云峰中心城区，向西包括三仁的高碧街，向北包括龙板山工业区。作为县域经济政治文化中心，在遂昌经济社会发展中发挥主体作用，提升城区的集聚、辐射、人居、服务、创新等功能。“一副”：即石练省级中心镇，促进产业、人口和要素的集聚和镇区拓展，提升生产、流通和生活的综合服务功能，作为带动中西部地区加快崛起的重要增长极。“两轴”：以公路交通干线及产业布局为导向，形成两级发展轴带的县域城镇体系空间布局。一级发展轴为云峰—妙高—石练—湖山一线。龙丽高速公路北界—新路湾—云峰为二级城镇发展轴。“四组群”：即湖山—金竹组群、北界—新路湾组群、王村口—龙洋组群、黄沙腰—柘岱口—西畈四个城镇组群，因地制宜发展原生态农业和生态旅游业，带动当地居民致富。

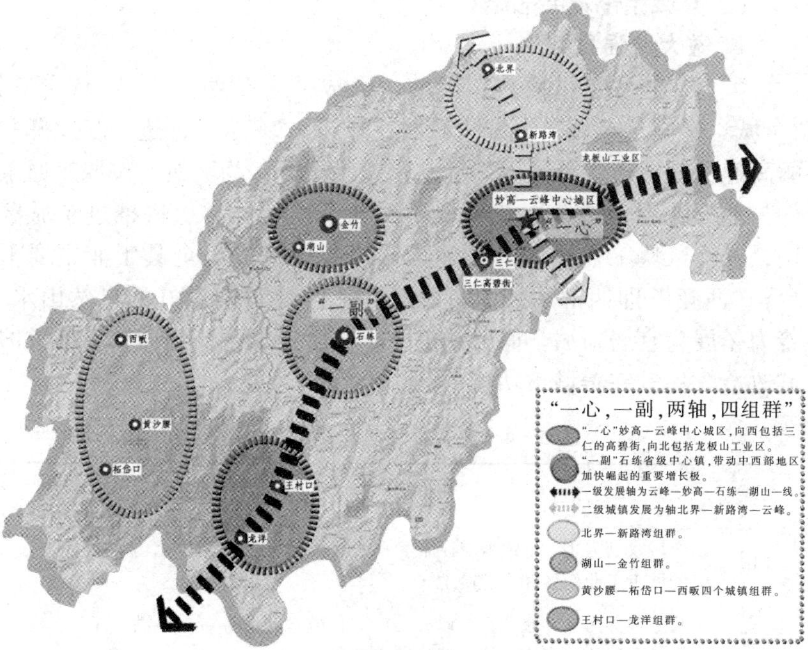

图 5-3　遂昌县域城镇化总体格局规划

表 5-3　遂昌县城镇“四组群”及其功能定位

城镇组群名称	功能定位及发展重点
湖山—金竹组群	作为县域西部次中心，重点发展旅游业、特色农副产品加工业和商贸服务业，适度发展萤石采掘加工业
北界—新路湾组群	作为县域北部次中心，重点发展特色农副产品、林产品加工业、商贸服务业、旅游业
黄沙腰—柘岱口—西畈组群	作为县域西南部一般镇，重点发展以山区资源综合开发为主的产业、旅游业
王村口—龙洋组群	作为县域西南部一般镇，积极发展集贸、木材产品加工业、旅游业

（二）城镇化发展形态

1. 做大做强县城

大力实施“东进西拓”战略，形成“东工西居”结构，构筑“东城、新城、老城”三城联动发展格局。“东进”即进一步发挥龙丽高速交通通道优势，以衢宁铁路遂昌段开工为契机，按照交通条件与地形地貌，结合浙江省低丘缓坡开发实施，加快推进东城区块、云峰区块工业园区开发建设，建成后将成为全县工业主要平台；“西拓”即西部后江、古院、三仁区块利用良好的自然山水，着力拓展为宜居新城，同时，进一步破解老城区用地紧张、推进旧城改造，提升完善城市功能。

表 5－4　遂昌县城区格局规划情况

名称	功能定位	常住人口（万人）
东城	以产城联动为主，形成兼具工业、商贸、物流、居住等多元功能的城市工业新区和产业高地	3.5
新城	以政务服务为主，建成集行政办公、文化教育、商务金融、酒店服务和居住功能为一体的现代城市综合新区	5
老城	以旅游商住为主，打造休闲、旅游、娱乐、商务、人居等文化旅游区	6.5

正确处理好城乡建设、产业发展与生态保护的关系，增强中心城区在产业、资金、市场、科技、人才、信息等方面的优势，积极发挥对周边地区的辐射带动作用。三仁、濂竹为接收中心城辐射的第一层，以遂昌金矿景区为核心积极发展生态旅游、文化创意、都市农业等产业；垵口为接收中心城辐射的第二层，立足水源地所在地、生态之乡优势，以神龙谷景区为核心加快休闲旅游、生态种植、养殖，着力打造十八里翠景区。

2. 做精做全集镇

加强乡镇与中心城区联系，充分挖掘特色，完善功能配套，科学编制规划，实现总规、控规全覆盖。提升基础设施水平，增强产业支撑，改善人居环境质量，提高吸纳能力，逐步形成一批特色鲜明的商贸、工业和旅游镇。

集中力量抓好石练、大柘、湖山、金竹、北界、新路湾几个乡镇的建设，重点抓好特色产业培育、特色风貌塑造，提升聚集能力和辐射能力。对一般乡镇进行科学规划，突出体现布局、建筑、生态、文化和产业五个方面特色。协调处理好规模扩展与质量提高间的关系，提倡小区化建设，社区化管理。完善教育、卫生医疗、文体休闲、商业网点等公共配套服务，提升生活品质科学划分居住、服务、产业等功能区。

表 5-5　遂昌县各乡镇分类推进

地名	职能特点	产业重点	建设要点
石练	核心乡镇	重点发展生态旅游、特色农副产品、林产品加工和交易	充分发挥优越的水土资源条件，完善相关配套设施，形成特色旅游小镇
大柘	核心乡镇	重点发展精品农业、旅游、温泉	关注茶叶品牌的转型升级，实现茶叶终端销售
湖山	核心乡镇	重点发展生态旅游	加强基础设施建设，重点发展旅游服务职能，结合发展资源型产业，增强城镇吸引力
金竹	核心乡镇	重点发展精品农业	打响金竹山油茶品牌，推动金竹山油茶产业的可持续发展；推进金竹异地农民转移的小区建设
北界	核心乡镇	重点发展精品农业	遂昌县北大门，注重集镇面貌、村容村貌的建设，发挥区位交通优势，逐步形成高速公路沿线特色产业经济圈
新路湾	核心乡镇	重点发展精品农业	加强农业基础设施建设，扶持原生态稻米、三井毛峰茶等高效产业；提升“农家乐”生态观光旅游

（续）

地名	职能特点	产业重点	建设要点
王村口	次中心乡镇	重点发展红色旅游	推进红色古镇开发项目，打造成省内乃至全国小有名气的生态休闲旅游名镇
黄沙腰	次中心乡镇	重点发展乡村旅游	做好生态保护工作，创造养生休闲环境，开发乡村旅游高山民宿，建设大洞源村高山民宿和旅游接待中心
应村	一般乡镇	重点发展精品农业	发展毛竹及其加工、养殖等特色产业
高坪	一般乡镇	重点发展精品农业、生态旅游	发展高山蔬菜、毛竹产业；完善基础设施建设，推进农村环境综合整治，打造“避暑休闲，养生高坪”乡村休闲旅游品牌
焦滩	一般乡镇	重点发展生态旅游	推进龙门旅游景区开发和独山村精品旅游村建设
龙洋	一般乡镇	重点发展集贸、木材产品加工集镇	对外交通窗口，完善相关基础设施
柘岱口	一般乡镇	重点发展山区资源综合开发以及集贸市场	维持集镇规模，提高小镇质量
西畈	一般乡镇	重点发展生态农业	对外交通窗口，推进遂江公路改建工程；以产业升级为抓手，进一步促进农民持续增收
蔡源	一般乡镇	重点发展生态农业	做大做强猕猴桃产业，发展生态加工业；推动蔡源小区二期建房等基础设施建设，增强城镇集聚效应

3. 做优做美农村

以“布局社会化、产业规模化、人口集聚化、设施配套化、服务社区化、环境生态化”为要求，不断深化村庄整治建设内涵，使中心村成为名副其实的经济、文化、人口和社区服务的中心点。

以“洁净乡村”建设为总抓手，夯实“六边三化三美”“双清”等行动，加快推广实施农村垃圾分类处理试点工作，推进“812”土地整治工程、农村土地综合整治、高标准基本农田建设等建设，进一步完善农村河道整治、山塘综合整治、生态公益林保护等项目。积极开展美丽乡村精品线路和精品区块建设，按照“串点成线、连线成面、整体推进”思路，坚持以规划为导向、以景区为标准、以产业为重点、以特色为抓手、以增收为根本的原则，打响农家乐休闲旅游品牌，实现三次产业统筹协调发展。整合农民异地转移、整村搬迁、农村危旧房改造等项目，促进人口、产业和公共服务向中心村集聚，提升中心村辐射带动功能。加强历史文化村落保护利用，按照统筹兼顾、综合保护的要求，以红色历史遗存为核心，着力发掘传承古文化、整治美化古村落、培育发展古村游，加快全县历史文化保护重点村划定，对于认定的省市级古村落予以重点项目扶持。到 2020 年建成 3 个历史文化精品村，培育 10 个历史文化特色村。

五、强化城镇化发展产业支撑

坚持以产业发展作为遂昌新型城镇化的动力源，做特一产业，做强二产业，做活三产业，持续推进产城一体、园城共融，做大经济总量，做优发展质量，创造更多就业岗位，提升城镇集聚辐射能力。

（一）突破发展新型工业

坚持走开放合作、绿色低碳、创新驱动的新型工业化道路，支持元立、凯恩等骨干企业推进技术改造，扶持中小微企业发展，力争到 2020 年，完成工业技改投资 50 亿元，新增亿元以上企业 5 家、规模以上企业 25 家，不断加强遂昌工业的可持续发展能力和区域产业竞争力。

1. 培育"一大、四特、四新"工业结构

"一大"即培育发展装备制造主导产业。重点发展以金属制品生产、专用设备制造和交通运输设备制造为核心的装备制造业，引导企业加大新产品、新技术研发和产业化，延伸产业链、提升产品附加值。"四特"即提升发展特种纸、竹木深加工、矿山采掘、农副产品深加工等特色产业。"四新"即重点培育生物、新材料、新能源、节能环保四大新兴产业。生物产业，重点培育茶多酚、竹叶黄酮、菊米深加工和紫杉醇提炼等功能性保健产品、医药中间体和造纸助剂等；新材料产业，重点发展环保型聚氨酯革、各类高档造纸化学品、竹炭聚氨酯薄膜（炭皮）等；新能源产业，重点发展锂电池和镍氢电池为主的新型电池、燃料电池等电池品种等；节能环保产业，重点发展LED应用产品、大气污染治理装备、水污染治理装备产业、高效节能泵等。

2. 做实"一核两带"工业发展平台

"一核"即现有遂昌工业园区块，包括已经建设形成的上江、金岸、大桥、二都街、毛田等块状工业区和在建的洋浩、龙板山、连头区块。抓住国土部低丘缓坡综合利用开发试点、50省道改线、衢丽铁路建设工程等契机，打造良好的投资兴业氛围，逐步形成以金属制品、竹木制品、不锈钢管、精细化工等为主导的产业集聚。"两带"即石练—大柘绿色产业带和龙丽高速公路沿线产业带。石练—大柘绿色产业带作为遂昌的生态屏障，重点发展茶叶、竹木、菊米、高山蔬菜、食用菌等绿色食品加工产业；大力发展茶多酚、竹叶黄酮等功能性营养保健品产业；积极发展生物产业，打造浙西南绿色产业基地。龙丽高速公路沿线产业带依托当地竹木资源，重点发展以毛竹为原料的竹胶板生产、竹炭加工等竹制品产业，建设竹木加工、竹制品制造业基地。

3. 坚持创新驱动促进转型升级

积极引导和鼓励工业企业创业创新、做大做强，加快产业结构调整和转型升级，努力开创遂昌工业经济发展新局面。以加快工业技术创新能力建设为突破口，鼓励园区、企业多途径、多形式创新创造，提高企业发展潜力和产品的市场竞争力。推广应用自动化、数字化、网络化、智能化等先进制造系统、智能制造设备及大型成套技术装备。广泛采用新技术、新工艺、新流程、新装备、新材料对企业进行改造提升。以绿色制造为趋向，走绿色低碳发展之路，建立落后产能退出机制，强力淘汰落后生产能力。

（二）大力发展现代农业

立足“绿色、生态、有机”，推进粮食生产功能区和现代园区建设，发展原生态精品农业，以转变发展方式、推进农业转型升级为主线，推进遂昌农业发展由主要追求数量向注重品质效益转变。到 2020 年，全县基本形成技术装备先进、组织方式优化、产业体系完善、供给保障有力、综合效益明显的农业产业化新格局。

1. 优化农业发展空间

结合农业布局现状，重点打造三大农业发展带。北部山体农业发展带，立足北部山区丰富的农林特资源，着力发展高山蔬菜、生态养殖等产业。西南特色农产品发展带，立足西南部特色农产品优势，着力发展高山蔬菜、烤薯、食用菌等产业。东部农业发展带，立足中东部地势相对平缓优势，着力发展茶业、竹业、杂交稻等产业。

2. 培育特色农业产业体系

立足区域农业优势，围绕特色产业，走高产高效发展道路，着力培育以茶叶、山地蔬菜、竹业为主导，以水果、中药材、特色养殖、食用菌等为特色的“三主多特”农业结构。

表 5－6　遂昌农业发展重点

产业类型		发展重点
三主	茶产业	提高亩均产值；调整茶类结构
	山地蔬菜	建设蔬菜规模化基地；加大蔬菜高产优质新品种引进开发与利
	竹业	调整种植结构；推动竹产业与旅游结合

（续）

产业类型		发展重点
多特	生态畜牧	鼓励特色生态养殖；做好污染处置
	水果	扩大种植面积；调整品种
	中药材	建立规模化基地；确定中药材发展品种
	食用菌	推广先进生产模式；组建专业合作社

3. 加快建设产业基地

以粮食生产功能区和现代农业综合区建设为重点，建设一批特色农业发展基地。重点建设 6 万亩粮食生产功能区，大柘现代农业综合区、三仁现代农业综合区，蔬菜主导产业示范区、畜禽主导产业示范区。建设原生态红提、原生态菊米、原生态烤薯、原生态蘑菇、原生态稻米、原生态杂粮等原生态精品基地。

4. 提升农业现代化水平

扶持发展一批辐射面广、带动能力强的加工型、流通型农业龙头企业，到 2020 年，至少培育农业龙头企业 6 家、农业合作社 10 家、家庭农场（林场）30 个。实施农业品牌战略，鼓励农产品生产、加工企业创建品牌。制定完善特色优势农产品生产、加工、贮运标准，形成与国家、行业及地方标准配套，与国际接轨，涵盖产前、产中、产后全过程的农产品质量标准体系。

（三）加快发展现代服务业

1. 融合发展文化旅游产业

立足县域资源禀赋，挖掘人文历史，突出汤显祖文化、红色文化、民间传统文化和产业文化，高端打造“金山林海·仙县遂昌”特色旅游品牌，着力构建“一线七区”旅游发展格局，将遂昌打造成长三角休闲旅游名城，在江浙沪等长三角大城市具有突出影响力及美誉度的旅游目的地，助推文化旅游资源优势向产业和经济优势转化。

“一线”，即遂龙公路复线、遂江线与妙高—庄山—濂竹—武义公路连成的Y形东西向交通主轴线。

“七区”，分别是①中央休闲境区，以县城和三墩休闲旅游基地为核心休闲基地，以竹炭园区、成屏水库、含晖洞、麻洋汤山头等为基点，辐射妙高镇、三仁乡。②东部休闲境区，以遂昌金矿和长濂大明文化园旅游区为核心休闲基地，以银都、小岱等为基点，辐射云峰镇、濂竹乡、新路湾镇部分。③湖山休闲境区，以湖山旅游度假区为核心休闲基地，辐射金竹镇、焦滩乡、蔡源乡、石练镇部分、大柘镇部分。④北部休闲境区，以白马山和石姆岩休闲旅游区为核心休闲基地，以三井、田铺、万亩杜鹃长廊为基点，辐射新路湾镇、高坪乡、北界镇、应村乡、金竹镇部分。⑤南部休闲境区，以南尖岩、神龙谷、千佛山等景区为核心休闲基地，以大柘汤沐园温泉、垵口自驾游、神龙谷漂流为基点，辐射垵口乡、大柘镇、石练镇、王村口镇部分。⑥西南休闲境区，以王村口红色古镇为核心休闲基地，以独山古寨为基点，辐射焦滩乡、蔡源乡、龙洋乡、垵口乡部分。⑦西部休闲境区，以九龙山国家级自然保护区为核心休闲基地，辐射黄沙腰镇、西畈乡、柘岱口乡、龙洋乡部分。

2. 加快发展商贸物流业

牢牢把握国家扩大内需这一战略基点，以推进连锁经营、统一配送、电子商务等现代流通方式为依托，以完善新型消费服务体系、城乡流通网络体系、市场运行保障体系为核心，以促进便利消费、实惠消费、热点消费、循环消费、安全消费为目的，加快建立少环节、高效率、开放便捷的流通模式。到2020年，全县社会消费品零售总额达113.62亿元，年均增长20%以上。结合新城开发，规划建设商贸综合体，提升带动商贸业发展。县城依托水阁路、南街、凯恩路等，建设特色街区。乡镇重点打造大柘、西畈、龙洋、柘岱口等几个特色商贸镇。抓住衢丽铁路、衢宁铁路建设机遇，规划建设物流园区，推进物流企业培育。

3. 做大做强农村电子商务

进一步强化“遂昌模式”的品牌，形成可在全国推广复制的“遂昌经验”，成为以电子商务推动新农村建设的标杆县域。力争使触网农户每年人均增长收入超过1 000元人民币。到2020年，全县培育出5家以上销售额超亿元的电子商务企业，全县电子商务总销售额超20亿元。

按照“以创业园建设为核心、两大线上平台推动、四大线下基地支撑、百村电子商务互动、多种电子商务类型并举”的布局思路，突出线上与线下的互动、产业与设施的配套。以电子商务创业园建设为核心，以新型农村公共服务平台和电子商务信息综合服务平台为动力，以农产品电子商务综合基地、创业与人才培育基地、休闲旅游基地、物流基地为支撑，培育一百个以上积极开展电子商务活动的行政村，鼓励多品种的电子商务活动并举。

六、提高城镇综合承载能力

围绕推进新城镇化的战略部署，重点实施“交通、能源、市政、水利、信息、环保”等提升工程，不断提高城镇基础设施承载能力，加快推进公共服务和市政公用设施现代化，持续优化人居环境，逐步实现生产空间集约高效、生活空间宜居适度、生态空间山清水秀宜游，形成生产、生活、生态空间的合理结构。

（一）健全现代综合交通运输体系

围绕加快推进交通运输现代化，以快速铁路、高速公路、国省干线公路和管道运输网为骨架，不断加强铁路、公路之间的衔接配套，提高组合效率，发挥整体优势，构建便捷、高效的现代化综合交通运输体系，引导城镇体系集约协调发展。

1. 加快县域公路交通建设

启动实施龙丽高速公路连接杭金衢高速公路、杭新景高速公路和丽龙庆高速公路，规划新建至江山的高速公路。

按一级公路标准改建50省道，新建51省道上江—三墩桥—石练—王村口段公路改建工程和50、51省道连接线（三墩桥—源口—荫樟源—界首）。

按二级标准规划遂江线、峡北金线、小金线、焦石示线、连直线、庄梧线，加快与周边县市的交通联系。按二级公路改建石马岭脚一石示下段公路。按三级公路标准规划建设卅长线。

2. 完善公路场站建设

构筑以公路枢纽为重点，适应公路运输业发展需要的现代化绿色环保型站场体系，形成以干线公路网为依托的公路运输站场网络。规划至2020年，按四级站标准扩建石练、北界、云峰客运站，按五级站标准建成新路湾镇、王村口、黄沙腰、金竹、西畈、湖山、大柘客运站，新建西坞简易客运站。扩建大柘货运站，新建部分乡镇配载中心及货运停车场。

（二）加强公共服务设施建设

着眼于满足未来城镇化发展需求，科学规划城乡教育、医疗卫生、文化、体育、养老、就业等公共服务设施布局，以提升城市人文关怀，提高市民生活幸福指数为发展导向，加快完善城市公共服务配套，不断满足城镇居民的服务需求，增强对人口集聚和服务的支撑吸引能力。

1. 优化教育资源配置

在巩固教育创强的基础上，高标准高质量地普及十五年基础教育，做大做强职业教育，大力发展成人教育，积极探索发展0～2周岁婴幼儿早期教育，到2020年基本实现教育现代化。

（1）高中。到2020年，全县共2所高中：遂昌中学、职业中专。不断完善遂昌中学、职教园区基础设施建设，择址三仁区块新建遂昌中学60个班（设置一校两区），职教园区60个班，确保高标准质量普及高中教育。

（2）初中。到2020年，全县共5所初中：遂昌二中、遂昌三中、民族中学（在建）、金岸中学、遂昌四中（择址新建）。

（3）小学。规划将小学教育设置为中心城镇和一般乡镇二级。镇区按平均1万～1.5万人设小学一所，规模18～36班，原有乡镇中心小学以扩大规模、办好寄宿制小学、提高教学质量为主。重点调整村级小学。中心村按服务面积45平方千米左右和服务人口4 000人左右设小学1所，非规划中心村的农村小学全部撤并。积极创办农村尤其是山区寄宿制小学。

到 2020 年，全县设置 25 所小学，其中妙高镇 7 所（包括三仁小学一所）。原则上一乡（镇）设置一所中心小学。

（4）幼儿教育。县示范幼儿园改造成为省一级幼儿园，在现有幼儿园的基础上，另在城北、城西、城南、龙潭、上江、金岸及云峰择址新建幼儿园，使县城幼儿园达到 12 所。积极鼓励社会力量在适龄幼儿 15 人以上的农村办园。到 2020 年基本满足 0～3 周岁婴儿接受教育的需求。

（5）成人教育。加大电大、职业教育、成人（社区）教育、电视中专、自学考试、职业技术培训、职业教育等的基地建设，形成以电大分校、成人技术学校、职业中专及自考办为主阵地的成人教育发展体系和网络格局。建立以社区学院为龙头，以县城市民学校、乡镇社区教育中心（成人技术学校）、农村社区学校为载体的终身教育体系。新建妙高中心成技校。

（6）教育信息化及教师培训规划。大力提高教育技术手段的现代化水平和教育信息化程度。逐步在高中、初中和有条件的小学普及计算机操作和信息技术教育，争取在有条件的学校实现教育信息化。推进县级教师培训机构的现代化建设，新建县教师培训中心，力争达到省备案标准。

2. 健全公共卫生服务体系

全县医疗机构按照中心城区、一般乡镇、中心村及基层村进行配置。县人民医院和县中医院在原址进行功能完善性改扩建；规划期内在后江片新建 1 所县级综合性医院（医疗中心）。规划在一般乡镇、中心村及基层村设乡镇卫生院（社区卫生服务中心）、分院（规范化社区卫生服务站）或卫生室（社区卫生服务站）、驻村医生服务点。其中现乡镇政府驻地为卫生院（社区卫生服务中心），规模大的中心村为卫生分院（规范化社区卫生服务站），其余中心村设卫生室（社区卫生服务站），基层村添置固定的便民药柜和必要的诊疗设施，设立固定驻村医生服务点。规划期内全县每年新建、扩建、改建或拆建 1～3 个卫生院。到 2020 年，各中心镇卫生院（社区卫生服务中心）、中心村卫生室（社区卫生服务站）均达规范化标准，20 分钟医疗卫生服务圈覆盖率达到 95%。

表 5-7　遂昌县域医疗卫生设施配置

组合后乡镇名	组合前乡镇	医疗卫生机构数	床位数
妙高镇	妙高镇、云峰镇	51	800
石练—大柘镇	石练镇、大柘镇、部分焦滩乡	16	30
北界镇	北界镇、新路湾镇、应村乡、高坪乡	27	25
金竹—湖山镇	金竹镇、湖山乡	17	25
黄沙腰镇	黄沙腰镇、柘岱口乡、西畈乡	16	30
王村口镇	王村口镇、龙洋乡、部分焦滩乡、蔡源乡	12	15
垵口乡	垵口乡	7	10
濂竹乡	濂竹乡	7	10
三仁畲族乡	三仁畲族乡	7	10
合计	160	925	

3. 加强公共文体设施建设

按城镇等级建立群众性文化网络。县城重点建设好规模适宜、现代化的图书馆，博物馆、文化馆，发挥地域文化中心的作用。乡镇都要有符合标准的文化站或文化中心。到 2020 年，基本建成县、乡镇、村三级文化活动网络，加快群众文化设施建设，乡镇文化站的站舍应全部达标，并达到省 1 级标准。全县 80%的乡镇，建立规模不等的乡镇图书馆。所有中心村均建成一定规模的多功能文化站。

规划建立完善的体育设施。县城新建一处体育中心，位于荷花滩职教园区，有利于与职校园区实现资源共享，提高资源使用效率。石练—大柘镇应建设供全镇及县域南部地区共用的体育设施。其他镇建成与中学运动场相结合的田径场以及灯光球场，建设青少年活动中心和老年活动室各 1 所。中心村建 1 个篮球场和 1 个乒乓球室和棋牌室，可与村文化站相结合建设。新建城市居住区的公共体育用地要求达到人均 0.3～0.5 平方米，大专院校、大型企事业单位、旅游宾馆、中小学都要严格按国家要求建设相应体育场馆和设施。

4. 完善社会福利设施建设

完善城乡社会福利和社会救助设施建设，健全大社保体系、社会救助体系和养老服务体系，提高“五保”和“三无”人员供养水平，加快县养老中心一期工程建设。不断扩大社会保障覆盖面，完善社会保障政策，认真做好社保卡发放、管理和服务工作。建立健全以公共租赁住房为主要形式的多层次住房保障体系，改善低收入住房困难群体住房条件。到2020年，各个中心镇配置社会福利院1所，用地面积2 000平方米，建筑面积1 500～2 500平方米。

（三）提升城镇发展品质

将山水生态、文化特色融入城市建设，形成遂昌城市风格，建设有文化传承、地域特色、乡村记忆的美丽县城。加快绿色城镇建设，以人文建设促城镇提品，以智能化促城镇提质，打造形象精致、内涵丰富、品位高雅的新型城镇，让居民望得见山、看得见水、记得住乡愁。

1. 推进宜居环境建设

生态宜居的环境是居民的期盼。遂昌作为生态环境条件优越的地区，更应加强生态宜居环境建设。一是加强生态设施建设。实施城市截污纳管和农村生活污水治理工程，提高生态设施支撑能力。推进“绿色廊道”和“生态河网”建设，营造高速公路、国道、省道、县道等沿线绿色景观带。二是建设一批生态公园。以新城开发和旧城改造为契机，新建和扩建一批公园，探索将整个县域作为生态公园进行建设，创建遂昌国家公园。三是倡导低碳生活方式。顺应全球低碳经济发展趋势，提倡绿色消费理念和消费方式，制定生态型消费宣传导则和市民生态文明行为规范，引导和约束市民养成生态生活方式。加强生态文明宣传教育，把生态道德纳入社会主义核心价值观教育内容，积极构建家庭、学校、社会“三位一体”的生态教育体系。

2. 注重人文城镇建设

注重在城镇规划中发掘文化资源，延续城镇历史文脉，在城市建设中融入文化元素，展示遂昌汤显祖文化、好川文化、黄金文化、红色文化、畲乡文化、大明文化、黑陶文化、竹炭文化、农耕文化等文化特色。强化文化传承创新，打造历史底蕴深厚、人文特色鲜明、文化韵味十足的城镇空间。注重在旧城改造中对历史文化遗产、民族文化风格和传统风貌等的保护及周边环境治理，促进功能提升与文化文物保护相结合。注重城镇文化多样化发展，促进传统文化与现代文化、本土文化与外来文化交融，形成多元开放的现代城市文化。

3. 加快智慧城市建设

建设智慧旅游、智慧商务和智慧政务。智慧旅游重点建设智慧旅游基础设施，智慧旅游管理体系和智慧旅游服务等。智慧商务重点加快电子商务创业园建设，建设新型农村公共服务平台和农产品信息综合服务平台等。智慧政务重点提升中国遂昌门户网站群功能，推进政务系统业务协同和加快政务数据资源交换共享等。

推进企业和产业两个层面的“两化”融合。在企业层面，重点围绕企业各环节智慧化应用，实施信息化提升计划，加大信息化投入，依托信息技术促进企业转型升级。在产业层面，重点围绕金属制品产业集群示范区，开展遂昌金属制品产业集群“两化”深度融合试点工程。

表 5-8　智慧城市建设方向

信息网络宽带化	推进光纤到户和“光进铜退”，实现光纤网络基本覆盖县城家庭，城市宽带接入能力达到 50Mbps，50%家庭达到 100Mbps。推动 4G 网络建设，城区公共热点区域实现无线局域网覆盖
城市管理信息化	全面推行数字化城市管理，构建智慧城市公共信息平台，建立城市统一的空间地理和时空信息平台及建（构）筑物数据库，统筹推进城市规划、国土利用、环境卫生、城市管网、园林绿化、生态保护等市政基础设施管理的数字化和精准化
基础设施智能化	发展智能交通，实现交通诱导、指挥控制、调度管理和应急处理的智能化。发展智能电网，支持分布式能源的接入、居民和企业用电的智能管理。发展智能水务，构建覆盖供水全过程、保障供水质量安全的智能供排水和污水处理系统。发展智能管网，实现城市地下空间、地下管网的信息化管理和运行监控智能化。发展智能建筑，实现建筑设施和设备节能、安全、智慧化管控

七、加强生态文明建设和环境保护

走生态立县之路，牢固树立“既要金山银山，也要绿水青山”理念，着力打造竞争优势，建设绿色生态屏障。以创建国家级生态县为主载体，深入推进《遂昌县“811”生态文明建设推进行动实施方案》的实施。

（一）加快生态文明建设

加强环境准入与产业政策的有机结合，严控高耗能、高排放项目，淘汰落后产能。不断深化生态文明试点示范县建设工作，创新体制机制，探索符合遂昌的生态文明建设模式。

1. 积极发展循环经济

循环经济是缓解遂昌资源瓶颈、实现可持续发展的根本途。重点构建三个领域的循环经济发展模式。

在工业领域，以循环工业园区建设为重点，构建循环产业链。加快推进产业园和配套功能区建设布局，加强空间科学引导，促进循环化改造项目落地实施。重点实施遂昌国家萤石示范基地、花岗岩加工园区综合利用项目、竹炭加工循环综合利用项目等。

在农业领域，重点推进以养殖业为中心的循环农业产业链。通过畜禽废渣还田、生产沼气、制造有机肥料、制造再生饲料等方法和途径对养殖废弃物进行综合利用，减少污染物排放，实现农村畜禽养殖整治，优化生态环境。

在服务业领域，重点推进以旅游景点为中心的循环服务业产业链建设。依托遂昌金矿国家矿山公园、中国竹炭博物馆、湖山温泉、千佛山景区、农产品电子商务平台等，切实加强景区环境的整治和保护，构建服务业循环产业链。

2. 加大节能减排力度

全面推进遂昌县经济各领域、生产生活各环节的节能，重点抓好高能耗设备的淘汰和改造，着力提高能源的利用效率，促进单位生产总值能耗的进一步下降。大力推广清洁能源，积极推进小水电资源开发和合理利用，积极发展风能、沼气、太阳能等新能源，着力提升非化石能源比重。深入实施排污总量控制、排污许可证、排污权有偿使用和交易等三项制度，确保完成上级下达的主要污染物排放量控制目标，严格控制重金属、持久性有机污染物等有毒有害污染物排放。建立节能减排长效机制，把污染防治与引导产业结构调整紧密结合，进一步严格环境准入，从源头上解决环境问题。

3. 提高遂昌全民生态文明素养

抓住省委、省政府“四边三化”工作和“双清”“治水”行动等契机，充分发挥广播、电视、报刊、网络等新闻媒体的导向和监督作用，广泛持久地开展多渠道、全方位、多形式的生态文明建设宣传教育活动。发挥遂昌县环保局官方网站和微博作用，切实加强网上宣传，增强环保工作网上透明度和群众参与监督力度。利用“六·五”世界环境日、“6·30”浙江生态日，突出抓好生态环保主题宣传，积极参与上级环保部门的系列活动，增强环境宣教的广度和深度。广泛开展绿色机关、绿色学校、绿色社区、绿色市场、绿色家庭等绿色系列创建活动，进一步加强民间环保组织和生态文明志愿者队伍建设，大力开展“节能减排家庭社区行动”，加强低碳宣传，积极倡导低碳生活方式和消费模式，逐步形成“保护环境、人人有责”的公众参与机制。

4. 积极发展遂昌生态文化

加强生态道德教育，建立生态道德教育促进机构，将生态道德的理念渗透到生产、生活各个层面。强化生态道德约束，在严格、规范生态执法的基础上，广泛开展生态道德规范教育，特别要善于利用村规民约和传统文化的力量。开展生态道德实践，广泛开展群众性生态文明创建活动，全方位开展“微笑遂昌”公民素质养成行动，从个人、家庭、单位、社区做起，将生态文明的思想转化为公民的自觉行动；积极推行健康文明的生活方式，大力倡导低碳生活；积极组织开展世界环境日、世界地球日、世界水日等重要时节的纪念和宣传活动；深入开展生态县、生态乡镇、生态文明村、生态文明户等创建活动。

（二）加强环境保护

生态是遂昌发展的“生命线”，围绕国家级生态县建设目标，严格环境容量控制，加强生态环境保护，提高环境支撑能力。采取“项目引领、控建并举、保治结合”的方针，全力实现治水治气治环境，为推进遂昌县科学发展提供良好的环境保障。

1. 持续开展水污染综合治理

大力调整产业结构，加快工业技术改造步伐，推广清洁生产技术；加强城市环境综合治理，绿化美化环境；规范排污口管理，实行排污总量核定及排污许可证制度；加强工业污染源治理，加大城市污水处理厂建设；积极研究、推广水体污染过程控制和末端治理先进技术。建立污水处理厂，对超标排放、超总量排放等违法行为依法进行处罚。到 2020 年全县地表水水质达到水功能区要求。

2. 全面加强大气环境污染综合防治

大力调整产业结构，彻底转变以大量消耗能源、资源发展经济的粗放模式；加强城市基础设施建设，大力发展城市型燃气；限制使用高硫燃料，开发清洁能源和清洁生产建设，开发推广二氧化硫治理技术，植树造林，增强环境自净能力。妙高、云峰、北界、新路湾、三仁（其中白马山森林公园除外）、濂竹、大柘和石练的北部（即从石坑口至千佛山的北部）划为环境空气质量二类功能区，执行环境空气质量二级标准；除二类功能区外，县境内的其他区域为环境空气质量一类功能区，执行环境空气质量一级标准。城区大气环境二氧化硫浓度达到国家环境质量二级标准，城区 TSP 浓度达到国家二级标准，各重点工业分布乡镇达到国家二级标准。

3. 加快推进固体废弃物污染防治

加强企业技术改造和设备更新，提高资源综合利用率，减少固体污染物的排放；研究、推广固体废弃物的资源化和无害化处理新工艺、新技术，重点抓好城市固体废弃物处理、综合利用与治理等示范项目建设；加强城市垃圾管理，推行垃圾分类，清除白色污染，积极发展城市垃圾处理中心。搞好城镇固体污染物的综合利用与资源化、无害化处理，到 2020 年基本消除固体废弃物污染，实现固体污染废弃物的增减平衡。

表 5-9　污染控制规划目标

类别	序号	考核指标名称	单位	2020 年
环境质量标准	1	大气总悬浮微粒年日平均值	毫克/立方米	0.1
	2	SO2 年日平均值	毫克/立方米	0.01
	3	氮氧化物年日平均值	毫克/立方米	0.01
	4	饮用水源水质达标率	%	100
	5	城镇地面水水质达标率	%	100
	6	区域环境噪声平均值（达到功能区标准）	dB（A）	50
	7	交通干线噪声平均值（达到功能区标准）	dB（A）	60
污染控制指标	1	水污染物排放总量削减率	%	50
	2	大气污染物排放总量削减率	%	50
	3	烟尘控制覆盖率	%	100
	4	环境噪声达标区覆盖率	%	95
	5	工业废水排放达标率	%	100
	6	工业固体废物综合处置率	%	100
	7	危险废物处置率	%	100
环境建设指标	1	城市污水处理率	%	90
	2	城市气化率	%	100
	3	生活垃圾处理率	%	100
	4	城镇绿地率	%	30
	5	生态村个数	个	30
环境管理指标	1	环境保护机构建设	重点镇设独立环保机构	
	2	城市环保投资指数	%	100
	3	“三同时”执行率	%	100
	4	限期治理项目按期完成率	%	100
	5	排污费征收面	%	100

（续）

类别	序号	考核指标名称	单位	2020年
专项任务目标	1	建设垃圾处理厂	处	1
	2	治理南溪、北溪，开发两岸		完成
	3	制定并实施环保计划		完成
	4	规划兴建污水处理厂	处	10
	5	城区禁鸣喇叭，禁止拖拉机行驶		完成

八、推进城乡发展一体化

按照统筹城乡社会经济发展、全面建设小康社会的要求，加大城乡统筹发展力度，完善城乡一体化发展体制机制，提高农业现代化水平，增强农村发展活力，逐步缩小城乡差距，构建城乡经济、社会和生态一体化发展新格局。

（一）推进城乡统一要素市场建设

破除城乡二元结构的体制机制障碍，推进城乡要素平等交换和自由流动，合理配置城乡基础设施和公共服务资源，逐步形成以城带乡、城乡互动发展机制，加快推进城乡一体化进程。

1. 逐步建立城乡统一的建设用地市场

推进农村集体建设用地使用权市场化改革，在符合规划和用途管制前提下，逐步将农村集体建设用地、宅基地、林地使用权，森林和林木所有权的转让、出租、入股、抵押等，纳入城乡统一的土地交易市场，实行与国有土地同等入市、同权同价。强化农村土地流转中介服务，建立高效规范的农村产权流转交易市场，推动农村土地流转交易公开、公正、规范运行。完善城乡建设用地增减挂钩政策，探索节余指标县域内有偿调剂使用。

2. 加快建立城乡统一的人力资源市场

健全完善以就业准入、登记管理、就业服务、技能培训、社会保险和政策扶持为主要内容的城乡劳动者平等就业制度。建立健全有利于农业科技人员下乡、农业科技成果转化、先进农业技术推广的激励和利益分享机制。鼓励企业和行业协会开办职工学校、农民工学校，扩大在岗职业培训。以大型企业为依托，培育扶持一批农村劳动力骨干培训基地，打造劳务品牌。强化《劳动法》等法律法规的宣传与监督管理工作，切实消除劳动用工中城乡居民同工不同酬等不合理现象。

3. 创新面向“三农”的金融服务

统筹发挥政策性金融、商业性金融和合作性金融的作用，保障农村金融机构存款主要用于农业和农村，鼓励和规范农民合作社内部开展资金互助合作。加快农业保险产品创新和经营组织形式创新，建立农业巨灾风险分担机制和风险准备金制度。鼓励社会资本投向农村建设，引导更多人才、技术、资金等要素投向农业农村。

（二）推进城乡公共服务均等化

推进城乡规划一体化，构筑层次清晰、功能明确、布局合理、发展联动、设施共享的城乡空间发展形态；推进城乡基础设施一体化，形成完善的交通、物流、公用设施等服务网络；推进城乡基本公共服务一体化，实行城乡人口自由流动和城乡基本公共服务均等化。

1. 推进城乡规划一体化

严格依法实施遂昌县建设总体规划，科学编制县域城乡总体规划、村镇体系和布局规划，合理安排县域城镇建设、农田保护、产业聚集、村落分布、生态涵养等空间布局。加强城镇规划与周边乡村规划在产业布局、基础设施网络、公共服务设施、生态空间布局等方面的衔接协调。

2. 推进城乡基础设施一体化

把交通一体化作为推进遂昌城乡一体化的突破口，加快建设步伐，尽快形成内外衔接、城乡互通、方便快捷的交通网络。适度发展镇村公交，开行定时班、赶集班公交，解决偏远农村居民出行难问题。加大对城乡公交的政策和财税扶持，推行灵活的产权制度和运营模式，吸引社会资本和运营主体进入城乡公交市场。完善以新型城镇为中心，覆盖乡镇、农村新型社区的公路网络，提高农村公路网络通达性，到2020年，遂昌县城与乡镇之间实现二级以上公路连接，农村新型社区与乡镇之间实现四级以上公路连接，实现中心村等级公路全覆盖。提升农村交通基础设施技术标准和服务水平。加快基础设施向农村延伸，推动水、电、路、气等基础设施城乡联网、共建共享。

3. 推进遂昌城乡基本公共服务一体化

坚持以城带乡、城乡互动，将资金、项目、服务向基层倾斜，加大对乡镇、农村工作的扶持力度。以完善农村公共服务投入机制为重点，制定公共服务均等化规划、体系和标准，加快公共服务向农村覆盖。建立健全统筹城乡的公共服务体系，提高农村地区教育、卫生、养老、文化等公共服务水平，鼓励企业、资金和服务功能向城郊和农村地区转移。改革完善城乡基本公共服务的资源配置、管理运行、评估监督和动态调整机制，加强对农村地区教育、文化、卫生、养老、能源、环保、交通运输、食品安全等方面的市场监管，促进城乡基本公共服务均等化。

（三）建设社会主义新农村

配套完善农村基础设施，改善居民生活条件，加强保留村庄整治和特色村庄保护，打造遂昌农民幸福生活的美好家园，建设聚落形态多样化、发展路径多元化、乡村环境生态化的社会主义新农村。

1. 提升乡村规划建设管理水平

按照发展中心村、保护特色村、整治空心村原则，尊重遂昌农民意愿，编制完善县域村镇体系规划和镇、乡、村庄规划，科学引导农村住宅和居民点建设，形成适度集聚、生产便捷、生活舒适的村庄分布格局。重点支持中心村培育建设，把中心村建设、农村土地整治与村庄整治、造福工程搬迁、农村住房改造建设、农民饮用水、农业综合开发、农村联网公路、乡村文化体育、绿化示范村、农村电气化、农民体育健康工程等有机结合起来，形成建设合力。

在提升自然村落功能基础上，保持乡村风貌、民族文化和地域文化特色，保护有历史、艺术、科学价值的传统村落和民居。到2020年，在遂昌建设80个历史文化型、特色景观型、乡村旅游型、农业产业特色型村庄。依法加强规划管理，规范乡村建设秩序。加强乡（镇）村干部培训，鼓励大专院校和科研单位支持特色乡村规划建设。

2. 培育壮大乡村特色经济

提升原生态精品现代农业，全面实施“5522”工程，大力发展农业主导产业和特色产业，促进农业规模化、集约化、商品化生产经营，鼓励家庭农场、专业大户、农民合作社发展，打造生态化、精品化、电商化的现代农业示范基地，强化无公害农产品、绿色食品、有机食品认证，打响原生态精品农业品牌。将乡村休闲旅游作为遂昌支柱产业来培育，全力推进遂昌金矿国家矿山公园创5A、汤沐园创4A、高坪乡村旅游创3A工程，创建9个以上农家乐综合体，发展乡村体验旅游、生态健康旅游、休闲度假旅游，打响“五行遂昌、一诺千金”县域品牌。大力发展养生养老产业，加快推进养生养老项目建设，着力培育食养、药养、水养、体养、文养“五养”特色品牌，推进养生养老产业发展走在全市乃至全省前列。培育壮大农村电子商务，全面实施“2510”工程，加快农村电子商务创业园区建设，实现农村电子商务服务站全覆盖，推进全国首批一事一议财政奖补促进美丽乡村建设试点，打造浙西南最大的农特产品网上交易平台。

3. 加强农村环境治理

开展农村环境综合整治，深入实施村庄美化、绿化、亮化、硬化、净化活动，切实改善农村人居环境。深入推进农村垃圾集中收集处理，突出村（居）两委主体责任，充分发挥村级组织工作积极性，重点加强日常监管、奖惩考核等长效管理机制落实，强化“一组、一所、一站、一队”建设，通过完善洁净督查组、区域环保所、乡村环保站、村居保洁队建设，确保洁净常态化、实效化、可持续化。不断创新举措，全面开展村庄环境综合整治和农村畜禽养殖综合整治，深入推进清洁河道、清洁田野、清洁空气行动，培育一批洁净乡村示范村，改善农村生产生活条件和生态环境。根据因地制宜、先行先试的原则，加快推进妙高、云峰、大柘、石练、垵口、金竹等乡、村保洁站及农村垃圾分类试点建设，以点带面推开农村垃圾分类处理工作。实施农村厕所卫生化改造，到2020年遂昌村庄卫生厕所普及率达到100%，有效解决农村污水处理问题。实行洁净乡镇（街道）、洁净村庄（社区）动态管理，对洁净乡镇、洁净村庄进行复评，稳步推进洁净乡村“升级版”的提升打造，实现保洁全域化、洁净标准化、标准指数化、监督社会化、行为自觉化。

4. 推进农村基础设施建设

有序推进遂昌“村级公路网化示范县”建设，加强村庄道路硬化，逐步实现农村道路由“村村通”向网络化、“户户通”延伸。实施农村电网改造升级工程，提高农村供电能力和可靠性，实现城乡用电同网同价。加强以太阳能、生物沼气为重点的清洁能源设施建设，大力推广秸秆综合利用，完善相关技术服务和政策扶持。改善农村消防安全条件，加强乡村旅游服务网络、农村邮政设施和宽带网络建设，有线电视、电话、宽带入户率达到100%。积极推进农村危房改造，到2020年完成遂昌现有危房改造任务。

九、规划实施保障

（一）加强组织领导

在遂昌县政府领导下，成立遂昌县新型城镇化工作领导小组，切实加强对城镇化工作的领导，积极、稳妥、扎实地推进遂昌新型城镇化。新型城镇化建设是一项跨地区、跨部门、跨行业的系统工程，需要各部门通力合作。各级部门要把新型城镇化工作列入重要议事日程，实行部门领导亲自抓、负总责，逐级分解落实各项具体工作任务。创新管理体制，把创建遂昌新型城镇化的目标任务，以责任书的形式分解到相关部门，形成各主体、各环节、各方面相互支撑、高效互动的格局。

（二）强化要素保障

围绕新型城镇化，加强政策研究，积极向上争取政策和资金扶持，完善城镇化工作相配套的财税、用地、环保、科技、人口迁移、社会保障等政策。集约节约利用土地，优化城镇用地规划布局，提高城镇建设用地利用效率。创新城镇化工作推进机制，加大项目建设征迁和政策处理力度，确保项目无障碍施工和顺利推进。深化农村金融改革试点，加强政、银、企合作，激活民间投资活力，引导各种资本积极参与遂昌新型城镇化建设。加强城镇化工作人才引进和本土人才培养，为城镇化工作提供智力支持。

（三）推进改革创新

探索具有遂昌特色的城镇化发展道路，着力破解影响城镇化进程的体制制度障碍。建立新型城镇化协作机制，打破部门壁垒，对城镇化工作重点项目实行统一规划、并联审批、统筹施工，提高工作效率。优化政务环境，践行“一诺千金”服务品牌，使遂昌成为投资创业的热土，增强城市发展后劲。处理好政府和市场的关系，推广政府购买服务，推进城市绿化、卫生保洁、后勤保障等部分职能市场化运作。深化教育、就业、社会保障等方面的改革，推进城镇常住人口基本公共服务均等化。

（四）营造良好氛围

凝聚新型城镇化的思想共识，增强广大干部的工作使命感和紧迫感，形成加快推进遂昌新型城镇化的强大合力。坚持正确用人导向，选派干部到城镇化工作相关岗位进行挂职，利用急难险重岗位锻炼干部和发现干部。建立新型城镇化的考核机制、激励机制和项目领办负责制，把推进新型城镇化作为绩效考核管理的重要内容。落实重大项目公示公开、征求意见等制度，引导群众积极参与和监督新型城镇化建设。加强新型城镇化宣传工作，描绘发展蓝图，展示阶段成效，引导舆论导向，形成全县上下关心、支持、参与新型城镇化建设的良好氛围。

第二节　遂昌县农村电子商务特色发展道路

一、遂昌“赶街”模式介绍

遂昌位于浙江的西南方向，隶属丽水市的一个县城，位于瓯江、钱塘江的上游方向，西连江山和福建浦城，东临武义、松阳，南倚龙泉，北接衢江、婺城。遂昌多丘陵山地，山地面积高达88.83%，也位于亚热带季风气候区，夏季高温多雨，降水丰沛，这种自然环境下，适合种植农产品，产品质量好，种类丰富，主要有竹制品、菊米、番薯、山茶油、高山蔬菜、土禽、食用菌等农副产品。当地发展基础行业主要是竹炭、造纸、有色金属等工业，特色主要是农村旅游业。受环境地域限制，交通不完善，遂昌的经济发展主要集中在传统农业，农产品容易滞销。随着电子商务在浙江发展，当地居民开始挑战网上售卖遂昌当地的农副产品，发展受到创业者跟随与当地政府的支持，规模不断壮大，遂昌农村电子商务模式逐步形成。

随着电子商务热潮的推进，从2005年开始，遂昌开始发展电子商务，当地百姓在网上卖起了竹炭，逐渐发展起以经营竹炭、烤薯、山茶油、菊米等农特产品为主的电商模式，形成自身的品牌效应。2010年，由各大机构共同发起的遂昌网店协会成立，遂昌网商形成集群式发展。同时，遂网电子商务有限公司成立，在协会与公司的共同作用下，遂昌电子商务快速发展。2012年，第九届全球网商大会召开，遂昌县荣获了“最佳网商城镇奖”，同时遂昌也成为第一个与阿里巴巴签订战略合作协议的县级市。2013年成立了全国首家县级特色馆淘宝网丽水市遂昌馆，初步形成了以农特产品为特色，多品类协同发展的县域电子商务中的“丽水市遂昌现象”。2014年召开浙江省农产品电子商务经验交流会等电商会议，关于农产品电商进行了交流讨论，遂昌农产品电商销售成为典范。2015年在丽水召开了全国农村电子商务现场会，“遂昌模式”的农村电商模式得到诸多赞赏。

“赶街”模式是以遂昌本地化电子商务综合服务商作为驱动，带动县域电子商务生态发展，“电子商务综合服务商＋网商＋特色产业”相互作用，在政策环境的催化下，形成信息时代的县域经济发展模式，在广大农村具有肥沃土壤和鲜活的生命力。“赶街”模式实现了“消费品下乡”和“农产品进城”双向流通功能，为农民提供在村购物、售物、缴费等一站式解决方案，让广大农民享受到电子商务带来的红利。遂昌“赶街”模式在全国层面率先撬动了整个农村网购市场，构建了新型的农村网购模式。本案例基于对浙江赶街电子商务有限公司的长期实地调研，从山区经济和电子商务结合的角度，对遂昌“赶街”模式进行解读和分析，旨在探寻山区经济与电子商务结合模式的规律和方法，为我国山区经济发展提供一些新的参考与建议。

赶街是最早提出“一中心，三体系”模式解决中国县域农村电商发展困境综合解决方案，致力于推广、发展和创新，促使农村现有“理念落后、卖难、买难”问题得到有效的缓解。主要做法是建立公共服务体系（以培训服务为重心），农产品上行体系（以建立完善的供应链管理为重心），消费品下行体系（以村级服务站体系为重心）三大体系，以及一个县级电商公共服务中心的组织保障体系。据不完全统计，七年来浙江赶街电子商务有限公司与全国各地人社局、团组织、商务部门等联合开展的各种培训上千场次、上万人员，青年创业大赛几十场。仅 2015—2016 年，除浙江外，“赶街”的讲师赴新疆、河北、重庆、山东、内蒙古、广西等各地培训 1.7 万多人次。

遂昌模式最早源于阿里研究院《遂昌模式研究报告》，其解释为以本地化电子商务综合服务商为驱动，带动县域电子商务生态发展，促进地方传统产业，尤其是农业及农产品加工业实现电子商务化，“电子商务综合服务商＋网商＋传统产业”相互作用，在政策环境催化下，形成信息时代县域经济发展道路口。

遂昌模式一经报道，引起了相关人员的重视。黄京文、王晴（2014）指出，遂昌模式是基于其良好的农矿业基础和以龙丽高速为主的交通基础，通过网商集群和网商协会进行多方协调合作，把地方性电商群进行组织程度化、电商产业本地化和特色化、协会管理信息化来弥补山区的各项短板问题和发挥其自身的长处，使山区经济中“低、小、散”的产业分布问题得以有效整合、接着把农林副业进行可持续发展化，同时吸引外出务工人员回巢，促进了当地社会的繁荣发展，亦为我国其他山区经济提供了一个极具参考价值的发展模式。

而以李二超为代表的中国农民合作社记者们通过实地调研，在2015年7月发表的《遂昌模式中的合作社力量》中强调遂昌模式的特点在于“赶街—O2O”模式、“嘉言民生—PPP”等模式与各地合作社之间良好的综合运行。发挥合作社的平台作用、遵循电子商务的管理模式、形成独有的品牌战略，以专业、高效、科学的方式利用各项资源等种种方式使得自身品牌得以推广和增销。

康春鹏（2015）认为遂昌模式能够高效健康地发展有以下几点原因：政府组织网店协会来引导商品质量，充分发挥以麦特龙为首的公共平台作用，以及进行“C2B2C”的品控模式来保证产品在整个生产销售周期的质量水平，从而促进了遂昌模式的发展。同时还就现阶段的问题提出要加强政府主导作用，通过网店协会的整合行动来确保农产品质量与安全。

综述所述，遂昌模式的成功是业内公认的。那么遂昌模式的价值链是如何运作的，是如何形成一个生态体系的，是本节要研究的内容。

二、遂昌“赶街”公司简介

浙江赶街电子商务有限公司成立于2014年，公司以“让乡村更美好”为使命，致力于打造中国农村电子商务第一服务平台。赶街的成立，核心致力于城市（县域）与农村之间重新连接，提升乡村生活品质，将现代连接交互方式应用于乡村的基础化改造，依托赶街独创的“天网系统”IT信息架构、“地网交互设施”赶街村级服务站及双向物流体系，以及“人网体系”基于移动社会思维下大量的村站长，经纪人系统，以“天、地、人”三网互联互通，实现从农村电商到“智慧乡村”全面连接。

公司秉承“实干，创新、共享、服务”的价值观，在“连接城乡”的核心使命下，业务主要涵括：农村电商公共服务体系、农产品上行体系、消费品下行体系，乡村物流体系，农村互联网金融等。赶街及早期遂昌县网店协会，浙江遂网电子商务有限公司的创新实践，被业界称之为“遂昌模式”（2013年中国社科院，阿里研究院联合发布），引领了中国农村电商的起步与发展。2015受国家商务部委托，承接《农村电子商务服务规范》和《农村电子商务工作指引》两项标准起草。

目前，浙江赶街电子商务有限公司正逐渐发展成为一个集团公司，公司构成包含了原浙江赶街以及遂昌县网店协会、浙江遂网电子商务有限公司。截至2017年8月底公司业务已覆盖17省，42个县区，实体村级电商服务站点覆盖超过8 200个村。浙江赶街电子商有限公司正通过持续创新，不断成为引领中国农村电商发展的标杆。

2016年赶街公司不断创新作法，取得一些新的成就。赶街发展受到来自部、省、市相关部门重视，受商务部委托，成功制定并经商务部发布全国《农村电子商务服务规范》《农村电子商务工作指引》；受商务部委托，拟草《全国电子商务强县标准》；2016年5月，丽水市颁布《丽水市人民政府办公室关于对浙江赶街电子商务有限公司实施一企一策的政策意见》，专项支持赶街公司做大做强。

赶街不断创新做法，探索电商发展新路径。2016年12月“遂昌农村电商创业小镇智慧园”项目正式启动建设；在农产品上行方面，进行“村货进城、众筹、微购分销”等多种方式实践，“遂昌高坪大米众筹”活动成功打造“互联网＋”扶贫典范；2016年6月成立遂昌县农村电子商务学院（赶街职业技术培训学校），2016年12月在遂昌金竹镇建设“赶街（金竹）乡镇中心”，将农产品卖出和消费品买进融为一体，并承担农产品信息收集、乡镇电商扶贫、县乡村物流中转和消费品O2O体验，探索乡镇电商发展新路径；开展乡镇“互联网+农家乐”“民宿+农特产培训”活动，助力农产品旅游商品化、电商化发展。

赶街发展行业影响力不断扩大，2016 年 11 月首届中国农村电子商务主题会议、首届中国青年电商群英会暨电商扶贫活动周启动仪式在丽水召开，来自全国 20 多个省、上千名代表到遂昌来考察学习；12 月“遂昌农村电商创业小镇智慧园”项目正式启动建设；“中国（浙江）首届农村电商讲师大赛”，赶街讲师斩获一金一铜；12 月浙江赶街电子商务有限公司被评为“4A”级电子商务企业。浙江赶街电子商务有限公司荣获“浙江省电子商务模式创新 10 强企业”“浙江省农村电商龙头企业”，浙江遂网电子商务有限公司荣获“浙江省电子商务服务 10 强企业”；赶街公司潘东明荣获“浙江省农村电子商务创业带头人”等荣誉称号；中央电视台新闻联播、整点新闻、浙江卫视，人民网、新华网、浙江日报等主流媒体纷纷报道遂昌电商经验。

赶街公司持续发展，保持行业领先地位。截至 2016 年 12 月底，赶街公司业务在全国 13 个省，35 个县建立 6 200 多个村级电商服务站，服务覆盖 600 多万人口，2016 年度平台实现服务、农产品网络销售 7.3 亿元（含协会会员分销），其中赶街平台交易额 2.1 亿元，服务次数 180 多万次。在移动端农村电商经纪人发展、扶贫、金融、旅游、民宿、信息进村、汽车下乡等方面利用互联网进行新的探索，并取得了积极的突破，继续引领中国农村电商模式。

赶街是我国最早提出“一中心，三体系”模式解决中国县域农村电商发展困境综合解决方案，并致力于推广、发展和创新，促使农村现有“理念落后、卖难、买难”问题得到有效缓解。提出并建立了由建设运营中心、网站服务平台、支付宝电子金融平台、物流中心、青年创业中心、淘宝遂昌馆 6 大体系组成赶街区域服务中心，各村镇乡站点为实体服务处，推出电子商务、本地生活、农村创业三大业务板块和二十多项具体业务。在农村植入、普及、推广电子商务应用为业务核心，并延伸物流配送、电子金融、帮扶创业、预约预定、惠民资讯等业务，多维度深化便民服务，为处于交通不便利、信息相对落后的农村居民在购物、售物、缴费、创业、出行、娱乐、资讯获取方面提供“一站式”服务。给农村居民提供真正便利、全面、优质、快捷的服务，带动农村居民生产、消费和就业能力。为农村居民提供便利服务，带动农村供需流通；协助农村青年创业，增加农村居民就业机会；协助本土企业提高品牌效应，推广遂昌本地农特产品。

在不断的探索中，形成了独具特色的“遂昌模式”，即以本地化电商综合服务商作为驱动，带动县域电商生态发展，促进地方传统产业，尤其是农业及农产品加工业实现电子商务化，“电子商务综合服务商＋网商＋传统产业”相互作用，在政策环境的催化下，形成信息时代的县域经济发展道路。在这种模式下，传统企业、农户、合作社通过综合服务商的引导与广大网商形成供货关系，各类网商在综合服务商的帮助下自主创业并不断开拓网上市场，其发展为传统企业、农户、合作社打开了销路，反过来又大大促进了它们的发展壮大，从而形成一个良性循环。具体主要做法是公共服务体系（以培训服务为重心），农产品上行体系（以建立完善的供应链管理为重心），消费品下行体系（以村级服务站体系为重心）三大体系，以及建设一个县级电商公共服务中心的组织保障体系，不断坚持农村电商创业理念建设的培训。

遂昌赶街的成功原因主要有6点。①打造公共的服务体系。依托协会建设公共服务体系，拉开“遂昌模式”帷幕。电商协会是各地发展电商过程中基本都会成立的协会组织，但可惜的是，大多数的电商协会只是空架子，而遂昌却把协会做实了。这里不得不要称赞一下遂昌政府的高明，政府推动却不主导，让协会居中协调，把能给的资源都给协会，还与阿里巴巴签订合作协议打造公共平台，再让协会带着资源调动各方电商主体的积极因素，协同实现遂昌农产品的有序上行。行业内也把遂昌农产品电商的“集体出阵”称之为“遂昌现象”。在这样一种制度设计下，遂昌网店协会就成了政府支持下的市场化运作的电商公共服务平台，为县域的供应商、网商、服务商和政府部门提供从培训开始的全方位专业化服务，这在全国县域电商界是一个重要创新。遂昌网店协会行业影响力不断扩大：2016 年 11 月首届中国农村电子商务主题会议、首届中国青年电商群英会暨电商扶贫活动周启动仪式在丽水召开，来自全国 20 多个省、上千名代表到遂昌来考察学习；“中国（浙江）首届农村电商讲师大赛”，赶街讲师斩获一金一铜；2016 年 12 月浙江赶街电子商务有限公司被评为“4A”级电子商务企业；2016 年浙江赶街电子商务有限公司荣获“浙江省电子商务模式创新 10 强企业”“浙江省农村电商龙头企业”，浙江遂网电子商务有限公司荣获“浙江省电子商务服务 10 强企业”；赶街公司潘东明荣获“浙江省农村电子商务创业带头人”等荣誉称号；中央电视台新闻联播、整点新闻、浙江卫视，人民网、新华网、浙江日报等主流媒体纷纷报道遂昌电商经验。②坚持农村电商创业培训，筹办专业培训学院。如遂昌县农村电子商务学院，丽水市农村电子商务学院遂昌分院，遂昌赶街职业技能培训学校，搭建了符合农村电子商务产业发展的培训体系。通过举办县域电商人才创业大赛，挖掘电商人才，激发县域电商从业人员的创业激情，吸引年轻人返乡创业，扶持电商创业，促使县域电商氛围更加浓郁。据不完全统计，七年来浙江赶街电子商务有限公司与全国各地人社局、团组织、商务部门等联合开展的各种培训上千场次，涉及上万人员，创办青年创业大赛几十场。③建立农产品上行体系。吸引各类优秀人才加入、建立各个地方的电商服务点。同时不断扩大自己的业务，让其变成一个综合性集团公司。农民既是生产者也是消费者，农产品的“大出”也意味着消费品的“大进”，因为收入增加了，消费也会同步增加。这样，电商在网上卖农产品，却在线下买生活品的情形很快就演化为网上互通，最早的迹象就是农村兴起了不少的网络代购者，帮助没有淘宝账户也没有支付工具的村民在网上代购东西，同时收一些佣金。在深入观察之后，赶街网在 2013 年 6 月正式搭建完成，而涉及业务的四大板块正是今天所有农村电商都差不多沿用的，即便民服务、农产品上行、网上代购、创业服务，而服务体系也是大家目前采用的县有中心村有站。随着2014年9月阿里巴巴高调推出“千县万村”计划，全国性农村电商热也随即形成。在这个过程中，赶街也加入到对外扩张的行列。截至2016年12月底，赶街公司业务在全国13个省，35个县，建立6 200多个村级电商服务站，服务覆盖600多万人口，2016年度平台实现服务、农产品网络销售7.3亿元（含协会会员分销），其中赶街平台交易额2.1亿元，服务次数180多万次；在移动端，农村电商经纪人发展扶贫、金融、旅游、民宿、信息进村、汽车下乡等，利用互联网进行新的探索，并取得了积极的突破，继续引领中国农村电商模式。④以“让乡村更美好”为使命，致力于打造中国农村电子商务第一服务平台。浙江遂昌赶街公司自成立以来，以“连接城乡”作为核心使命，致力于城市与农村之间的链接。这样不仅可以让城市带动农村经济发展，还能提升农村的生活水平，将城市里的现代化交通运输，现代化信息建设带入农村；是农村不再是以往我们所称的交通闭塞，拉低经济的一个主体。连接城乡，不仅能带动农村的生活质量，还能让城市更加的环保、干净；农村刚成熟的时季蔬菜，能在第一时间运往城市，让城市的人能吃到天然无公害的蔬菜与水果，保护了城市人的身体健康；同时，现代化的交通运输在城市与农村之间穿梭，让城市人在空闲时间去往乡村感受乡村人情。而城市人与乡村人在一来一往的信息传播与交流中，宣传了赶街文化。⑤秉承“实干、创新、共享、服务”的价值观，不断突破、创新、宣传企业文化。赶街公司成立后，主攻网络方面；以互联网为基础，进行线上线下销售，这样既能节约店铺租金成本，又能大大增加自己的营业时间。同时与时俱进地与当今互联网发展最强的企业阿里巴巴合作，为公司的发展注入了很多优秀的人才和高科技的管理经验，为企业日后的发展打下了坚实的基础。在与各个企业签订不同的合作协议的同时，公司还致力于宣传；与中央电视台以及浙江多家媒体合作，采访遂昌特有的农村网点、邀请央视《舌尖上的中国》来遂昌参与宣传拍摄、举办首届青年网商创业大赛、发起以农产品电商为主题的“跨界神聊”，吸引了众多电商精英的参与；这些种种活动的举办，大大宣扬了遂昌电商，在交流的同时，也采纳了很多电商精英的优秀的思想观念。⑥不断开拓创新，探索电商发展新路径。2016 年 12 月“遂昌农村电商创业小镇智慧园”项目正式启动建设；在农产品上行方面，进行“村货进城、众筹、微购分销”等多种方式实践，“遂昌高坪大米众筹”活动成功打造互联网＋扶贫典范；2016 年 6 月成立遂昌县农村电子商务学院（赶街职业技术培训学校）。2016 年 12 月在遂昌金竹镇建设“赶街（金竹）乡镇中心”，将农产品卖出和消费品买进融为一体，并承担农产品信息收集、乡镇电商扶贫、县乡村物流中转和消费品 O2O 体验，探索乡镇电商发展新路径。开展乡镇“互联网＋农家乐”“民宿＋农特产培训”活动，助力农产品、旅游商品化，电商化发展。

下一步，公司准备将赶街打造为全国性的标杆品牌企业，不断引领中国农村电子商务发展新模式，全面为农村、农民提供各项服务。始终坚持以“让乡村更美好”为使命，用 10 年时间全力以赴，打造中国农村电子商务第一服务平台。公司将升级推出“赶街 3.0”新模式，在金融、旅游、民宿等方面利用互联网进行新的探索，按照公司战略规划，到 2020 年底实现覆盖全国县域 100 个以上，建设乡镇点 1 000 多个，发展村级代理两百万人次，继续引领中国农村电商模式。“赶街”模式的推广，完善了农村电子商务服务体系，加深了农村基础便民服务、提高了农村活力、引导农村消费、搞活农村供需流通，促进农民增收和创业就业的机会，解决了电子商务“最后一公里”问题。农村电子商务开展有效解决了农村“留守问题”，农村电子商务区域生态正在以“以点带面”的态势涌现，“农户＋公司＋网络”的模式正在广泛蔓延，农村电子商务的崛起，也吸引了众多外出打工的农民和大学生返乡创业或就业。

第三节　新型生态城镇化背景下的农村电子商务创新模式

新型生态城镇化背景下的农村电子商务具体到每个乡镇应该怎

么做呢？信息时代给了我们不同于工业时代的新启示。工业化背景下的城镇化，大量农民进城务工，一方面造成了土地的荒废，另一方面也造就了很多的空心村，产生了留守儿童、留守老人和留守妇女等农村社会问题。让我们反思走城镇化的道路，是否意味着我们要放弃乡村呢？答案是显而易见的。中国城市规划设计研究院的李晓江院长曾经指出：我国是一个多民族的人口大国，这一国情决定了我国的城镇化路径将不同于人口小国和移民国家的高度城镇化模式，传统的农业文化和人地关系、国家粮食安全、独有的集体所有制土地制度等因素决定了未来我国农村将会长期保有相当数量的人口。这些人口若全都涌入大中城市，会造成乡村丰富的民俗资源和古老的文化传统的丧失，也会动摇我国长远发展的农业根基。原有城镇化路径中，上述问题已经凸显，"三农"问题总体形势日益严峻，农业劳动力从绝对富余变得结构性不足，解决"谁来种地"的问题迫在眉睫！那么，在新一轮的城镇化中，我们是该因循守旧还是革故鼎新呢？如果是后者，广阔的乡村地区在各自的发展模式方面又该如何进行创新性的选择呢？事实上，国内现有的实践已经给出了部分解答。

以电子商务为推手，以县域为空间单元的就地城镇化就是一个理性而多赢的选择，但具体到每一个乡村的发展模式就不能一概而论。从产业的角度来说，各地的农村可以根据自身的地域条件和资源禀赋自主选择是继续推进农业现代化，做强一产；还是在电子商务的助力下，走第一产业和第三产业结合的道路：既保留现代农业，也发展现代服务业或是兼顾三次产业，全面改变农村面貌。无论选择哪种模式，都要确保农业的稳定发展，它是就地城镇化的重要支撑；同时，最重要的是发挥电子商务的引领和创新作用。以下就将以遂昌实践为例，探讨基于电子商务的农村发展新模式。

一、打造电子商务经济体，保证县域经济突破与转型

县域经济转型实现的前提是县域经济的健康发展。对于远离中

心城市的县级区域而言，电子商务经济体是县域经济能否实现突破的关键。它将给县域经济的突破和转型提供全新的思路和途径。以产业集群为发展方向的电子商务更能够在县域内实现产新型生态城镇化的不断集聚、创造和升级，从而拉动本地就业，吸引外出务工人员的回流，这是县域新型生态城镇化的新思路。在这一过程中，政府需要采取一系列的措施来促进县域电子商务的发展。除了发展电子商务本身以外，尤其要注重电子商务服务业（包括电子商务支撑服务业和电子商务衍生服务业）的培育，主要包括物流、仓储、软件、电商培训、广告、金融、电信等，使得电子商务能够在虚拟空间服务实体经济开拓巨大的市场空间。

在这方面走在前列的是浙江省丽水市的遂昌县。遂昌县在电子商务发展过程中，努力打造电子商务服务业，形成了“电子商务发展—电商服务业兴起—电商生态完善—传统产业升级—居民网络消费提高”的正向循环，进而推动整个县域经济进步，并开创了中国农村电子商务的“遂昌模式”。这一模式的核心是本地化的电子商务综合服务商，以之为引擎带动县域电商生态发展，促进传统产业，尤其是农业及农产品加工业实现电子商务化，电子商务综合服务商、网商和传统产业相互作用，在政策环境的催化下，铺就信息时代的县域经济发展道路。

二、提升农村居民消费能力，重点实现人的城镇化

除了发展县域经济外，县域新型生态城镇化最重要的目标是提高农村居民的消费能力并释放他们的消费需求。这会进一步促进县域经济的正向循环，因为农村居民的线下消费主要就发生在县域范围内。另一方面，线上消费这一新的消费形式也会随着电子商务的发展而逐渐渗透进农村地区，它有效地弥补了农村和乡镇实体零售发展的不足，显著提升了消费品的流通效率，惠及了广大农民消费者。当农村居民的消费能力达到一定阈值时，农村地区的服务业也会相应发展，并自发地在空间形态上向城镇化的形态靠近，比如形成各类服务场所，进一步还会实现与城镇生活方式和文化氛围的对

接。更需强调，县域范围内的农村新型生态城镇化并不是将农村的外在形态建设得和城市一致，而是要聚焦农村居民消费能力的提升，并促进其消费需求持续扩张，多方面地实现的城镇化。所以，县域作为统筹城乡的基本单元，第一要务是夯实经济基础，切实提高农村居民的生活水平与消费能力。不能简单地“迁村并点”“下山上楼”，而是要带动当地的农民增收增识，发挥好互联网、电子商务等信息时代产物在这一过程中所能起到的关键作用。

在县域电子商务成功发展的大背景下，2013 年 5 月，一项被称为“赶街”的项目在遂昌县启动，这个全称为“农村电子商务服务站”的项目由遂昌政府相关部门牵头，与阿里巴巴合作，遂网公司执行建设。项目由综合型网络服务平台、县（市、区）级区域运营中心和村级实体服务网点三个层级组成，以在农村普及和推广电子商务应用为业务核心，延伸物流配送、电子金融、帮扶创业、预约预定、惠民资讯等业务，为处于交通不便利、信息相对落后的农村居民在购物、售物、缴费、创业、出行，娱乐、资讯获取等方面提供一站式便利服务。“赶街”项目推出了电子商务、本地生活、农村创业三大业务板块和 20 多项具体业务，给农村居民提供了真正便利，全面，优质、快捷的服务，带动了农村居民生产、消费和就业的能力。

赶街模式实际上就是在农村配置电子商务服务站，在释放农民消费需求的同时，将农村和农民接入信息化的网络社会，而并不对其原有的物质形态基础和社会生态基础进行其他任何的变更。它是城市电子商务及其配送体系在农村的一种延伸，成为了加深农村基础便民服务、提高农村活力、引导农村消费、搞活农村供需流通，促进农民增收和创业就业的重要推手。选择这种模式最重要的是要考虑如何整合和转化大学生村官、农村网创青年等服务人员；如何有效地保障农民的切身利益；如何进行合理的价格和需求比对，又快又好地完成购物等。电子商务延伸至农村的赶街模式，为我国中西部广大欠发达地区的农村就地城镇化提供了一种新的思路。至少在生活消费品方面，农村可以通过电子商务这个平台与城市享受无差别的服务。

遂昌农村电商创业小镇是第二批省级培育类特色小镇，是一个“农村互联网＋生态＋金融＋旅游”的产城融合项目，以上江竹炭园区为核心改造提升，总规划面积约2.94平方千米，核心区0.93平方千米，投资估算约30亿元，包括创业智慧园、综合配套服务区、商业服务区、峰会中心、旅游服务区、农村电商研究院等功能区块。通过产业集聚、人才集聚，吸引更多的电商人才和企业来遂昌开展农村电商创业，全力打造一个以农村电商为核心，集生产、生活、生态为一体的综合服务型小镇。

图5-4　遂昌农村电商创业小镇

本节所提出的基于电子商务的农村发展新模式主要针对的是远离中心城市的县域及其所管辖的农村地区。在电子商务出现之前，这些地区的发展较为受限。在信息时代，电子商务为这些地区的发展提供了新的思路。但这并不代表原有的农村发展模式将会被完全取代，大都市周边地区农村的旅游城镇化模式等其他模式仍然具有一定的活力。本模式适合消费需求旺盛而供给不足的地区，比如发达省份的相对不发达地区。当然，这些条件都是相对的，关键在于政府和市场的双重选择，一方面是政府给农村提供什么样的政策导向与发展环境，另一方面则是市场要求农村提供什么样的有竞争力、差异化的产品和服务。中国的地域差异很大，不同的自然和人文环境、产业基础、区位条件都决定着在选择农村发展模式时需要因地制宜、因县而异，目标都是为了提高农村居民的生活水平，释放他们的需求，着力于人的就地城镇化。

将电子商务与城镇化关联起来是一种新的尝试，因为现阶段电子商务对于我国广大农村地区的影响是不容忽视的。电子商务对于城镇化的影响实际上是间接地通过电子商务带动县域及其所管辖的农村地区的生产和消费来实现的。它可以驱动本地经济发展，提高居民的消费水平和生活质量，是一种对于集聚经济的反作用力，一种去中心化的力量。相关研究机构对此已有关注，并认为这只是电子商务发展初期的景象。后期马太效应的加强还是会回归到向中心城市集聚发展的道路上来。因此，电子商务对城镇化影响的长期结果还有待检验，但从社会公平等多个角度来看，基于电子商务的县域新型生态城镇化模式在部分地区值得应用和推广。但在大力发展农村电子商务的同时要确保农业根基不动摇，加强土地集约和节约利用，避免形成新一轮的土地浪费。我国城镇化的速度和规模前所未有，这使我们无法照搬他人，却也可以创造历史。长期以来，以中心城市为核心的集中式城镇化路径与模式由于巨大的社会成本已难以为继。与其在大城市周边浪费土地和财力打造无人居住的鬼城，不如切实做好县域的新型生态城镇化，探索以县域为基本单元的新型生态城镇化路径，并创新农村的发展模式，保留和传承农村的民俗资源和文化传统，让人们能看得见山、望得见水、记得住乡愁。互联网时代带来了新的机遇和挑战，其扁平化的结构使得县域有可能成为未来中国经济发展中的亮点。在县域及其管辖的广大农村地区，鼠标可以辅助锄头，电子商务可以成为农村先进生产力的载体，成为农民生产方式和生活方式的新选择。在物质层面，电子商务向农村的延伸，对农村的介入和在农村的内生使得农村的发展越过了工业化，直接走进了信息化，给农村带来了跨越式发展的动力和新型生态城镇化的契机。在精神层面，基于电子商务的农村发展新模式使得农村“空巢”的社会问题迎刃而解，培育了一代新型青年农民，提升了农民素质，改善了农村家庭的生活质量，对农村社会的稳定及和谐社会的构建意义重大。它的发展还将继续促进技术、资金等向农村延伸，加速城乡资源自由、双向流动，从而推进城乡一体化。在实践中，电子商务已经在很大程度上改变了我国农村的面貌，各式各样的农村电子商务发展得如火如荼。电子商务已经在推动我国农村经济社会走向全面转型发展的新阶段，也为我国的农村城镇化提供了新的启示。然而，所有的发展方式都不是放之四海皆准的，灵活地、分阶段地推行因地制宜的政策，并在实践中不断调整、优化才有可能在新一轮的城镇化发展中占得先机，实现可持续发展的目标。

第六章　新型生态城镇化背景下的农村电子商务存在问题分析

尽管电商产业在农村地区得到了快速发展，但由于农村受教育程度普遍偏低，信息相对封闭，观念较为落后，使用电子商务手段实现农产品贸易目标相对成功率较低。因此，农村电商发展仍存在许多问题。

第一节　要素保障方面问题分析

一、畅通的物流服务体系是影响农村电子商务市场发展的关键因素

电子商务环境下，产品生产者和消费者可以通过网络直接建立联系，但必须通过物流服务才能将商品和服务真正转移到消费者手中，商品的发货、仓储、运输、加工、配送、收货等物流活动是电子商务流程的最后环节，同时也是关键环节。现代农业生产需要“大物流”，从生产全过程的原材料采购开始，到原材料、半成品在各工艺流程之间的贯穿流动，农村需要程序化的物流体系，以更快速、更方便、低成本的流通方式，保证生产的顺利进行。大规模商品的发货、仓储、运输、加工和配送，没有畅通的物流体系便无法实现。

我国农村人口地域分布广泛以及交通相对落后的现实造成了农村电商的物流配送难题。当前，大多数第三方物流公司的物流网络只能覆盖到县镇一级，下面的乡村就无法送达，有些偏远地区由于公路交通不便，更是被排除在物流公司的业务范围之外，这样，即使这些地方的农民有电商需求，也无法得到满足，农民生产出了相

关产品，但无法较为便捷地送达市场。所以农村电商市场要想发展，必然要解决物流的“最后一公里”问题。

农产品的生产、加工、运输、销售、消费是个完整的链条，运输流通环节的不足将会导致这个链条变得脆弱，进而制约了资金流乃至信息流的流动。①相对于城市来说，农村的物流基础是非常薄弱的。由于农村物流起步较晚，物流网络尚不够完善，而且基础设施建设也不完善，使得农村电子商务物流的发展受到了限制，而农产品由于其自身的各种特点，使其在物流配送的过程中，对于包装、装卸、运输、存储等各个方面都有一些特别的要求，这对于目前的物流来说，经营难度会比较大，关键是成本也会非常高。②农村电子商务的发展明显快于物流的发展，而且物流的专业化水平比较低。电子商务的发展是极其迅速的，但是相对应的物流的发展却受到地域、基础设施建设等各种因素的限制而落后于农村电子商务的发展。同时物流落后于电子商务的发展会对农村电子商务的发展造成制约，限制其快速发展。③农村物流操作的信息化程度比较低。物流企业仍旧使用传统的分拣方法，这不但造成了企业的成本高而且又浪费时间的结果，最主要的问题还是会降低客户对物流的体验感，同时产品的物流信息也无法更加准确及时地反馈给客户，这同样也会相应地降低客户的体验感。④物流企业所覆盖的地区范围比较小，而且相关的政策制度不够完善。农村的物流规模不大，实力不强，很难满足广大的农村地区的需求，而且由于政策制度的不完善，导致东西部之间以及城乡间的平衡被打破。⑤城市“电子商务”的前卫概念与农村传统的市场碰撞时，两者都渴望快速合二为一，而两者融合并非易事，涉及多方面因素，如相关专业人才匮乏、产业链条过长和过宽、农产品品质标准难以把控、基础配套设施不够完善等，致使农村电商物流成本下降极慢。工业品下乡和农特产品进城需求旺盛，促使农村电商急速发展，双向物流成本居高不下。如电商市场最关注的生鲜市场，因物流成本高，只有极少企业或农户处于收支平衡或盈利状态，大部分做着“赔本赚吆喝”的买卖。另外，和经济发展条件较好的城市相比，消费品进农村的物流成本明显相对较高，因为下乡的消费品订单常常价值不高、集中度低，配送间隔跨度大，地域广阔，协作派送的能力系数低，并且派送返程车辆基本空驶，居高不下的物流成本不能以附加值高的方式来牵强处理。

因而，尽管电子商务在中国的发展是极其迅速的，但是农村的物流发展还是比较落后的，农村市场中的流通主体是相对比较混乱而且相对比较零散的、散漫的，这些原因会阻碍农村电子商务物流的快速发展。

二、健全金融体系是农村电子商务发展的辅助条件

电子商务是物流、信息流、资金流的统一，资金流在其中扮演着重要的角色。在电子商务中，用户支付的款项能否安全、及时、方便地到达商家，是电子商务最终得以实现的关键。传统支付结算方式受时空局限大，与电子商务所要求的全天候全地域实时支付结算、信息查询相矛盾，电子支付是化解矛盾的唯一解决方案。目前农村地区旳电子支付条件业已成熟，但农民的支付习惯比较保守，若网上出现不诚信交易，势必影响农民对网上交易的信任度，电子商务在农村的发展也面临阻力。特别是近两年，随着农村电子商务的迅速发展，网络支付的安全问题日渐突显，互联网经常受到百般病毒的侵入，农村又缺乏充裕的资金保障，安全技术支撑以及网络硬件和软件都相对落后，给不法分子以可乘之机。这些问题，亟须政府部门加速完善和出台相应法规举措，为网络支付的安全加上保险。同时，对农村电商监管力度不足，农村电商交易市场秩序亦待规范，信用环境建设亟需强化，需要建设安全可靠的网络市场交易环境。因此，健全的金融体系能维护交易双方合法权益、提高货币流通效率、提升用户支付体验，进而提高农村非现金支付比例，扩大农村消费，促进农村电子商务发展。

三、部分农村网络基础设施落后，阻碍了农村电商发展

部分农村地区，特别是中西部农村地区网络基础设施落后。在

地域广阔的中西部地区，农业人口比重虽然很大，但是互联网络却主要分布在城镇，农村地区的网络覆盖面积远远小于城镇网络的覆盖面积。网络基础设施是农村地区发展电子商务的载体，如果网络覆盖不到，对发展电子商务影响很大。国家互联网信息中心调查显示，我国目前省际互联网普及差异正在逐步缩小，但中西部地区的互联网规模和普及率仍然很低，很多地方目前还处于推进“有线电视村村通”的过程中，互联网的覆盖还有待进一步改善，这些落后地区由于经济不发达，信息传递过慢，新信息技术的发展也比较缓慢，这就阻碍了这些地区电子商务的发展。同时，农村地区网速整体较慢，加上接入互联网成本较高，一般农户都不愿意花费这一笔费用接入网络，更加不会去购买计算机了，认识上的不足阻碍了农民上网的步伐。

四、电子商务专业人才严重缺乏导致农村电商发展程度较低

淘宝商学院和阿里研究院联合发布的《县域电子商务人才研究报告》指出：未来两年县域电商最缺三类人才，即运营推广、美工设计和数据分析等专业人才，需求量基本超过200万。即使现在已经从事电商创业的青年，也面临能力不足的问题。在我们实际的生活当中，有些人确实有从事电商的想法，也看到了这一产业的发展前景，但就是不会电脑操作，也不会使用现在流行的支付工具，更不具有在网上营销的技能，导致最后无法付诸行动。未来农村电子商务的发展，取决于农民能否掌握电子商务的操作。当前，我国农村人才方面存在多种问题。①农村电子商务人才培养不足。从目前来说，国家也投入了大量的资源培养电子商务人才，对电子商务发展扶持是非常很大的，但是很多高等院校并没有引起足够的重视，加上师资条件或者硬件资源的限制，导致开设这一专业的学校不多。②农村吸引力不足。我国每年都有数十万农学相关毕业生，但是很少有学生会主动到农村基层去工作，主要是因为农村经济发展较慢，交通不便，很多学生来自农村，从小就体会到农村的苦，好

不容易考上大学跳出农村，自然就不愿意再回到农村去了。高校毕业生缺乏对农村发展做贡献的意识，从而加剧农村电商人才的缺乏。同时，国家吸引人才到农村的政策措施也很缺乏，无法保障学生享受和城里同样的待遇和发展机会。③教育程度较低。从事农业生产的绝大多数农户教育程度低，在学习与接受新鲜事物的能力上受到限制，制约了农村电商的广泛普及和迅速发展；在“万众创业，大众创新”浪潮引领下，虽然农村也出现了一批具有文化素养和创新意识的年轻人，但是他们对于走出农村寻找机会更青睐。长期以来，我国城乡教育差异较大，农村地区受教育群体和层次明显都要低于城市地区，再加上农村地区互联网等信息技术发展缓慢，导致农村居民中能操作电脑的人很少，懂信息技术的人更少。农民对电脑接触少，又缺乏人员的培训和引导，更加难接受这样的新事物了。相关统计显示，我国农村地区网民的主力是初中学历人员，互联网普及过程中增长的主体也是低学历人员。这样低的教育程度必然会影响农村电子商务的发展，阻碍其发展进程。④农村电商是一个涉及多部门、多领域的系统性工程，一支质量高、结构合理、优秀的农村电商人才队伍是农村电商发展的基础。目前，我国农业信息收集、分析人员严重不足，大量的信息资源无法有效被开发，并且基层农村电商服务人员整体素质不高，对计算机网络等现代信息技术的把握能力不强，甚至在部分地区，不仅人才缺乏，还出现人才严重流失的现象。

五、相关法律法规不健全导致农村电商发展环境较差

尽管中央层面非常认可电子商务对推动经济发展所起到的作用，也出台了很多政策和措施来推动农村电子商务的发展，法律修改的滞后性，导致很多法律不能和时代接轨，阻碍了电子商务的发展。此外，很多地方政府还没有认识到发展农村电子商务的重要作用，没有积极推动当地电子商务的发展，导致某些地区发展缓慢。首先，我国的法律法规还不够完善。到目前为止，我国还没有出台专门的电子商务法，更加不可能针对农村电子商务单独立法了。而

全世界已有30多个国家和地区制定了综合性的电子商务法，如美国制定了《统一电子交易法》和《电子签名法》。对于一个新兴的行业，在迅猛的发展趋势之下，会出现越来越多的问题。如果没有完善的法律法规，就可能给不法分子可乘之机。出现相关交易问题，也会因为缺乏法律而无章可循。在农村电子商务中其实更加容易出现问题，因为很多农产品不像工业品那样有专门的质量标准和管理体系，农产品来源于自然的生长过程，大小不一，成熟度也各不相同，很难进行统一，在买卖双方之间容易产生纠纷。而且要是真的在电子商务交易过程中出现问题想要追究责任，也很难找到责任者。相关法律的缺乏让政府部门监管和执法也存在困难。其次是我国的社会信用体制还没有完全建立起来，部分企业信用度不高，法律意识淡薄，农村电子商务的发展存在一定风险。由于网络传播信息的速度非常快，一旦产生纠纷，隐私被故意泄露，就会产生不可估量的影响。根据国家工商总局统计数据显示，我国网购投诉主要集中在合同、售后服务和质量问题等几个方面。发生纠纷后，消费者和销售者无法直接见面，部分商家对甚至对消费者的投诉置之不理，不断拖延。出现这类现象的原因主要在于法律法规的不完善，没有建立健全相关的保障和惩罚机制，经营者的失信成本非常低，导致这类现象时有发生。

六、部分地方政府缺乏发展农村电子商务的意识

部分地方政府缺乏发展农村电子商务的意识。很多地方政府观念没有改变，地方政府一直以来发展经济主要是通过招商引资的方式来加快发展，但当前我国经济下行压力较大，经济增长缓慢，实体经济发展困难，而且各个地方都热衷于招商引资，导致现在引进项目困难重重。很多地方政府轻视电子商务发展，认为起不到太大作用，对此不够重视，自然也就不会在当地电子商务的发展中发挥作用。但在电子商务发展的初期，政府的作用往往十分明显，例如政府可以在政策、资金、物流园区建设等方面给予帮助，从而减少企业投资的负担，有利于调动企业和农民参与电子商务的积极性，

有利于当地电子商务的起步和发展壮大。同时，我国的农业保险发展缓慢。农产品的生产很大部分受到自然条件的影响，当出现干旱、洪涝等极端天气时，农产品产量很难得到保障。发展农村电子商务就是为了扩展农产品的销售渠道，但如果农产品歉收，即使有再大的市场，农民的收入依然得不到保障。

发展农业，一靠政策，二靠投入，三靠科技。这话同样适合发展农村电商。从全国发展县域电商的经验来看，在各方面明显落后于城市的农村发展电商，政府作用极其重要。政府出台政策的重点和方向如果出现偏差，发展方向局限于电商平台建设，期望通过大量的人力和物力建设属于政府自己的平台，就会耗费时间和精力太多，结果却不理想。事实上，现有几大平台早已建成，电商平台时代已成"往日之歌"，新建的平台大多数难以望其项背，最后基本是束之高阁。但孵化平台建设仍较落后，而政府常常把扶持重点放在电商产业园区、招商企业上，基础设施、配套服务等软环境建设跟不上，致使电商基础很薄弱。且我国绝大多数农村电商还处于伊始状态，相关制度政策、信用机制和约束机制尚不成熟，尚不能满足相关电商企业的发展。

第二节　标准化建设方面问题分析

一、农产品标准化体系建设滞后

目前，我国的农产品标准化体系建设滞后，缺乏相应的标准化机制，难以在生产环境、生产过程、加工包装等各个环节对农产品进行把控，生产加工环节标准化程度低，没有进入标准化管理的轨道，没有形成一整套完善的全程标准指标体系，农产品标准化、模式化、品牌化不健全，难以充分保障产品质量和食品安全。不健全的农副产品标准体系的标准化建设导致农副产品品质参差不齐，市场细分性、定价科学性不强。"无规矩不成方圆"，要想使一个行业尽快走上健康、快速的发展道路必须建立一个统一的标准，使其能够按照这个标准生产经营。在城市地区或者工业企业中，基本上都会建立相应的产品标准，以更好地指导各行各业的生产活动，生产出符合大众需求的产品，但是农村地区在这方面的发展却远远滞后，也没有统一。农产品标准体系建设滞后主要在于，一是农民普遍受教育程度低，缺乏建立标准的意识。其次是我国幅员辽阔，地域情况复杂，全国各地气候、土壤等条件差异较大，使得各个地区省市的情况不尽相同，这就增加了建立标准体系的难度。但是没有统一的标准，农产品的质量就得不到保障，营销活动也无法开展，也就不能扩大农产品的知名度，进而当地的电子商务也就得不到持续的发展。

二、农产品品牌战略还未广泛实施

品牌对商品的销售有着非常重要的影响，一旦品牌效应建立，获得消费者认可，消费者便愿意去购买这种产品。但在电子商务发展的初期，很多农民由于自身知识和经历的限制，忽视了品牌的重要性，不注重对品牌的建设，只看到了眼前的利益，认为只要自己的产品能在网上卖出去就行了，忽视了长远利益。这就需要我们进行正确引导并传播这种思想，让他们认识到品牌的重要性。

发展农村电子商务是促进传统农业向现代农业转变的重要方式。自中国加入 WTO 后，大量国外品牌农产品纷纷涌入中国市场，农产品市场竞争不断加剧，我国农产品要想在与国际同类产品竞争中取得优势，必须走标准化、品牌化道路。质量是农产品的生命，也是影响市场竞争能力的最重要因素。对于农产品电子商务而言，在看不到实物的情况下，实施标准化农业是赢得消费者信任的重要途径之一。根据产品特性，制定一套产前、产中、产后全过程的标准体系，让产品生产、加工、包装、运输等环节严格按照标准执行，从生产到流通全程记录，对消费者实行信息透明化，加强消费者对产品的了解，同时，制定农产品质量检验的统一标准，严格控制流入市场的农产品质量，保护消费者的健康和利益。在农产品网上销售中，农产品的品牌化越来越重要。例如阳澄湖的大闸蟹，已经成为一个具有独立品牌和特色的产品在网络上进行销售，同时还带动了当地的旅游业。库尔勒香梨，喀什石榴等，都是具有地方特色和自己独立品牌的农产品。农产品品牌化不仅能迎合消费者逐渐加强的品牌意识，还能形成品牌效应，便于农产品在电子商务化过程中宣传和销售。

品牌产品优势不足会致使农村电商“无米为炊”。电商企业迅速增多，角逐非常激烈，倘若企业不能统筹发展，便唯有通过压低价格方式进行竞争，当下电商C类市场就是采用此模式。品牌和名牌是两个概念，品牌可以形成独特的辨别标识，拥有固定的品牌客户和资源。由于供需能力、产品类别、地区品牌等资源禀赋和地区差别，农村电商需要产出像阳澄湖大闸蟹、洛川苹果以及遂昌模式等消费群体耳熟能详的农特产品品牌。

此外，同质化竞争严重也会使农村电商得不到持续发展。所谓的同质化竞争是指具有相同功效或者相同功能的产品，具有不同的品牌名称。这些品牌大多数具有近似的产品外观，相同的使用价值，互相模仿的营销手段，包装服务方面也因为容易模仿而愈加相似。最后的结果就是这些产品基本趋于一致，实质并没什么差别。同质化竞争出现在市场的产品上时即是我们所称的“同质化产品竞争”。由于现在网络技术的发达，各种信息通过网络可以快速传播。而网络电子商务经营模式由于方式简单，只要能基本操作电脑就能复制别人的经营模式。这样，大多数农民当看到周围有成功的案例，并且盈利丰厚的时候，就会相继模仿。经过一段时间的发展之后，这一地区的网店数量就会大幅增加，但产品之间却缺乏各自的特色和品牌，导致同质化竞争加剧，经营商的利润会不断减少，一部分电子商务经营者为了维持自己的收益率可能会通过降低产品质量来削减成本，甚至可能会有部分商家利用劣质的产品来充当好的产品卖给消费者，欺骗消费者。时间一长，反而破坏了当地积累起来的好名声，对本地的网络销售的信誉也会产生不良影响。沙集、遂昌在发展电子商务的过程中先后出现了同质化竞争严重的问题，因此我们要未雨绸缪，在开始发展之初就要考虑相应的解决措施。

三、农产品安全问题直接影响着农村电商业务

农业不同于工业，农产品也和工业品不同，没有和工业品相同标准化的农产品存在。农特产品大多分散于生产的农户，加剧了农产品的非标准化程度，以致同一类产品在不同批次中情况不同。同时，农特产品多是人类食用产品，质量安全就特别重要，由于标准化程度较低，安全和信任就成了大问题。目前市场上有机绿色一大堆，各种认证满天飞，真假难辨。农特产品的标准化和安全、外观与内在质量，从田间地头到餐桌的全过程必须均可追溯。但由于农产品质量无法做到面对面检验，电商产品亟须有更高的质量保证和外观辨识度，必须进一步推进农产品的品牌化和标准化。

农产品是日常饮食中必不可少的食物，它可提供人体必需的多种维生素、能量、蛋白质和矿物质等营养物质，农产品的质量安全关系人民群众的身体健康。随着生活水平的提高，人们对农产品的消费需要越来越倾向于营养、健康、安全。而在农产品的种植模式由传统向现代转变过程中，农产品是否安全的问题越来越成为广大人民群众关注的焦点。通过深入调查，我们通过问卷调研及面谈发现，①消费者都非常重视农产品安全，很希望政府提供农产品安全服务，对政府职能部门提供的农产品安全信息有很大的信任度。为此，政府部门要做好发布农产品安全卫生信息的服务工作，加大对安全农产品的监管力度。②消费者对绿色农产品、无公害农产品和有机农产品的标记与区别不太了解或缺乏信任度，除了农产品消费者自身的安全自觉意识不足外，还与政府对农产品安全监管力度不够有关。③提高农产品生产经营的组织化、规模化、产业化程度，是提高农产品安全生产经营的重要途径，但目前又受到土地规模、劳动力资源、技术力量等因素的制约。④基地、合作社是实现农产品生产与经营组织化、规模化、产业化的重要形式。但并不意味着政府可以放松对农产品生产、经营的安全管理。尤其是合作社还经

营着大量散户生产的农产品，其安全隐患更是不可忽视。⑤政府在推动农产品产业发展，包括农产品基地建设、绿色农产品品牌打造等方面做了大量工作，但“菜篮子”工程尚未真正落到实处。在这种情况下，一到夏季，就不可避免地会吃到农药高残的叶菜。⑥食材是打造生态旅游的重要资源，在外来农产品占比高，且缺乏准入机制的情况下，安全隐患极大。由于部分地区未实行农产品市场准入机制，在管理上仍处于空白区。一些含有高毒、高残留农药的农产品就变成漏网之鱼混了进来，一旦发生农产品食用安全事故时，其源头很难追溯。⑦目前，专业农业合作社只是小部分，大多的农产品生产仍以散户为主，这就加大了农产品质量安全的监管的工作。毕竟监管部门的监管人员和监管体制还没有达到标准要求，没有那么多的人力和物力去对每户散户生产的农产品一一进行检查，所以大多散户生产的农产品存在着严重的安全隐患。⑧政府在农产品安全监管体系建设中不断完善，但还存在一些亟待解决的问题。如：专业技术人员缺乏，且各乡农技推广部门大多有名无实，对“菜篮子”工程建设的服务跟不上。市场体系不健全，信息网络不完善，产供销储运等环节不配套，制约着“菜篮子”产业的发展。⑨政府在加强安全监测体系建设中花了很大的功夫，但目前还存在重定性检测、轻定量检测的问题。定性检测有许多缺陷，许多有毒物质查不出。目前在农产品质量安全检测市场准入方面，尚未建立明确的执法主体检测站点功能单一。现有的检测站点只能进行农产品农残速测，不能满足质量安全检验检测的需要。检测点数量不足且分布不平衡，现有的检测点数量与工作需求存在较大差距，农产品质量安全检测存在疏漏。⑩有 QS 认证的农特产品和企业极少，难以搭建具有生产过程把控、生鲜冷藏、分级封装、品质检验等关键的质量管理体系。只有农产品的质量管理体系相对完善，加强质量安全把控，才能让消费者及潜在消费者放心买，舒心吃，推动农特产品的流通。另外，农产品的信息和物流体系安全标准同样很重要。

第三节　市场开拓方面问题分析

一、农村地区人群总体消费观念相对落后

农村信息相对闭塞，使得农民较少接触社会最新的消费观念。而电商具有跨越时空的差异性，有别于传统的一手交钱一手交货的面对面交易。而农民长期受传统生活习惯的影响，对此不容易接受。网络交易的虚拟性要想被农民接受，需要一个较长的过程。相对来说，经济较发达地区的农民在消费观念方面更加现代化（如浙江义乌）接受电商这种交易方式当然也会更容易一些。

二、大部分地区农村电子商务市场缺乏长远规划

大部分地区农村电子商务市场缺乏自己的长远规划，外来投资者往往盲目看重农村电子商务市场发展潜力，以利益为主要导向，缺乏发展方向规划，容易盲目重复建设，导致部分地区出现竞争无序、亏损经营和站率高等现象。难以深入农村目标市场，没有分析出农村居民实际情况，农村市场的潜力需要进一步挖掘，以促进农村电商的增长和结构提升，能推进农村电商的发展。

三、大多数地区农村电子商务是靠个体农业经营者单打独斗

农产品的规模化经营需要以农民专业合作组织作为载体，同时，农村电子商务模式的突破需要信息、数据以及资料的共享，个体农业经营者缺乏及时、准确的信息资源，其农产品很难在众多特色农产品的竞争中脱颖而出。通过建设专业化的农民合作组织，能够获得广泛的信息资源，个体农业经营者以更高层次合作组织的形式，向外进行交易，弥补个体农民在知识储备、信息的及时性、准确性及对网络仍是模糊上的不足，有效抵御市场风险，并满足农产品电子商务发展的组织需要。目前，在我国的大多数地区发展农村电子商务基本还是靠个体农业经营者单打独斗，存在费力且效果差的问题。

第七章　新型生态城镇化背景下的农村电子商务可持续发展的对策建议

比尔盖茨曾经说过："未来要么电子商务，要么无商可务"。从经济学视角看，农村电商的发展模式是"互联网＋农业"的跨度融合，是"大众创业、万众创新"的重要平台，从农村经济社会发展实践来看，发展农村电商是实现新型生态城镇化建设目标和经济崛起的首要举措，必须处理好政府倡导和市场引导的关系、电商发展与农业的关系，确保电商发展益于农民增收。当然，农村电商发展是一个循序渐进的过程，必须明确发展方向，实现可持续发展。

第一节　资源整合化

一、加大基础设施建设力度

"互联网＋"是电子商务发展的重要机遇与挑战，机遇在于"互联网＋"能够促进电子商务的快速发展，进而对经济发展和社会进步产生积极影响，挑战在于电子商务的快速发展必须要相应健全的基础设施支撑，否则电子商务的发展将受到极大的抑制。政府要加大基础设施的投入力度，特别是在发展农村电子商务的过程中涉及很多公共物品、道路交通和网络通信等，需要政府的投资。首先信息技术和通信技术是发展电子商务的基础，因此我们要加强农村发展电子商务的基础设施建设，特别是宽带和无线网络的覆盖和提速。政府要出台支持农村网络发展的政策，加大投入力度，鼓励民间资本和社会资本投资。要加大信息服务基础设施构建，提高网络覆盖率和质量，促进网络提速降费，使农户上网成本得以降低。

总之，农村电商的发展，必须积极推进互联网信息在农村的应用，更深入地和各大电商企业合作，为农户开辟农产品销售新渠道，使农村电商产销衔接优势得以充分发挥。

二、大力发展农村物流运输业

农村电商的发展，应以县级农村电商运营网络做支撑，引导快递业务延伸至村级，并利用农村超市或小卖部，建立农村电商物流配送点，进而实现“最后一公里”的配送和“第一公里”的揽件。农产品尤其是生鲜农产品对流通速度的要求苛刻，如何快速地将农产品从生产基地运输出去，是形成农产品电子商务交易链的关键。因此，加强农村基础设施建设，发展完善的农产品物流体系，对于农村电子商务的发展极为重要。物流得不到发展，农产品就无法运输，因此要在财政、税收政策上鼓励和引导物流公司和社会资本发展农村物流，并进行必要的补贴。①和邮政加强合作。邮政营业网点遍布全国 31 个省、自治区、直辖市，基本上是国土面积的全覆盖，同时可以到达包括港澳台在内的两百多个国家和地区，拥有点多面广的特色优势，通过创新流通方式，电子商务与中国邮政合作，可以降低运输成本，缩短流通时间，全面提升流通水平，对农村电子商务的发展将起到巨大促进作用。②科学合理规划，选择合适的地方建设网点，可以多家物流公司共同投资建设一个网点。扶持和鼓励农业企业自身加速建立具有完善的农产品物流体系，加强仓储、交通等基础设施建设。通过农业龙头企业或具有实力的农业专业合作组织，建立完善的物流配送体系，将分散的个体农业生产经营农产品集中，统一配送。可以借鉴相关地区发展农村物流业的成功经验。不仅城市可以建设物流园区，在农村电子商务发展较好、比较集中、有发展潜力的地区也可以选择合适的地点建设物流园区或者物流基地，这样可引导物流公司集中，同时让物流过程更加专业化。③要通过优惠政策、补贴、信贷支持等手段，吸引第三方物流进入农村，开展农产品的配送。鼓励第三方物流企业建立专门的农产品存储、加工、保鲜、运输等物流设施，促进农村电子商务的可持续发展。物流公司的建立符合市场专业化分工的要求，合理配置了各方资源，极大地方便了供需双方，降低了双方的风险，双方都不用承担存货堆积、保存不当造成损失，不用花时间和精力去寻找买家和卖家，也不用投入更多成本自己建设物流。由于很多农产品采摘之后需要立即运输，要积极培育和发展冷链物流体系，运用最新冷藏保鲜水平，提高物流的科技水平，采摘后立即通过物流送到全国各地，保证能将新鲜的农产品及时送到消费者手中。

三、培养电子商务人才，引导人才向农村流动

发展农村电子商务需要那些懂技术的人才。在人才资源方面，为保证人才供给要求，引进电商技能型人才，吸引专业型复合人才，政府应当出台一些相应的人才回流政策，吸引人才去往农村，同时自建人才培养机制，注重本土化人才的培养，培育具有针对性和实效性的高端人才。面对当前农村电子商务人才紧缺的局面，一方面要继续加大高端电子商务人才的培养力度，提高培养质量，造就一批真正能带动农村发展电子商务的人才。当前，部分农村地区出现了大学生回乡创业，全家共同参与的形式。政府要鼓励那些走出去的大学生回乡就业创业，在税收减免、资金扶持等方面提供支持，对回乡创业成功的大学生进行奖励，以此来吸引更多的人才。政府也可以统一选聘大学生技术村官，派到农村进行农业信息技术和电子商务指导。或者选派部分人员到全国各地淘宝村现场观摩和学习，并向周围农民讲解。部分开了网店的农民，由于文化水平有限，不懂得网上营销知识和技巧，不懂得如何吸引消费者的眼球，也不懂得如何分辨目标客户和目标人群，政府可请那些成功的网商进村授课。如何让农民学习完全陌生的电脑和网络知识是难点，除了培养高层次的农村电商人才，政府还要利用办职业技能培训班、继续教育等形式对农民进行基本网络电脑知识培训，让他们能进行简单的电脑操作，要让他们明白，电脑培训的目的是为了让他们致富，只有这样农民才愿意去学习，才有学习的动力，这样才能提高他们学习的积极性，帮助他们提高信息素养。

四、培训部分农村带头人，发挥好示范引领作用

一方面要通过农民群众喜闻乐见的形象宣传电子商务，帮助他们转变思想观念。在全国各地的农村电子商务模式中，很多最先发展电子商务的群众都是从无到有、从弱到强，极大地刺激周围的群众，并对他们的思想观念产生重要影响，最终都积极主动地参与到电子商务的发展中来，因此，各地要重点扶持种养大户和农村经纪人，让他们成功尝试电子商务并取得巨大收益的事迹起到良好的示范作用，农民相继模仿，并不断扩大电子商务范围，带动广大农民共同致富。可选聘当地村庄的大学生或者村集体负责人担任各村的“网络村官”，搭建起农民走向互联网电子商务的桥梁，让农民真正相信互联网电子商务，并积极参与进来。此外，还可以采取集中销售的方式，即某一个电子商务经营比较好的农民负责网店的运营和销售，周围生产者生产的产品都交给他在网上销售，收益由生产者和网店运营经销者协商分配。政府还可以建立示范县和示范村，起到示范带动作用，带动农民发展电子商务，并不断总结经验和不足之处，使当地和其他地方电子商务更好地发展。鼓励农村居民根据当地的特色农产品发展网络销售，降低同质化竞争的可能性。要让农民真正感受到电子商务的好处，只要让农民觉得好，他们就会主动参与到农村电子商务的发展中来。

五、制定和完善相关法律法规

一是完善相关的法律法规。经过这么多年的努力，我国的立法工作取得了长足的进步，基本上覆盖到了社会生活的各个方面，但同其他行业相比，我国在互联网方面的法律法规还比较少，不够健全。身处互联网时代，我们的日常生活和互联网紧密相连，关乎我们每个人的切身利益。由于互联网发展迅速，电子商务发展过程中也不断出现新情况、新事物、新问题，法律的缺失不利于我国电子商务的进一步发展。我国电子商务方面的立法比较滞后，没有出台专门的电子商务法和农村电子商务法，现有相关互联网的法律法规

内容也较为抽象，不够细致。如果发生法律纠纷，想依据相关的法律条款去解决纠纷就会非常困难，也得不到相应的支持。法律是农村电子商务发展的保障。国家应该高度重视互联网立法工作，加快立法步伐，不断补充和完善电子商务相关的法律法规和条款，出台专门的农村电子商务法规。而对于农村电子商务来说，除了具有电子商务相关的特征和问题，他还有自己的独特之处，这些地方往往就需要相对应的法律法规进行监督和管理。因此，我们要不断完善农村电子商务相关的法律法规，完善的法律法规是我们农村电子商务持续健康发展的必要条件。

同时，针对社会信用体系缺失，网上出现的个人信息泄露，网络交易风险以及网上诈骗等问题，立法工作也要紧跟其后。针对已经出现的问题，要在适当超前的思想基础上，对现有的法律法规进行完善，加大打击力度，提高互联网违法犯罪成本。要建立统一的信用平台，对那些失信的经营者要将其失信行为记录数据库中，供银行、通信等部门参考，降低失信者的贷款额度等。政府部门要在法律法规授权下加大监管力度，对于出现的纠纷要及时调查清楚，对相关的责任人要及时处罚，保障消费者的合法权益，维护良好的网络购物环境。

六、发挥地方政府协调和指导作用

地方政府在电子商务的发展过程中不能过多地干预，但是也不能无所作为，要发挥自己应有的作用，加强协调和指导，保持政策的一致性和稳定性。据调查，在已经发展电子商务的地区，农民的启动资金基本上都是来源于家庭的储蓄积累。因此，要充分发挥政府在发展农村电子商务方面的引导作用，在已经自发发展电子商务的农村地区，政府要加强引导，提供后续的跟踪服务；在有农村电子商务发展条件但是还没开始发展的地区，要提供支持，政府可以从财政补贴、贷款贴息等方面支持农民发展电子商务。政府还可以通过降低网络使用费，帮助农民统一采购电脑并进行补贴等方式支持农民参与电子商务。政府要统筹安排好农村电子商务发展中所需的资源，在资源的筹措和利用中发挥重要作用，这些资源主要包括网络信息基础设施、人员、资金及供求信息等。比如在需求信息方面，某个企业要集中采购某种农产品，政府就应该利用好这个信息资源来推动农村电子商务的发展。尽管我国的农业保险已经施行了很多年，但一直发展缓慢。要在政府的主导下推广农业保险，以商业保险公司为主导，政府进行适当补贴，以此来降低推广的难度，送样农民就更容易相信一些。政府还应该通过广播电视等传播媒介进行积极宣传，不断培养农民的风险意识，让农民愿意参与进来，降低农民经营风险。

第二节　平台协作化

一、加快农民专业合作，做好市场开拓

随着经济全球化的深入发展，以信息技术为代表的科技革命不断取得突破，信息化已经成为各国经济社会发展的强大动力，推动了人类社会以前所未有的速度走向新的历史高度。以信息技术革命为基础的第三次浪潮几乎没有遭遇到地域的限制，这是一次全球性的浪潮。新的经济不再以传统工业为产业支柱，不再以稀缺自然资源为依托，而是以高技术产业为支柱，而发展高技术又离不开信息技术的发展。电子商务企业运营是离不开网络的，也就是离不开信息技术。信息技术是农产品电子商务企业运营的重要骨架。目前，我国农产品电商形成了“两超—多强—小众”的格局，所谓“两超”就是阿里系、京东系农产品电商；“多强”是指具有较强竞争力的农产品电商；“小众”是指具有成长性的特色农产品电商。生鲜电商被称为电商领域的新“蓝海”。据不完全统计，2016 年农产品电子商务不断强化冷链流通体系建设，提升农产品流通现代化水平，销量突破 2 000 亿元。根据商务部的监测，2017 年 1 月至 8 月，全国农村实现网络零售额 7 290 亿元人民币，同比增长 38.1%，高出城市网络零售销售额的 5.6 个百分点。说明农产品电商发展飞速，农产品电商这块蛋糕正在越做越大。

受经济实力、技术、人才等方面因素的影响，农村基层的计算机软硬件投入少，缺乏信息资源，计算机网络基础设施不完善，缺乏信息发布、信息沟通、网上交易和电子支付渠道。另外，由于农民掌握的信息化知识有限，对农产品电子商务的重要性认识不足，因此难以发挥出电子商务平台的作用。而农产品电子商务企业能够利用信息技术发布信息主要介绍和宣传本地的产品，让外界了解自己，扩大影响，提高知名度，获得商业合作机会。

农产品的规模化经营还必然需要以农民专业合作组织作为载体，同时，农产品电子商务模式的突破需要信息、数据以及资料的共享，个体农业经营者缺乏及时、准确的信息资源，其农产品很难在众多特色农产品的竞争中脱颖而出。通过建设专业化的农民合作组织，能够获得广泛的信息资源，个体农业经营者以更高层次合作组织的形式，向外进行交易，弥补个体农民在知识储备、信息的及时性、准确性及对网络认识上的不足，有效抵御市场风险，并满足农产品电子商务发展的组织需要。一是要通过加快农业专业合作组织信息共享平台，提升个体农民对互联网的认识，并通过农民专业合作社向农业个体生产经营者分享技术指导、交易信息发布与农业生产资料价格信息、农产品市场行情等信息，降低农业信息传播成本，提升农户触网意识。二是要通过农民专业合作社为农业个体生产经营者提供资金、技术及宣传，加强农民的农产品电子商务交易意识。通过专业合作组织对农民进行网络培训，指导农户在网络上进行信息搜集与发布及农产品的网络售卖，做到农产品电子商务的发展逐渐从乡村包围城市。

二、建立线下协作平台，开设农村电商示范试点

加强电商服务中心和村镇乡级电商服务点的建立，构建农村电子商务公共服务网络。农村电子商务服务点的改造，整合农村的网络流通资源，将村级农家店、供销合作社基层网点、农村邮政局（所）、村邮站、快递网点纳入范围，引导电子商务企业与农村邮政、快递、供销社合作，建立农村物流公共服务中心，设立村级网

点，完善农村电商物流配送体系。建立线上销售平台，搭建农村电商专业网站平台，农村电商集聚化、分类化和标准化，能够集中把控监管农村电商市场。构建农产品电商品牌式销售平台，拓宽农产品销售渠道。支新型农业经营者电子商务平台对接，农产品电商转型升级。农产品电商企业积极参与转型升级，农村电商与传统商务相结合，实现两种产业的融合发展，将转变农业生产方式和促进农民增收作为农村电商的衡量标准。

三、客户服务是农村电商口碑的重要基础

客户服务涉及广泛，且直接面对客户，是农村电商口碑的重要基础。客户服务的核心职能在于能为自己设定具有挑战性的工作目标并全力以赴，要求自己的工作表现达到高标准，并不断寻求突破。主动积极，不需他人指示或要求能自动自发做事，面临问题立即采取行动加以解决，且为达目标愿意主动承担额外责任。能主动寻求有利于工作的人际关系或联系网络，积极建立、有效管理，并合理维系彼此的长期合作关系。对顾客提供热忱的服务，有效满足顾客需求、解决顾客问题，进而提高顾客满意度。计划和行动都能考虑到对顾客的影响，主动了解顾客需求并迅速响应，提供顾客所需信息，协助团队组织与顾客建立长期合作关系。面临工作压力能够使用适当方法加以舒解，并维持应有的工作表现与人际关系。能找出说服客户的关键点，依其特性及关心议题，运用适当方式使客户接受自己的意见或观点。要求能在客户所传达的讯息中，正确解读和响应，以取得共识。销售时能把握顾客需求，运用适当的销售技巧，建立顾客对商品和服务的信心与认同。

四、营销策略是竞争力的重要来源

众所周知，企业的盈利点就在于销售它们的产品，所以说正确的营销策略能够提高企业的竞争力。微博巨大的用户群体，微信的第三方服务号，自媒体的视频＋直播这三种营销策略，都可以利用

巨大的用户来增加影响力。这个世界竞争无处不在，因为有竞争才让我们感觉到差距，知道还有不足。所以我们需要不断完善产品设计以及营销策略来弥补这些不足。

较好营销策略就是通过新兴社交平台推广，经常发布一些最新动态以及一些新上架产品的广告。①微博营销。微博用户量为2.75亿，虽然近几年微博用户明显下跌，但总体使用人群还是巨大的。以一个线上的新媒体平台的宣传推广带动另一个线上产品的销售，以及线下农产品实体店的经营，加快优质农产品的销售。②微信营销。目前，微信的使用已经广泛普及，微信覆盖了国内94%以上的智能手机，用户覆盖200多个国家、超过20多种语言活跃用户数达到了8.89亿；微信营销具有较高的购买能力。③“视频＋直播”网购模式。通过自媒体的方式，自己挖掘各地好的农特产，拍摄视频建立专辑，并在每一个农特产品的原产地构架视频直播，全天直播原产地产品的生长及制作及包装过程，通过在传统农业中加入科技元素，在源头质量上把关，在生产环节上监控，让每个人都能远程实时监控农产品生长、生产的魅力。

“4P营销理论”产生于20世纪60年代的美国，随着组合营销理论的提出而出现的。为了寻求一定的市场反应，企业要对这些要素进行有效的组合，从而满足市场需求，获得最大利润。①产品（Product）：注重开发的功能，要求产品有独特的卖点，把产品的功能诉求放在第一位。②价格（Price）：根据不同的市场定位，制定不同的价格策略，产品的定价依据是企业的品牌战略，注重品牌的含金量。③渠道（Place）：企业并不直接面对消费者，而是注重经销商的培育和销售网络的建立，企业与消费者的联系是通过分销商来进行的。④促销（Promotion）：企业注重销售行为的改变来刺激消费者，以短期的行为促成消费的增长，吸引其他品牌的消费者或导致提前消费来促进销售的增长。

在决定具体营销策略的目标时，要根据电商的设计战略目标、市场定位和产品的性质，结合整体营销要求来进行。网络营销中，

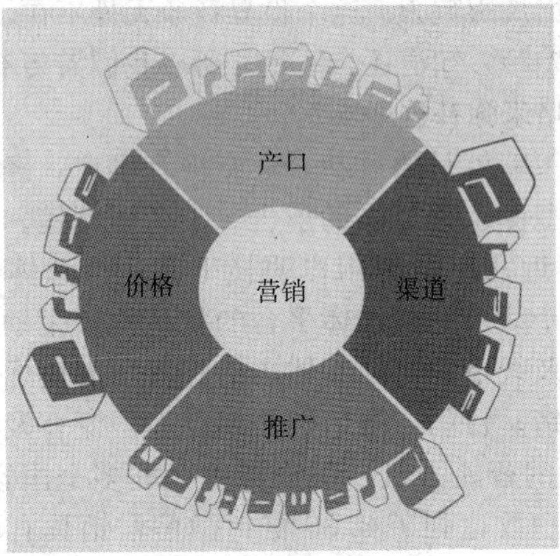

图 7-1　4P 营销理论

价格的营销策略应该注意以下两个问题。①价格决策目标调整。网络营销面临的是一个动态的市场环境，为实现企业既定的营销目标，营销策略应当根据市场的变化及时调整价格决策的目标。目前，网上市场正处于开发期和培育期的起步阶段，许多电商开展网络营销的主要目的是占领市场，以求生存和发展的机会。受“网上市场中只有第一，没有第二”“赢者通吃”等观点的影响，目前绝大多数企业将生存和市场占有率最大化作为网络营销的定价目标，并为此普遍采取低价策略，一方面以此谋求虚拟市场中的立足之地；另一方面也希望以价格优势来追求市场占有的领先地位。这些企业认为这样做实际上相当于投资，指望此举在未来会给企业带来长期的利润，随着网上市场的逐渐成熟，目前这种定价目标将有所调整。②价格弹性分析。在网络营销中，价格弹性的特征基本上没有变化，但应根据网上市场的特点对价格弹性进行分析。首先，尽管从理论上分析，网络营销可不受时空的限制，但实际运作中还是受到各国贸易、金融、税收、司法等环境以及支付、物流配送等具体环节的约束，真正意义上的国际营销还未成为现实。因此企业的产品未必没有竞争者或替代品，价格弹性的高低只是相对的，它会随着网络营销环境的改变而变化。其次，客户对价格的敏感程度的高低是因商品的种类而异的。在消费品市场中，消费者对满足日常衣食住行的生活必需品的价格敏感程度较高，而对满足人们精神生活和心理需要为主的消费品的价格敏感程度较低。目前网上市场的价格弹性对需求的影响是比较小的。再次，电商在实施诸如折扣和折让定价、竞争定价、促销定价以及直接低价等定价方式时，必须进行价格弹性分析，以确保其价格策略实施的有效性。

第三节　供应链一体化

一、构建完善的农产品安全溯源体系

随着经济的发展和人民生活水平的不断提高，人们在要求温饱的前提下，愈加重视对农产品质量的要求。消费者追求绿色、环保、无公害，吃得放心，用得省心的产品，崇尚回归原生态，追求自然魅力。而近几年来，食品安全问题又屡见不鲜，人们对一般产品的信任度越来越低，对于高品质农产品的需求越来越大。在市场经济快速发展的今天，电商间竞争日趋激烈，质量对于农村电商的重要性日益明显，产品质量的高低是农村电商业有没有核心竞争力的体现之一；提高产品质量是保证市场占有率，从而能够持续经营的重要手段。一个农村电商想做大做强，就必须在增强创新能力的基础上，努力提高产品质量和服务水平。纵观国内外形势，每一个长久不衰的知名企业，其产品或服务都离不开过硬的质量。所以，质量是农村电商的生命，是企业的灵魂，任何一个农村电商要生存、要发展就必须要千方百计地致力于提高产品质量，不断创新和超越，追求更高的目标。一个农村电商也唯有不懈追求，精益求精，方能处于行业领先之列。几个月才发一次微博的马云，对治理假货专门发表了一篇长文，它代表了主流电商平台对产品质量的要求在逐步提高。随着消费升级时代的来临，消费者对于购物的需求也从开始比价格向比质量、比服务转变，这也促使很多电商平台在对于产品的质量、商家的资质等方面加

强监管，杜绝假货出现。

破解柠檬市场，搭上农村电商快车。柠檬市场理论是指在信息不对称的情况下，往往好的商品遭受淘汰，而劣等品会逐渐占领市场，从而取代好的商品，导致市场中都是劣等品。柠檬市场也称次品市场，是指信息不对称的市场，即在市场中，产品的卖方对产品的质量拥有比买方更多的信息。在极端情况下，市场会止步萎缩和不存在，这就是信息经济学中的逆向选择。阿克罗夫在其1970年发表的《柠檬市场：产品质量的不确定性与市场机制》中举了一个二手车市场的案例，指出在二手车市场，显然卖家比买家拥有更多的信息，两者之间的信息是非对称的。买者肯定不会相信卖者的话，即使卖家说得天花乱坠，买者唯一的办法就是压低价格以避免信息不对称带来的风险损失。买者过低的价格也使得卖者不愿意提供高质量的产品，从而使低质品充斥市场，高质品被逐出市场，最后导致二手车市场萎缩。要破解农村电商中的柠檬市场，需要加快农产品安全溯源体系的构建，从源头抓起，杜绝造假及滥竽充数等违法违规行为。在农产品外包装上有针对性地印制具有唯一的加密二维码，方便使用者对商品进行查询，使消费者轻易通过手机就可以查到此类产品的产品等级、质检报告、产地等专业认证机构的相关信息；增补政府等有关机构的服务人员，解决因人手不足而影响农村电商发展的系列问题；推出分阶段、分品种的追溯体系，从消费者及潜在消费者关注的关乎身体健康的农产品溯源做起，具体了解农产品的相关信息。通过农产品标准与安全溯源体系的完善，让消费者放心，推进农村电商发展。

二、发展特色农产品，提高农产品的知名度

从目前全国各地农村电子商务发展情况来看，如果发展缺乏特色，很多地方发展到一定水平，各种经济发展要素缺乏的问题、质量不达标问题、同质化竞争严重问题等就会阻碍其发展。因此，我们在发展过程中，要注意提前规划，合理布局，协调发展，避免发生上述问题再采取措施去解决。解决同质化竞争的问题可以通过建

设农产品品牌的方式来解决。像丽水山耕，建立品牌之后，已经获得了广大消费者的认可，大家都认准了这个牌子才买，价格也就自然上去了。同样的，广大电商经营的农村产品也需要建立相应的品牌，让品牌深入消费者心中，销路自然就不用担心了，而不需要单单靠电商平台的名气销售产品。因此，要不断提高农民的品牌意识，明白品牌建设的重要性，只有建立了相关的品牌，提高农产品的知名度和影响力，农村电子商务才可能不断发展下去。

发展农村电子商务要因地制宜。农产品具有很强的地域性，比较依赖当地的自然环境，比如像新疆的哈密瓜特别大特别甜，这和新疆当地的气候条件有很大关系，在其他地方种植，可能质量就没有那么好。所以要根据各个地方的特色发展相应的电子商务，充分挖掘当地的特色资源并进行开发，或者对当地的农副产品资源进行整合，在网络平台上销售。事实证明，网上销售得比较好的都是各个地方的特色产品。此外，特色无公害产品、绿色无污染产品、有机农产品等也是发展的重点。随着人们生活水平的不断提高和食品安全事件的不断出现，大家对食物的要求也越来越高，越来越青睐健康的食品。在电子商务平台销售有机食品，可以扩大销路，同时由于这种产品附加值高，能承受较高的物流运输成本，从而可以让农民获得较高收益。通过电子商务平台把优质的特色产品销售进城，这也是今后农村电子商务的一个发展方向。

三、建立农产品标准体系

由于农产品的生产不像工业品那样依赖机械生产，农产品的生产更多的是受自然条件的影响，他的这种特殊性也决定了农产品很难像工业品那样建立统一的标准。但是如果没有标准，农产品电子商务的发展就会缺乏规则，进入无序经营状态。所以，我们要根据不同的情况建立不同的标准。对于像大米、花生这样大部分地区都种植的农产品，我们可以建立统一的标准，比如根据它的色泽、大小、口感等。但是更多的农产品则是具有地方特色的，因此也很难统一标准化。这类产品的标准化，当地可以成立专门的行业协会，与地方政府合作建立产品标准。在建立标准的过程中可以先将某种规格的农产品进行销售，只要消费者觉得满意，能认可，则可以把这种规格作为标准确定下来。针对不同的外观、大小、颜色确定不同的等级标准，再根据不同的标准确定相应的销售价格，分层次销售。这样，既避免了没有标准无法进一步发展，又根据实际情况确定了相应的标准，对相应的农产品销售也具有指导意义。标准化体系的建立、推广以及最后的实施，是构建和完善农村电子商务的必要之举，是节约农村资源、提高资源利用率的有效途径，是建立品牌农村、促进农村发展的必然要求，也是农村电子商务的长久发展之计。

四、构建符合农村电商的供应链管理模式

在供货渠道方面，促进传统农业产销升级。对农业资源进行整合，集中化、制约化、信息化的一站式订单服务，配合网销平台的销售市场的开拓，形成产、供、销一体的供应链管理模式，这个过程中，实现农民由普通农耕者向电商创业者身份的转变。优化农业生产布局和品种结构，发展高产、高质、高效的农业。进行农产品规划生产，摈弃原先按个人能力的生产模式，实现联合生产模式、集约化生产模式，同时对于农产品的品种，以市场需求作为导向，优化产品布局，不盲目生产，推动以产品为中心的市场转变。最后，在物流方面，推进电商物流渠道下沉，线上与线下配送一体化经营模式，发展网上购物、网络交易与网上支付共同发展的农村物流配送服务，发展线下专业直配物流模式，推进物流的全面发展。推进农产品“生产基地＋社区直配”示范，一站式订单服务。建立专门生产基地，运用现代农业生产技术建立农业有机园，专业生产有机蔬菜、有机水果及淡水鱼等高质量产品，加大与社区合作，采取社区统一采购模式，专区专配的供应链，实现产销的线下对接。在网络资源方面，进行物联网、互联网与农产品产销协同发展，网上交易、仓储物流、终端配送一体化经营，整合互联网信息服务资源，完善农产品流通主体管理信息化，拓宽农产品进城渠道，发展工业品下乡和农产品进城的双向流通网络构建。

第八章　总结与展望

第一节　本书总结

解决我国“三农”问题任重而道远，而“互联网+”时代背景无疑为解决我国“三农”问题提供了一种新的思路。为此，我们要充分利用这一发展机遇，发展好农村电子商务，促进农业信息化、农业产业化快速发展，争取早日实现农业现代化的目标。农业，作为原始的农耕经济的产物，如何向第三产业完美转型？这对未来电子商务的发展提出很大的要求。农村电子商务通过网络平台嫁接各种服务于农村的资源，拓展农村信息服务业务、服务领域，使之兼而成为遍布县、镇、村的“三农”信息服务站。新型生态城镇化在城镇化进程中，以城镇总体生态环境、空间布局、产业结构的优化转型为出发点，坚持以人为本的可持续发展理念，统筹城镇建设与人口、环境、资源、社会等关系，促进产城融合、自然与人文融合，走集约、智能、绿色、环保的新型城镇化建设新路子。新型生态城镇化背景下的农村电子商务，拥有广阔的发展潜力和未来前景，不仅可以促进农村生活方式的跨越发展，而且可以促进我国农村经济的跨越式发展。随着 2017 年中央 1 号文件对农村电商的部署，新型生态城镇化背景下的农村电子商务创新研究有着举足轻重的研究意义和应用价值。

本书在对国内外相关研究进行归纳总结的基础上，重点研究了如下 6 大方面：

（1）新型生态城镇化的内涵，我国新型生态城镇化的发展现状、我国新型生态城镇化模式分析和新型生态城镇化理论研究。指出新型生态城镇化是指在城镇化进程中，以城镇总体生态环境、空间布局、产业结构的优化转型为出发点，坚持以人为本的可持续发展理念，统筹城镇建设与人口、环境、资源、社会等关系，促进产城融合、自然与人文融合，走集约、智能、绿色、环保的新型城镇化建设新路子。其特征为聚集性、结节性、独特性、动态性、生态性和人本性。

（2）农村电子商务的内涵、我国农村电子商务的发展现状、国内外农村电子商务模式及相关案例研究。农村电子商务是运用现代信息技术，利用农村庞大的资源，通过电商专业平台，进行农产品的商务活动。广义的农村电子商务是指利用互联网、计算机、多媒体等现代信息技术，为从事涉农领域的生产经营主体提供在网上完成产品或服务的销售、购买和电子支付等业务交易的过程；狭义的农村电子商务则仅指从事涉农领域的生产经营主体在网上销售产品或服务的过程。农村电子商务具有成本低、效率高、产业优化、无时间和空间的限制、市场规模庞大等特点。具体分析了英国“B2C＋O2O”模式、美国生鲜电商网站模式、中国惠农网农村移动电子商务模式、“实体＋网络”模式—网上供销社、中国淘宝村发展模式、甘肃成县模式、陕西武功模式。在农村电子商务案例研究方面，以浙江丽水梧桐工程培育的部分优秀农村电商企业为案例进行分析。具体分析了浙江山山网络科技股份公司的 B2B2C 战略案例，浙江博士园生物技术有限公司的农产品标准化案例，浙江景宁畲乡物流有限公司综合物流战略案例，浙江讯唯电子商务有限公司农村电商培训案例，丽水市绿盒电子商务有限公司农产品品牌战略案例。

（3）分析新型生态城镇化与农村电子商务协动机理，农村电子商务推动新型生态城镇化发展，新型生态城镇化促进农村电子商务创新。引入推拉理论说明城镇化与电子商务的相互作用关系，而这种相互作用受到四个力量的影响，分别是电子商务的发展使得农村对城镇化进程表现出的推力；电子商务的发展使得城镇对城镇化进程表现出的拉力；城镇化的发展使得农村对电子商务发展表现出的推力；城镇化的发展使得城镇对电子商务表现出的拉力。城镇化与电子商务的同步协调发展是这四个力量相互作用、相互博弈的结果。

（4）在应用研究方面，以浙江省遂昌县为例，分析新型生态城镇化规划思路，剖析农村电子商务特色发展之路，提出新型生态城镇化背景下的农村电子商务创新模式。在物质层面，电子商务向农村的延伸，对农村的介入和在农村的内生使得农村的发展越过了工业化，直接走进了信息化，给农村带来了跨越式发展的动力和新型生态城镇化的契机。在精神层面，基于电子商务的农村发展新模式使得农村“空巢”的社会问题迎刃而解，培育了一代新型青年农民，提升了农民素质，改善了农村家庭的生活质量，对农村社会的稳定及和谐社会的构建意义重大。它的发展还将继续促进技术、资金等向农村延伸，加速城乡资源自由、双向流动，从而推进城乡一体化。

（5）从要素保障、标准化建设和市场开拓 3 大方面分析新型生态城镇化背景下的农村电子商务存在问题。在要素保障方面提出，①畅通的物流服务体系是影响农村电子商务市场发展的关键因素，②健全的金融体系是农村电子商务发展的辅助条件，③部分农村网络基础设施落后阻碍了农村电商发展，④电子商务专业人才严重缺乏导致农村电商发展程度较低，⑤相关法律法规不健全导致农村电商发展环境较差，⑥部分地方政府还缺乏发展农村电子商务意识。在标准化建设方面提出，①农产品标准化体系建设滞后问题，②农产品品牌战略还未广泛实施问题，③农产品安全问题直接影响着农村电商业务问题。在市场开拓方面提出，①农村地区人群总体消费观念相对落后问题，②大部分地区农村电子商务市场缺乏长远规划问题，③大多数地区农村电子商务是靠个体农业经营者单打独斗问题。

（6）从资源整合化、平台协作化、供应链一体化角度提出新型生态城镇化背景下的农村电子商务可持续发展的对策建议。在资源整合化方面提出，①加大基础设施建设力度，②大力发展农村物流运输业，③培养电子商务人才，引导人才向农村流动，④培训部分农村带头人，发挥好示范引领作用，⑤制定和完善相关法律法规，

⑥发挥地方政府协调和指导作用等对策建议。在平台协作化方面提出，①加快农民专业合作社发展，做好市场开拓，②建立线下协作平台，开设农村电商示范试点，③客户服务是农村电商口碑的重要基础，④营销策略是竞争力的重要来源等对策建议。在供应链一体化方面提出，①构建完善的农产品安全溯源体系，②发展特色农产品，提高农产品的知名度，③建立农产品标准体系，④构建符合农村电商的供应链管理模式等对策建议。

通过上述的分析，对新型生态城镇化背景下的农村电子商务的广义方面进行了剖析，对农村电子商务的发展现状、发展模式、未来前景这几个方面深入地进行了分析，农村电子商务就当下热点行情下的发展状况是怎样的？在政策的引导下和趋势潮流下的发展趋势如何？相应的发展模式有几类？在大众利好条件下和设施逐渐完善的情况下未来前景是怎样的？在而对于新型生态城镇化背景下的农村电子商务的狭义方面，通过农村电子商务的实证案例，分析农村电子商务在实际过程中如何应用，对农村电商在实际运行过程中碰到的问题进行举例分析，结合实际的数据加以佐证。结合当下农村电子商务的广义与狭义两个方面，不仅看到农村电子商务的总体，同时以以小见大的方式分析了农村电子商务的实际发展。新型生态城镇化背景下的农村电子商务的发展是一个研究非常广泛的问题，难以涵盖方方面面，抽取其具有代表性的几个方面进行分析，在实证案例的基础上，对于新型生态城镇化背景下的农村电子商务的实际进行研究，从而提出相应的建议与意见。

第二节　研究展望

顺应时代潮流，农村电子商务在趋势的推动和政府的支持下，在更多的资源和关注下，未来将进行新开拓。

随着电子商务的不断发展、手机的普及运用、电商服务网点的建设，以及物流行业的蓬勃发展，预计 2018 年中国农村网民规模将达 2.4 亿，随着宽带覆盖率的不断增加，农村的网购使用率也将超过60%。农村电商带来农村发展，一方面农村电商吸引农民返乡创业，实现电商扶贫，减少就业压力；另一方面农村电商带动农村经济发展，日益消除城镇贫富差距。现返乡创业的城市是浙江、江苏、广东、福建以及河北五大城市，逐渐向内推进。返乡的人才，不仅减轻了城市中心就业压力，同时也将带动农村就业的增长和经济的发展，城市农村逐渐平衡发展，农村电商消除贫困差距指日可待。农村电商探索多元化的网络扶贫，在网络医疗、电子商务、网络旅游、乡村旅游、网络公益等方面进行探索，国家级贫困县活跃网店数量将超过55万个，贫困地区“亿万电商县”预计未来达到50～60个，电商将带动农村经济的发展，实现农村脱贫致富。未来，农村电商将实现产业联合，线上与线下相结合的模式；农村电商带动农产品出口贸易，带动国家经济的发展。

农村电商未来逐渐制度化、标准化，相关的电子商务法律法规、标准化制度逐渐完善。农村电子商务将不断规范化和品牌化，农产品实行“三品一标”，规范农产品的品牌、质量、规格。设立相应的电子商务冷冻供应链系统，建立冷链体系的农产品仓储基地，将实现农产品从出产到收货全产业链过程的完整的体系，以保证未来农产品全运输过程的新鲜度。随着《电子商务交易产品质量网上监测规范》的推行，消费者的权益也将得到保障。农村电商也将进行线下监管，进行线下体验店与线上电商销售相结合的模式，实体体验店实际是传统商务随农村电子商务发展的演变，开展线下实体的体验店，为客户提供更好的服务和真切的体验过程。电商未来监管体制主要有3种主要的形式，分别是自主品牌体制、国家政策监管以及公开透明机制，保证农村电商健康发展。在当前农产品进出口频繁的状态下，农产品的跨境贸易将成为未来跨境电子商务的一大主力。农村电子商务发展呈现出多样性，在国内市场蓬勃发展的同时也进入国际发展进程中，全渠道、多方式地发展。

新型生态城镇化背景下的农村电子商务发展之路任重道远，在今后的发展中离不开社会和政府的扶持，更离不开相关电商行业人士的共同努力！

参　考　文　献

白南生，2003. 中国的城市化［J］. 管理世界（11）：78-86.

陈承明，2014. 论新型城镇化和新农村建设的辩证关系［J］. 社会科学（3）.

陈捷，曾确令，张杰，等，2016. 互联网＋农村电商大学生创业实践模式研究——以广东电白农村电商推广为例［J］. 电子商务（9）：79-81.

陈菁，林忠弼，江越，等，2011 基于快速城市化的生态风险分析——以福建省为例［J］. 湖南师范大学自然科学学报（1）.

陈倩，吕丹，2014. 新型城镇化进程中电子商务的推动作用分析［J］. 物流工程与管理，36（245）：114-116.

陈映芳，2003. 征地与郊区农村的城市化——上海市的调查［M］. 上海：文汇出版社：73.

陈仲常，2005. 产业经济理论与实证分析［M］. 重庆：重庆出版社.

楚爱丽，2011. 加快新型城镇化发展进程的若干思考［J］. 农业经济，8：8-10.

丛瑞雪，2012. 产业集群对城镇化进程的推动机制研究——基于寿光蔬菜产业集群的案例分析［D］. 济南：山东大学.

崔桓，王楠，李全喜，2014. 电子商务助推我国城镇化发展的路径探析［J］. 区域经济（7）：3-5.

崔丽丽，2013. 中国农村电子商务先行示范区——丽水农村电子商务生态调研报告［R］. 上海：上海财经大学.

崔平，谢玉唐，2016. 我国农村电子商务发展现状及路径研究［J］. 商业故事（9）：78-79.

单卓然，黄亚平，2013. “新型城镇化”概念内涵、目标内容、规划策略及认知误区解析［J］. 城市规划学刊（2）.

但斌，胡军，等，2010. 电子商务与产业集群联动发展机理研究［J］. 情报杂志，29（6）：199-202.

邓大松，黄清峰，2013. 中国生态城镇化的现状评估与战略选择［J］. 专家视点，9.

董坤祥，侯文华，丁慧平，等，2016. 创新导向的农村电商集群发展研究——基于遂昌模式和沙集模式的分析［J］. 农业经济问题，37（10）：60-69+111.

杜帼男，蔡继明，2013. 城市化测算方法的比较与选择［J］. 当代经济研究（10）：31-40.

段进军，2008. 关于中国城镇化进程的反思［J］. 城市发展研究，4：154-158.

费建江，2012. 理想很丰满，现实很骨感［J］. 现代苏州（27）：104-104.

葛殊，2013. 电子商务助推城镇化进程：基于农村消费能力提升的视角［J］. 特区经济（8）：112-113.

顾金峰，2016. 博弈视角下农产品双渠道供应链的协调路径构建［J］. 商业经济研究（24）：153-155.

观其，2011. 人民日报评论现象［J］. 青年记者（16）：96-96

郭元晞，2013. 产业集群推动城镇化进程的机制研究［D］. 成都：西南财经大学.

国务院发展研究中心和世界银行联合课题组，2014. 中国：推进高效、包容、可持续的城镇化［J］. 管理世界（4）：6-10.

韩路，2016. 巢湖特色农产品电子商务现状分析及对策［J］. 电子商务（11）：26-27.

韩通，2013. 电子商务模式价值驱动因素研究［D］. 曲阜：曲阜师范大学.

韩洋洋，2016. 安徽省新型城镇化质量特征分析与时空演变研究［D］. 安徽：安徽财经大学.

韩正龙，王洪卫，2014. 区域差异、城镇化与房地产价格——来自中国房地产市场的证据［J］. 经济问题探索，2：63-70.

何河，2011. 打造数字报刊平台的启示［J］. 科技与企业（3）：18-19

何平，倪苹，2013. 中国城镇化质量研究［J］. 统计研究，30（6）：11-18.

何燕，周靖祥，2013. 城市化与城镇化之辩：构建区域联动发展研究新框架［J］. 重庆大学学报，19（4）：1-12.

洪银兴，2013. 新阶段城镇化的目标和路径［J］. 经济学动态（7）：6.

胡锦涛，2012. 在中国共产党第十八次代表大会上的讲话［N］. 人民日报，2012-11-18.

胡平源，2015. 农村电商的七个现实问题解析［J］. 企业技术开发，34（24）：120-121.

胡日东，苏栎芳，2007. 中国城镇化发展与居民消费增长关系的动态分析——基于 VAR 模型的实证研究［J］. 上海经济研究（5）：58-65.

黄灿，鲍婕，2012. 电商代运营商发展方向探析［J］. 知识经济，（16）：119.

黄荔梅，2013. 生态城镇化建设的问题和对策——以福建省为例［J］. 中国集体经济（5）.

黄荣纪，2013. 如何有效提升企业员工工作满意度［J］. 现代企业文化，（8）：119.

黄若，2013. 走出电商困局［M］. 北京：东方出版社：226.

黄思涵，2013. 浅谈我国生态城镇化过程中需要恪守的五个原则［J］. 亚热带水土保持（9）.

黄志启，2014. 城镇化过程中城市生态系统脆性发生机理与预防［J］. 生态经济（8）：45-50.

霍华德，2010. 明日的田园城市［M］. 北京：商务印书馆：37.

纪立军，甄峰，2013. 新型城镇化背景下区域产业联动发展研究［J］. 小城镇建设（5）：27.

简新华，黄锟，2010. 中国城镇化水平和速度的实证分析与前景预测［J］. 经济研究（3）：28-39.

姜爱林，2004. 城镇化与信息化互动关系初探［J］. 现代管理科学（6）：10-12.

蒋贵凰，2014. 传统城镇化的弊端与新型城镇化的难题——基于文献综述的思考［J］. 商业时代（5）：26-28.

焦晓云，2015. 新型城镇化进程中农村就地城镇化的困境、重点与对策探析——“城市病”治理的另一种思路［J］. 城市发展研究（1）：108-115.

解安，朱慧勇，2013. 新型城镇化：内涵式城镇化发展之路［J］. 中国党政干部论坛，12：97-98.

景春梅，2010. 城市化、动力机制及其制度创新［M］. 北京：社会学文献出版社.

康晓光. 马庆斌，2007. 城市竞争为与城市生态环境［M］. 北京：化学工业出版社.

赖惠能，2015. 丽水：电商改变生活［J］. 小康（8）：74.

李二超，刘华彬，孙超超，2015. 遂昌模式中的合作社力量［J］. 中国农民合作社（7）：12-16.

李刚，陆贝贝，2015. 中国城镇化质量测度与提升路径［J］. 财贸研究（4）：29-37.

李广乾，沈俊杰，2014. 电子商务经济促进中国经济转型升级［J］. 求是（5）.

李俊，唐芳，聂应德，2014. 城镇化和工业化互动视域下维稳的域外经验及对中国的启示［J］. 政治学研究（1）：93-107.

李清娟，2003. 产业发展与城市化［M］. 上海：复旦大学出版社.

李全喜，等，2014. 电子商务助推我国城镇化发展的路径探析［J］. 区域经济（7）：3-6.

李伟，夏洵，傅佳熙，2016. 基于价值链理论的农产品电商模式研究——以遂昌模式为例［J］. 电子商务（9）：34-36.

李晓江，张娟，徐辉，2015. 生态文明的新型城镇化模式研究［J］. 环境保护，22：12-16.

李晓莉，2008. 河南省城镇化支撑体系研究［D］. 郑州：河南大学：12.

李彦东，刘小新，2013. 新型城镇化发展模式及路径选择研究——基于吉林省松原市城镇化建设进程的调查与思考［J］. 吉林金融研究（4）：16-21.

梁普明，2003. 中国城镇化进程的特殊性及测度方法研究［J］. 统计研究（4）：9-15.

林芳，2014. 湖南省农村子商务新模式研究［D］. 长沙：湖南农业大学：6.

林微，2015. 福建省生态城镇化建设探究［D］. 福州：福建师范大学：5.

蔺雪芹，王岱，任旺兵，等，2013. 中国城镇化对经济发展的作用机制［J］. 地理研究，32（4）：691-700.

凌守兴，2015. 我国农村电子商务产业集群形成及演进机理研究［J］. 商业研究，1（453）：104-109.

刘满强，2004. 中国企业信息化发展状况调查报告［J］. 信息空间（3）：112-113

刘敏，陈正，2008. 电子商务发展测度指标体系研究［J］. 统计与信息论坛，23（7）：20-28.

刘叶华，2011. 河北省城镇化发展的动力机制研究［D］. 保定：河北大学 18.

刘玉言，2013. 新型城镇化——理论发展与前景透析［M］. 北京：国家行政学院出版社．
刘志坚，吴长孙，2017. 农村电商模式探讨与发展对策研究［J］．对外经贸（3）：77－79.
娄策群，桂学文，王学东，2011. 鄂西生态文化旅游圈电子商务与电子政务发展报告［M］．北京：科学出版社．
陆大道，姚士谋，刘慧，等，2007. 2006 中国区域发展报告：城镇化进程及空间扩张［M］．北京：商务印书馆．
路妍妍，2015. 城镇化与电子商务协调发展测度研究［D］．湘潭：湘潭大学：6.
罗建发，2013. 基于行动者网络理论的沙集东风村电商——家具产业集群研究［D］．南京大学．
罗应机，2015. 农村电子商务“三点两面”赢利模式构建研究［D］．南宁：广西大学．
罗勇，2007. 城市可持续发展［M］．北京：化学工业出版社．
骆江玲，2012. 发达国家的城镇化模式［J］．农村工作通讯（24）：62.
吕计跃，贾后明，2014. 生态文明——中国新型城镇化的历史考量［J］．社会科学家（3）：50－53.
马佳丹，2016. 诸暨市农村电子商务发展现状及对策研究［J］．中国商论（10）：72－73.
毛园芳，2010. 电子商务提升产业集群竞争优势机制案例研究［J］．经济地理，30（10）：1681－1687.
孟祥林，王印传，2011. 新型城乡形态下的农村城镇化问题研究［M］．北京：经济科学出版社．
缪细英，廖福霖，祁新华，2011. 生态文明视野下中国城镇化问题研究［J］．福建师范大学学报（1）．
缪小林，王婷，程李娜，2015. 以人为核心的新型城镇化质量与效益研究——基于中国省际数据的评价与比较［J］．云南财经大学学报（4）：127－138.
倪鹏飞，2013. 新型城镇化的基本模式、具体路径与推进对策［J］．江海学刊（1）：87－94.
农业行业观察，2016. 万亿级的农村电商市场，其实，我们都在做这些傻事［EB/OL］．http：//nyguancha. baijia. baidu. com/article/656606.
潘培坤，凌岩，2012. 城镇化探索［M］．上海：同济大学出版社．

彭森，2015. 重视城镇化快速发展带来的矛盾和问题［J］. 小城镇建设（5）：18.
彭宜钟，2010. 产业结构理论综述［J］. 北方经济（12）：33.
戚晓旭，杨雅维，杨智尤，2014. 新型城镇化评价指标体系研究［J］. 宏观经济管理（2）：51-54.
齐懿冰，2010. 供应链柔性演化及绩效关系研究［D］. 长春：吉林大学.
任远，2014. 人的城镇化：新型城镇化的本质研究［J］. 复旦大学学报：社会科学版（4）.
尚娟，2013. 中国特色城镇化道路［M］. 北京：科学出版社.
邵占鹏，2015. 农村电子商务的兴起与新型城镇化的破局［J］. 江汉大学学报：社会科学版（2）：20-25.
沈蒙娅，2012. 城市化与产业结构优化互动效应的统计研究［D］. 杭州：浙江工商大学.
沈清基，2013. 论基于生态文明的新型城镇化［J］. 城市规划学刊（1）.
史雅多，2016. 互联网＋环境下杨凌农村电子商务发展研究［D］. 杨凌：西北农林科技大学.
司腾龙，2014. 电子商务在企业应用的风险管理研究［J］. 江苏商论（9）：32-33.
宋连胜，金月华，2016. 论新型城镇化的本质内涵［J］. 山东社会学（4）：47-51.
宋元梁，肖卫东，2005. 中国城镇化发展与农民收入增长关系的动态计量经济分析［J］. 数量经济技术经济研究（5）：30-39.
孙久文，叶振宇，2009. 走中国特色城镇化道路的若干问题探讨［J］. 中州学刊（5）.
孙文红，2012. 电子商务环境下供应链协同影响因素研究［D］. 秦皇岛：燕山大学.
唐德善，2009. 产业集群理论概述贾文艺［J］. 技术经济与管理研究（6）：125.
陶安等，2014. 电子商务环境下产业集群竞争优势影响因素研究——基于珠三角传统产业集群的实证研究［J］. 科技管理研究，14：149-154.
田洪川，石美遐，2013. 产业发展对就业影响的模型与实证［J］. 统计与决策，10（382）：143-145.
屠启宇，2012. 国际城市发展报告（2012）［M］. 北京：社会科学文献出版社.
万鹏龙，2007. 中国集约型城镇化研究［D］. 成都：西南财经大学.
汪向东，2013. 农村经济社会转型的新模式——以沙集电子商务为例［J］. 工程研究——跨学科视野中的工程（6）.
王爱华，2012. 新时期农村人口老龄化的困境与出路——基于城镇化视角的再审视［J］. 经济问题探索，12：91-96.
王慧，2013. 以电子商务为驱动力促进区域经济发展途径研究［J］. 江苏商论（7）.
王孔雀，2009. 现代生态文明理论研究及其进展［J］. 法制与社会（7）.
王立华，2011. 基于系统动力学的农村电子政务公共服务研究［J］. 情报杂志，30（3827）：185-190.
王素斋，2013. 新型城镇化科学发展的内涵、目标与路径［J］. 理论月刊（4）：165-168.
王小东，杨坚争，桑叶，2013. 电子商务对消费行为的影响分析［J］. 经济观察，32（11）：40-47.
王洋，方创琳，王振波，2012. 中国县域城镇化水平的综合评价及类型区划分［J］，地理研究，31（7）：1306-1315.
韦宏，2014. 以电子商务推进农业产业集群区域品牌的打造——以苏州休闲农业产业品牌为例［J］. 农业经济（3）：118-120.
魏珩，2015. 基于 PESTEL 模型的湖南省农业电子商务发展的 DEMATEL 分析［D］. 长沙：中南林业科技大学.
魏敏，2016. “互联网+农业”背景下的农产品电子商务发展研究［D］. 沈阳：沈阳农业大学.
魏延安，2015. 农村电商发展亟须应对的七个现实问题［J］. 中国乡村发现（1）：152-154.
吴健，2012. 电商外包：传统企业触网新模式［J］. 销售与市场：管理版（1）：64-66.
吴先锋，等，2014. 区域电子化商务产业集群形成动因分析［J］. 现代商贸工业（4）：5-6.
吴孝霞，2016. 农村电子商务发展的对策建议——以黔江区为例［J］. 经营管理者（20）：282.
吴永鑫，2017. 物流无人机在中国农村电商物流市场应用研究［D］. 深圳：深圳大学.

夏春萍，刘文清，2012. 农业现代化与城镇化、工业化协调发展关系的实证研究——基于 VAR 模型的计量分析 [J]. 农业技术经济 (5)：79-85.

肖金成，2008. 改革开放以来中国特色城镇化的发展路径 [J]. 改革 (7)：24.

谢天成，施祖麟，2015. 中国特色新型城镇化概念、目标与速度研究 [J]. 经济问题探索 (6).

熊爱珍，2016. 宝鸡农特产品电子商务运营发展研究 [D]. 杨凌：西北农林科技大学：10.

徐君，高厚宾，王育红，2013. 新型工业化、信息化、新型城镇化、农业现代化互动耦合机理研究 [J]. 现代管理科学 (9)：85-88.

徐泽水，2002. 基于方案达成度和综合度的交互式多属性决策法 [J]. 控制与决策 (4)：435-438.

许婵，吕斌，文天祚，2015. 基于电子商务的县域就地城镇化与农村发展新模式研究 [J]. 国际城市规划，30 (1)：14-21.

许叶军，2005. 基于 BP 神经网络的交互式赋权法及应用研究 [D]. 南京：东南大学.

亚当·斯密，1981. 国民财富的性质和原因的研究 [M]. 北京：商务印书馆：67.

杨海涛，2017. 农村电商推动农村产业结构转型升级研究 [D]. 舟山：浙江海洋大学.

杨坚争，周涛，李庆子，2011. 电子商务对经济增长作用的实证研究 [J]. 世界经济研究 (10)：40-44.

杨玲，2005. 国内外城乡一体化理论探讨与思考 [J]. 生产力研究 (9)：24.

杨永超，2017. 供给侧改革背景下我国农村电商发展动态及创新发展研究 [J]. 商业经济研究 (5)：58-60.

姚兴平，谢晓丽，魏明锐，2016. 安徽农村电子商务的研究与分析 [J]. 全国商情 (33)：111-112.

叶海伟，2013. 城乡统筹视角下的温州地区城镇化发展问题研究 [D]. 长春：吉林大学.

叶琼伟，聂秋云，2013. 电子商务发展水平测度指标体系构建及其对我国服务业影响的实证研究 [J]. 电子商务 (11)：28-29，43.

叶锐，2016. 湖北省农村电子商务发展策略研究 [D]. 武汉：湖北省社会科学院：5.

易鹏，2014. 中国新路——新型城镇化路径［M］. 成都：西南财经大学出版社：27.

于金蕾，2013. 产业集群与城镇化互动发展研究——以辽宁省为例［D］. 大连：东北财经大学.

于婧，林孔团，2016. 区域电子商务与新型城镇化的耦合协调发展研究（11）：36-40，92.

于立，2012. 中国生态城镇发展现状问题的批评性分析［J］. 国际城市规划，11.

余志远，2013. 农村电子商务拥有"遂昌模式"［N］. 丽水日报，2013-12-11.

余壮雄，李莹莹，2014. 资源配置的"跷跷板"：中国的城镇化进程［J］. 中国工业经济，11：18-29.

虞昌亮，2014. 就地城镇化过程中农村电子商务发展研究［J］. 哈尔滨金融学院学报（1）：65-70.

郁晓，赵文伟，2016. 生鲜电子商务县域农业综合服务体系探究——基于遂昌2.0模式的剖析［J］. 中国流通经济，30（4）：47-54.

袁晓玲，景行军，杨万平，等，2013. 新四化的互动机理及其发展水平测度［J］. 城市问题（11）：54-60.

袁占亭，2010. 资源型城市转型基本问题与中外模式比较［M］. 北京：中国社会科学出版社.

张波，2014. 以新型城镇化推进城乡发展一体化［J］. 河北学刊（4）.

张传秀，2016. 农村电商发展中的问题与对策［J］. 中共青岛市委党校. 青岛行政学院学报（1）：29-32.

张贵先，2012. 重庆市产业集群与城镇化互动发展模式研究［D］. 重庆：西南大学.

张国栋，2009. 电子商务发展对中国产业升级的影响［D］. 北京：北京邮电大学.

张国军，2013. 中日韩城镇化的国内外研究述评［J］. 中国市场（10）22.

张浩，2016. 从农村电商到特色小镇——"遂昌模式"详解［J］. 中国房地产（29）：22-25.

张红历，王成璋，2007. 电子商务作用的经济学分析［J］. 统计与决策（3）：109-111.

张兰婷，洪功翔，2013. 信息化推动工业化城镇化农业现代化发展实证研究

[J]．安徽工业大学学报，30（3）：3－6.
张文明，2014. 新型城镇化：城乡关系发展中的“人本”回归［J］．华东师范大学学报（5）.
张滢，2017. 农村电商商业模式及其进化分析［J］．商业经济研究（6）：161－163.
张永亮，肖毅敏，2014. 农村扶贫开发的金融支持创新［J］．湖南社会科学（3）：162－164.
张勇，蒲勇健，陈立泰，2013. 城镇化与服务业集聚——基于系统耦合互动的观点［J］．中国工业经济（6）：57－69.
张占斌，2013. 新型城镇化的战略意义和改革难题［J］．国家行政学院学报（1）.
赵旖旎，2015. 电子商务与城镇化关系研究［D］．长春：吉林大学（5）.
郑世界，2013. 湖北生态城镇化的路径选择和制度安排［D］．武汉：武汉理工大学：11.
郑舒，2017. 新农村电子商务“三位一体”发展模式研究——基于“电商下乡”大潮［J］．现代商贸工业（1）：56－58.
中国互联网信息中心，2016. 2015 年农村互联网发展状况研究报告［EB/OL］. http：//www.cnnic.cn/hlwfzyj/hlwxzbg/ncbg/201608/t20160829_54453.htm，2016－08－29
中国投资咨询网，2016. 预计 2018 年农村电商整体规模有望突破 1.2 万亿［EB/OL］. http：//www.ebrun.com/20160706/182072.shtml，2017－07－06.
钟诚，罗小凤，2016. 关于农村电商发展的若干问题及对策建议［J］．电子商务（12）：22－23.
钟群英，2013. 新型城镇化与农业现代化融合发展模式初探［J］．科技广场（11）：173.
周建良，2016.“遂昌模式”农村电子商务发展策略研究［J］．电子商务（1）：36－37+46.
周庆元，2014. 农业现代化、城镇化与经济发展的互动关系研究［J］．中南林业科技大学学报，12（6）：85－89.
周一平，2013. 科技创新推进新型城镇化［N］．中国科学报，2013－06－17.
周应军，2013. 把生态文明建设融入城镇化全过程［N］．甘肃日报，2013－1－11.
周瑜，杨韶刚，等，2010. 电子商务下消费行为倾向模型的构建［J］．心理研究，3（1）：59－64.

朱孔来，李静静，乐菲菲，2011. 中国城镇化进程与经济增长关系的实证研究［J］. 统计研究，28（9）：80－87.

朱天舒，秦晓微，2012. 城镇化路径：转变土地利用方式的根本问题［J］. 地理科学（11）：1348－1352.

朱学新，段进军，2012. 中国城市空间扩张与空间转型思考［J］. 苏州大学学报：哲学社会科学版（5）：46－51.

Bertinelli L，Black D，2004. Urbanization and Growth［J］. Journal of Urban Economics，56：80－96.

Brantley Liddle，2013 . The Energy，Economic Growth，Urbanization Nexus Across Development：Evidence from Heterogeneous Panel Estimates Robust to Cross-Sectional Dependence［J］. The Energy Journal（34）：223－244.

Brookes，Martin，Zaki Wahhaj，2000. The Shocking Economic Effect of B2B［M］. Goldman，Sachs & Co. Global Economics（2）.

De Lone W H，Mc Lean E R，2004. Measuring e-commerce success：Applying the information systems success model［J］. International Journal of Electronic Commerce，9（1）：31－47.

Deli Wang，Chuanglin Fang，et al，2011. Measurement and spatiotemporal distribution of urbanization development quality of urban agglomeration in China［J］. Chinese Geographical Science，21（6）：695－707.

F L Hao，H M Guan，S J Wang，2016. Study on the Influencing Factors and Spatial Distribution of Electronic Commerce Development Level in China's Cities［J］. Economic Geography.

Gleeson M，2016. The study of B2C e-commerce sites in the countryside［J］. Procedia Computer Science，12（3）：57－67.

Hemang Subramanian，Eric Overby，2016. Electronic Commerce，Spatial Arbitrage，and Market Efficiency［J］. Information Systems Research.

Henderson J，2003. Vernon. Urbanization and economic development［J］. Annals of Economics and Finance，4（2）：275－341.

Javier Gutierrez，2001. Location，economic Potential and daily accessibility：an analysis of the accessibility impact of the high-speed line Madrid-Barcelona-French border［J］. Joumal of Transport Geography（9）.

Li Min，et al，2011. Data Management System for Intelligent Phone Based on

Embedded Database [C] . 2011 International Conference on Intelligent Computing and Integrated Systems (10): 577 - 579.

Li Min, et al, 2008. Establishing New E-Commerce Market to Catering Specific Requirement with Sufficient Safety Support [C] . 2008 International Conference on Management Science & Engineering, 11: 745 - 748.

Li Min, et al, 1999. RBF Network Forecasting Model and Its Application [C]. Proceedings of '99 International Conference on Management Science & Engineering (11): 683 - 686.

Li Min, et al, 2010. Research and Design of the Crawler System in a Vertical Search Engine [C] . 2010 International Conference on Intelligent Computing and Integrated Systems (10): 790 - 792.

Li Min, et al, 2002. Research of Vertical Search Engine in News Industry [C]. The 7th International Symposium on Management of Technology. November 8 - 9, 2012.

Li Min, etc, 2002. Study on the principle and Model of Mass Customization [C] . Proceedings of '2002 International Conference on Management Science & Engineering. Moscow: Russia, Vol (I): 708 - 711.

Li Min, Zhao Wensheng, et al, 2004. Research on the New Trend and Systematic Development Process of Information Systems [C] . 2004 OBD International Conference on Science and Engineering. Sydney: Australia.

Li Min, 2003. Study on Multiple Criteria Decision Model of Mass Customization and Its Algorithm [C] . Proceedings of 2003 International Conference on Management Science & Engineering. Georgia: USA (I): 553 - 556.

Louis Wirth, 1989. Urbanism. as a Way of Life [J] . American Journal of Sociology (49): 47.

Maribel P, 2016. The research of rural e-commerce pattern [J] . Information Systems Research, 12 (2): 60 - 71.

Mesult Savrul, 2011. E-Commerce as an alternative strategy in recovery from the recession [J] . Social and Behavioral Sciences, 24: 247 - 259.

Michell A, Wadley D, 2004. The process and progress of urban consolidation. [J] . Australian Planner (4) .

Michell A, 2004. The process and progress of urban consolidation [J], Australian Planner, 41 (4) .

O Stark, 1991. The Migration of Labor [M] . Cambridge: Basil Blackwell.

Sanders N R, 2007. An empirical study of the impact of ebusiness technologies on organizational collaboration and performance [J] . Journal of Operations Management, 25 (6): 1332 - 1347.

Seeborg, 2000. Poverty Traps and Index-based Risk Transfer Products [J]. World Development (10): 36.

Slavko, eri, 2017. Electronic Commerce [J] . Economics, 4.

Vemon Henderson, 2003. The Urbanization Process and Economic Growth-The So-What Question [J] . Journal of Economic Growth (3) .

后　记

首先，衷心感谢全力支持我工作的丽水学院商学院的同事们，特别是罗泽举教授、赵峰教授、何永达教授、黄彬教授、廖峰教授、李国志教授、邱询旻教授、陈旭堂副教授、雷金荣副教授、张银银副教授、田满文副教授、罗昌瀚副教授、郭志明博士、刘建芳博士、汪立东博士和应一逍博士，本书中的一些观点亦受益于同他们的共同工作、指导和学术讨论，在此致以诚挚的感谢。

衷心感谢课题团队的邹超、周晨浩、陈晓丽、傅佳颖、杨虞莲、陈明明、潘玉婷、薛跃、苏文、谢仁岳、蓝晓敏、孙明卿等同学，本书撰写工作的完成离不开他们的辛勤工作、支持与帮助，在此对他们表示感谢。

感谢我的家人对我工作的支持，他们给我的关爱是我坚强的后盾和不断前进的动力，感激的话语无以言表，只能通过今后的持续努力，以实际行动来回报他们。

感谢和祝福所有关心和帮助我的人，我会继续努力，感谢你们！

李　敏

二〇一七年十一月

图书在版编目（CIP）数据

新型生态城镇化背景下的农村电子商务创新研究 / 李敏著．—北京：中国农业出版社，2017.12

ISBN 978-7-109-23682-0

Ⅰ.①新… Ⅱ.①李… Ⅲ.①农村—电子商务—研究—中国 Ⅳ.①F724.6

中国版本图书馆 CIP 数据核字（2017）第 301892 号

中国农业出版社出版

（北京市朝阳区麦子店街 18 号楼）

（邮政编码 100125）

责任编辑 边 疆

北京万友印刷有限公司印刷 新华书店北京发行所发行

2017 年 12 月第 1 版 2017 年 12 月北京第 1 次印刷

开本：880mm×1230mm 1/32 印张：9.5

字数：256 千字

定价：40.00 元